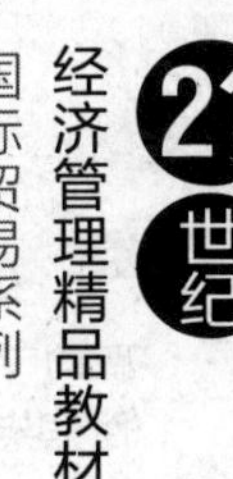

21世纪经济管理精品教材

国际贸易系列

Cross-border E-commerce

跨境电子商务

陈岩 李飞◎编著

清華大學出版社

北京

内 容 简 介

本书由10章组成，包括跨境电子商务理论与实务两大范畴体系，秉承诠释理论、昭示方向、尊重实践的专业特质，在内容上力求做到去粗存精，将跨境电子商务理论以及跨境电子商务实务纳入一个系统性框架之内。本书顺应这个伟大时代的要求而不断总结、不断完善、不断发展，在传播基础知识、培养基础技能、形成核心专业能力的同时，注重总结中国跨境电子商务发展最新实践和成果，探讨跨境电商理论、政策与实务的发展趋势，为新时期跨境电子商务与国际贸易人才培养提供最新教育介质。

本书包括教学目的和要求、关键概念、章首案例、复习思考题、练习题等辅助学习内容。

本书可以作为高等院校跨境电子商务、电子商务与法律、国际经济与贸易、现代物流等经济管理类本科专业的基础课教材，也可作为经济和电子商务行业人士的参考读物。

图书在版编目(CIP)数据

跨境电子商务/陈岩、李飞编著. —北京：清华大学出版社，2019(2022.7重印)
(21世纪经济管理精品教材·国际贸易系列)
ISBN 978-7-302-53195-1

Ⅰ. ①跨… Ⅱ. ①陈… ②李… Ⅲ. ①电子商务－高等学校－教材 Ⅳ. ①F713.36

中国版本图书馆CIP数据核字(2019)第124559号

责任编辑：张 伟
封面设计：李召霞
责任校对：王荣静
责任印制：宋 林

出版发行：清华大学出版社
网　　址：http://www.tup.com.cn，http://www.wqbook.com
地　　址：北京清华大学学研大厦A座　　**邮　　编**：100084
社 总 机：010-83470000　　**邮　　购**：010-62786544
投稿与读者服务：010-62776969，c-service@tup.tsinghua.edu.cn
质量反馈：010-62772015，zhiliang@tup.tsinghua.edu.cn
课件下载：http://www.tup.com.cn，010-83470332
印 刷 者：北京富博印刷有限公司
装 订 者：北京市密云县京文制本装订厂
经　　销：全国新华书店
开　　本：185mm×260mm　　**印　　张**：15.75　　**字　　数**：360千字
版　　次：2019年7月第1版　　**印　　次**：2022年7月第8次印刷
印　　数：13001～15000
定　　价：45.00元

产品编号：077470-01

前言

近年来，随着我国物联网、云计算和移动互联网等新一代信息技术的迅猛发展和普及应用，互联网用户呈现爆炸式增长，为中国跨境电子商务的飞跃发展奠定了基础。在过去的10年里，中国跨境电子商务经历了高速增长的阶段，当前正以一种新型的商业模式加速与我国实体经济融合，成为引领我国国民经济和社会发展不可或缺的重要力量。电子商务研究中心监测数据显示，2018年中国跨境电商交易规模为9万亿元，同比增长11.6%；在用户规模上，截至2018年12月底我国经常进行跨境网购的用户达8 850万人，人数大幅度增长；政策持续加持红利，2018年国务院再设22个跨境电子商务综合试验区，政策持续加持促进行业发展，跨境电商成为外贸新增长点。阿里跨境电商研究中心与埃森哲联合发布的《全球跨境B2C电商市场展望趋势报告》预测，2020年全球跨境B2C(电子商务中企业对消费者的交易方式)交易额将达到9 940亿美元，惠及9.43亿全球消费者，其中以中国为核心的亚太地区以53.6%的新增交易额贡献度位居首位。

《中华人民共和国电子商务法》于2019年1月1日正式生效，明确强调国家促进跨境电子商务发展，建立健全适应跨境电子商务特点的海关、税收、进出境检验检疫、支付结算等管理制度，提高跨境电子商务各环节便利化水平，支持跨境电子商务平台经营者等为跨境电子商务提供仓储、物流、报关、报检等服务，支持小型、微型企业从事跨境电子商务。我国推动建立与不同国家、地区之间跨境电子商务的交流合作，参与电子商务国际规则的制定，促进电子签名、电子身份等国际互认。商务部、中央网信办、发展改革委三部门联合发布《电子商务"十三五"发展规划》，以"创新、协调、绿色、开放、共享"的发展理念贯穿全文，树立"发展与规范并举、竞争和协调并行、开放和安全并重"三大原则，形成明确的政策导向，首次赋予电子商务服务经济增长和社会发展的双重目标。

本书顺应这个伟大时代的要求而不断总结、不断完善、不断发展,在传播基础知识、培养基础技能、形成核心专业能力的同时，注重总结中国跨境电子商务发展最新实践和成果，探讨跨境电商理论、政策与实务的发展趋势，为新时期跨境电子商务与国际贸易人才培养提供最新教育介质。

本书包括跨境电子商务理论与实务两大范畴体系，秉承诠释理论、昭示方向、尊重实践的专业特质，在内容上力求做到去粗存精，将跨境电子商务理论和跨境电子商务实务纳入一个系统性框架之内。本书可以作为高等院校跨境电子商务、电子商务与法律、国际经济与贸易、现代物流等经济管理类本科专业的基础课教材，同时可作为工商管理、国际金融等本科专业选修课教材，还适用于跨境电商运营与推广岗位专业考试、报关员考试辅导，也可作为跨境电商理论研究和实践工作人员的参考书。

在本书编写过程中，编者所参阅的文献除了在参考文献中列出的一部分外，还有大量相关分析报告、报刊文章及网络资料。在此，谨向所有使本书获益的同行致以真诚的谢意。

在本书即将付梓之际，感谢清华大学出版社的鼎力支持，是你们的专业、专注感染着编写团队，使大家始终保持高质量、高投入的工作态势，始终深怀敬畏地面对读者，面对教师和学生。

陈岩教授负责本书整体框架的设计，以及第一、七、八章的撰写，第二、三、四、五、六、九、十章及二维码中的练习题由李飞博士后执笔撰写。王子衿、张睿倩、司凡、杜倩云等在编写过程中做了大量工作，在此一并表示感谢！

由于编者能力有限，书中疏漏之处在所难免，恳请专家同行、读者批评指正！

编者

2019年5月

于明光楼

目录

第一章

绪　论

【教学目的和要求】

引导学生从基础层面认识跨境电子商务问题，关心中国的对外开放与经济发展，要求学生掌握有关跨境电子商务的基本概念、分类等内容。

【关键概念】

跨境电子商务	跨境电商运营	跨境电子商务平台
进口跨境电商	出口跨境电商	跨境支付
跨境电商市场定位	跨境电子商务物流	跨境电商竞争战略

2016 年 12 月，商务部、中央网信办、发展改革委三部门联合发布《电子商务“十三五”发展规划》，以“创新、协调、绿色、开放、共享”的发展理念贯穿全文，树立“发展与规范并举、竞争和协调并行、开放和安全并重”三大原则形成明确的政策导向，首次赋予电子商务服务经济增长和社会发展的双重目标，确立了 2020 年电子商务交易额 40 万亿元、网络零售总额 10 万亿元和相关从业者 5 000 万人三个发展指标。可见，政府从国家层面奠定了促进我国电子商务快速发展的基调，行业支撑和发展地位将日益稳固，未来互联网市场和实体市场协同融合发展的局面是大势所趋。

结合我国经济发展战略，说明为什么要开展跨境电子商务，以及开展跨境电商对我国和世界经济的发展与福利的影响情况。

第一节　跨境电子商务的基本概念

一、跨境电子商务

跨境电子商务是指买卖双方利用现代信息技术和通信技术，部分或全部地完成国际贸易的交易过程。它反映的是现代信息技术所带来的国际贸易过程的电子化。它通过采用电子数据交换(EDI)、电子邮件(E-mail)、电子公告牌、电子转账、安全认证等多种技术方式来实现国际贸易过程的电子化。与传统的国际贸易方式相比，跨境电子商务通过电

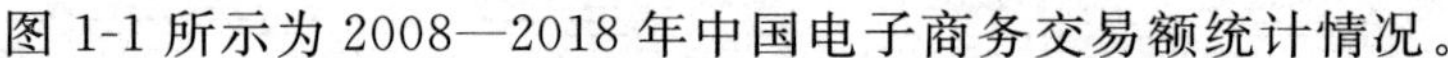

子商务在国际贸易中的应用，对企业外贸流程进行重组，能够有效地降低企业的贸易成本，提高交易效率和成交概率，从而提高企业在国际市场上的竞争力。

图 1-1 所示为 2008—2018 年中国电子商务交易额统计情况。

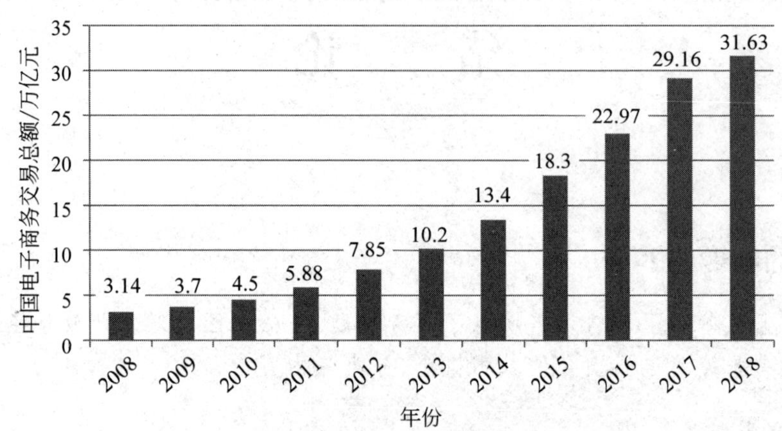

图 1-1 2008—2018 年中国电子商务交易额统计情况

数据来源：前瞻产业研究院。

二、跨境电商运营

运营（operation）的实质在于全程的管理，因此跨境电商运营就是跨境电商参与主体对其所从事的跨境电子商务业务进行全面的计划、组织、实施和控制。广义的跨境电商运营是跨境电子商务各项管理工作的总称，还包括跨境电子商务产品推广的内容。

三、跨境电子商务平台

电子商务平台即是一个为企业或个人提供的网上交易洽谈的平台。企业电子商务平台是建立在互联网上进行商务活动的虚拟网络空间和保障商务顺利运营的管理环境；是协调、整合信息流、物质流、资金流有序、关联、高效流动的重要场所。企业、商家可充分利用电子商务平台提供的网络基础设施、支付平台、安全平台、管理平台等共享资源有效地、低成本地开展自己的商业活动。简单地说，跨境电子商务平台是面向全球市场运作的电子商务平台。

四、进口跨境电商

进口跨境电商是指国内电商平台或企业将国外商品销售给国内的个人消费者，通过电商平台达成交易并支付结算，进而通过跨境物流送达商品、完成交易的商业活动。

五、出口跨境电商

出口跨境电商是指国内电商平台或企业通过国际平台将国内商品销售给国外的个人消费者，从而通过电商平台达成交易并支付结算，在产生订单后通过跨境物流将商品送达收货人手中而完成的一个跨境物联网交易活动。

六、跨境支付

跨境支付是中国消费者在网上购买国外商家产品或国外消费者购买中国商家产品时，由于币种的不一样，需要通过一定的结算工具和支付系统实现两个国家或地区之间的资金转换，最终完成交易。

七、跨境电商市场定位

跨境电商市场定位(marketing positioning)是指根据现有卖家(竞争者)在跨境电子商务市场细分中的地位，以及海外买家对某些产品某些属性的关注程度，为这些买家塑造出与众不同、个性鲜明的产品。因此，产品“差异化”是跨境电子商务的根本策略，具体来说有以下三种。

(1) 避强定位。避强定位也就是避开强有力的竞争对手，找到市场细分的空当，这种方式往往最为有效。

(2) 对抗性定位。对抗性定位也就是选择与那些有实力的跨境电子商务卖家相同的市场细分和定位策略，实行针锋相对的竞争，这种策略虽然风险巨大，但一旦成功就会取得较高的市场地位。

(3) 重新定位。在跨境电子商务运营过程中，经常会遇到销路不好、海外买家反馈差的产品，这样就需要进行重新定位(或二次定位)，在产品的款式、价格及功能等方面进行局部的调整，甚至重新更换产品及产品线。

八、跨境电子商务物流

跨境电子商务物流是指分属不同关境的交易主体通过电子商务平台达成交易，进行支付结算，并通过跨境物流送达商品、完成交易的一种国际商业活动。

2012—2016 年上合组织国家的国际邮政 EMS 快递发送数量变化如表 1-1 所示。可以发现中国、印度、俄罗斯是其中总量最大的三个国家。

表 1-1 2012—2016 年上合组织国家的国际邮政 EMS 快递发送数量变化 个

国家 年份	中国	印度	哈萨克斯坦	吉尔吉斯斯坦	巴基斯坦	俄罗斯	塔吉克斯坦	乌兹别克斯坦
2012	13 078 055	—	—	1 695	105 326	188 138	—	—
2013	10 655 797	—	86 014	1 741	69 111	197 858	—	—
2014	10 010 248	—	52 215	1 928	35 498	168 948	—	6 575
2015	7 440 000	—	51 782	1 684	28 119	256 000	—	—
2016	11 596 718	2 551 000	57 195	2 146	38 515	334 000	988	14 542

数据来源：万国邮政联盟(Universal Postal Union，UPU)。

九、跨境电商竞争战略

根据波特的竞争战略理论，跨境电子商务卖家正确的竞争战略主要有成本领先战略

(overall cost leadership)、差异化战略(differentiation)和集中化战略(focus)。具体见第二章第二节。

第二节 跨境电子商务的种类

一、按交易对象分类

按交易对象的不同,电子商务可分为 B2C(business-to-customer,电子商务中企业对消费者的交易方式)、B2B(business-to-business,电子商务中企业对企业的交易方式)、B2A(business-to-administrations,电子商务中企业对行政机构的交易方式)和 C2A(customer-to-administration,电子商务中消费者对行政机构的交易方式)。

(1) B2C。例如,制造商直接面对国外消费者(最终用户)的直销式的贸易模式。

(2) B2B。B2B 即企业间利用网络进行网上交易。B2B 大多发生在企业之间的大宗交易中,如电子元器件、会计服务、商业抵押、证券、电机、网络产品、解决方案等。

(3) B2A。其包括企业与政府部门间的各项事务,如海关业务、电子征税、政府网上采购等。

(4) C2A。消费者与行政机构间的贸易往来在实际贸易中并没有真正产生,其前景如何也难以预料。

二、按所用网络类型分类

按所用网络类型的不同,电子商务可分为电子数据交换的电子商务、互联网的电子商务和企业内部网的电子商务。

(1) 电子数据交换的电子商务。它是用一种专用网络或增值网络进行商务活动的电子商务。

(2) 互联网的电子商务。由于互联网的迅猛发展,基于互联网的电子商务将大规模应用。

(3) 企业内部网的电子商务。它是用一种主要用于企业内部的各种业务通信和经营管理的网络进行商务活动的电子商务。

三、按跨境电子商务内容分类

按跨境电子商务内容的不同,电子商务可分为有形产品的间接贸易和无形产品的直接贸易。

(1) 有形产品的间接贸易。有形产品的间接贸易指通过电子方式,尤其是国际互联网等来处理有形商品的洽谈、订货、开发票、收款等与货物贸易交易相关的活动,而货物本身则需要配送,采用的是不完全跨境电子商务方式。

(2) 无形产品的直接贸易。无形产品的直接贸易指通过电子方式,尤其是国际互联网等来进行买卖计算机软件、电影、音乐、信息服务等可以数字化的无形商品,可以利用网络直接把商品送到购买者手中,采用的是完全的跨境电子商务方式。

第三节　跨境电子商务在国际贸易中的作用和优势

一、跨境电子商务在国际贸易中的作用

（一）寻找贸易伙伴

在传统的国际贸易方式下，买卖双方要寻找到合适的贸易伙伴往往要付出很大的代价。而利用电子商务物色贸易伙伴，既可以节省大量的人力、物力，又不受时间、地点的限制。企业一方面可以通过建立自己的网站或借助相关电子商务平台向全球范围内的潜在贸易伙伴提供产品和服务的供求信息；另一方面也可以上网搜索有关经贸信息，寻找到理想的贸易伙伴。

（二）进行交易洽商

在传统的国际贸易方式下，买卖双方一般共同选择某个确定的时间和地点，当面进行协商、谈判的活动。这种口头洽商形式容易受时间和空间的限制，过程既漫长，又不经济，特别是因为受时差的影响，双方的交往有很大的不便。即使是采用书面形式，利用电话、传真等通信手段来协助洽商，也会由于高额的通信费用和信息的不完整性而难以适应业务活动的需要。而利用跨境电子商务的互联网，其便捷、低成本的通信功能和高效、强大的信息处理能力，能极大地促进买卖双方的交易磋商活动。同时交易双方还可借助电子邮件等方式适时地讨论、了解市场信息，洽商交易事务。如有进一步的需求，还可用网上和白板会议来交流实时的图形信息。因此，跨境电子商务方式下的交易洽商，可以跨越面对面的限制，是一种方便的异地交流方式。

（三）电子签约及网上支付

在传统的国际贸易方式下，交易的各个环节都需要人工的参与，交易效率相对较低，错误发生率高。而利用电子商务开展国际贸易，双方可采用标准化、电子化的格式合同，借助网站中的电子邮件实现瞬间的交互传递，及时完成交易合同的签订。同时可通过银行和信用卡公司的参与实现网上支付。国际贸易中的网上支付对于可以直接通过互联网传递交付的软件、影音、咨询服务等无形产品交易来说极为便利，不但可节省很多人员的开销，而且随着网络安全技术的不断发展，网上支付对国际贸易的作用将会更加突出。

（四）简化交易管理

国际贸易业务涉及政府的多个职能部门，如税务、金融、保险、运输等部门。因此，对国际贸易的管理包括有关市场法规、税务征管、报关、交易纠纷仲裁等多个环节。在传统的国际贸易方式下，企业必须单独与上述相关单位打交道，要花费大量的人力、物力，也要占用大量的时间。而电子商务使国际贸易的交易管理无纸化、网络化，企业可直接通过互联网办理与银行、保险、税务、运输等各方有关的电子票据和电子单证，完成部分或全部的

结算以及索赔等工作，从而大大节省交易过程的时间和费用。

二、跨境电子商务在国际贸易中的优势

（一）可显著降低国际贸易成本

在传统的有纸贸易中，各项费用（如纸张费、差旅费等）所占比重很大。一般认为，这些费用约占贸易额的7%。若采用EDI技术，则上述费用可减少50%以上。按我国近几年的外贸规模计算，采用电子商务后我国每年可节省数十亿美元，这是相当可观的。交易成本的降低还体现在由于减少了大量的中间环节，买卖双方可以通过网络直接进行商务活动，交易费用明显下降。在传统的国际贸易业务中，大量中间商的参与，使得国外进口商的进货价往往是国内生产企业交货价的5～10倍。而现今的跨境电子商务平台则直接把中国的生产企业和国外的进口商的供求信息整合在网上，让它们在网上直接交易，中间环节的减少使各方都得到了实惠。

（二）可显著提高贸易效率

传统的有纸贸易中，单证的缮制、修改、审核等一系列操作占用了大量的时间。根据国外的统计，在一笔货物买卖合同中，在不同的计算机之间贸易数据的重复录入率达70%。这无疑影响了货物的正常流通。采用电子商务则利用网络实现信息共享，通过网络对各种单证实现瞬间传递，不必重复输入，不但节省了单证的传输时间，而且能有效地减少因纸面单证中数据重复录入导致的各种错误，提高了贸易效率。例如，新加坡实行EDI后，单证处理的速度由原来的平均3天降至15～30分钟。

（三）可显著降低差错率

在传统的单证贸易中，由于各业务阶段都必须由人工参与，故单证不一致、单单不一致的情况是很惊人的。例如，英国米德兰银行（Midland Bank）与英国国际贸易程序简化署（SITPRO）在20世纪80年代的随机统计结果显示，单据不符率在50%左右（1983年为49%，1986年为51.4%）。电子商务因通过计算机网络自动传输数据，不需人工干预，并且不受时间限制，差错率大幅度降低。

（四）可减少贸易壁垒，扩大贸易机会

由于互联网的全球性和开放性，从一开始跨境电子商务就成为电子商务的自然延伸，并成为其有机组成部分。网络彻底地消除了地域的界限，对减少国际贸易中的有形壁垒和无形壁垒起到了积极的作用。在网上做生意，没有了宗教信仰的限制，也没有了种族的歧视，甚至公司的规模和经济实力的差别都显得不再重要。因而在国际贸易中采用电子商务这个有效工具，主动出击市场，寻找更多的贸易机会，成为一种顺理成章的选择。

（五）可减轻对实物基础设施的依赖

传统的企业开展国际贸易业务都必须有大量的实物基础设施，如办公用房、仓储设

施、产品展示厅、销售店铺等。而如果利用跨境电子商务开展国际贸易业务，则在基础设施方面的投入要小许多。企业就可以将由此而节省的开支大部分让渡给顾客，从而增强竞争力。

第四节 中国跨境电商的发展现状

目前，我国跨境电子商务行业主要体现出几大特征：消费者数字化作为全球化3.0的独特竞争力，不断推动跨境电商发展；跨境电商交易规模持续扩大，在我国进出口贸易中所占比重逐渐升高；跨境电商以出口业务为主，出口占比下降，进口高速增长；跨境电商以B2B业务为主，B2C跨境模式逐步兴起且有良好发展趋势。同时，我国对于跨境电商的国家政策扶持力度的大幅加大，也为跨境电商的未来发展提供强劲的内生动力。

1. 消费者数字化作为全球化3.0的独特竞争力，不断推动跨境电商发展

在数字经济中，市场将高度饱和，消费者数字化作为消费者到产消者的转变的重大前提，通过网络的作用推动电子商务的发展。消费者数字化作为发展中国家推进商业体系、信用体系的抓手，将买家与卖家通过电商平台提供的交易、支付、物流体系连接在一起，整个链条进行数字化记录。由表1-2可知，美国在数字消费者分指数中排名全球第五，而中国内地排名全球第一，无论是传统的社交、电商应用，还是新型的移动支付应用，中国内地数字消费者均位居前列，这极大地推动中国跨境电子商务产业的发展。

表1-2 全球数字消费者分指数排名(1～50)

排名	国家/地区名称	指数	排名	国家/地区名称	指数
1	中国内地	0.816	16	德国	0.643
2	韩国	0.795	17	瑞士	0.639
3	英国	0.781	18	奥地利	0.632
4	新加坡	0.779	19	墨西哥	0.629
5	美国	0.769	20	中国香港	0.624
6	丹麦	0.762	21	日本	0.605
7	挪威	0.751	22	法国	0.599
8	瑞典	0.730	23	阿根廷	0.596
9	荷兰	0.698	24	秘鲁	0.584
10	新西兰	0.680	25	印度尼西亚	0.578
11	澳大利亚	0.665	26	西班牙	0.574
12	芬兰	0.663	27	中国台湾	0.554
13	加拿大	0.654	28	土耳其	0.543
14	巴西	0.649	29	意大利	0.541
15	比利时	0.644	30	波兰	0.533

续表

排名	国家/地区名称	指数	排名	国家/地区名称	指数
31	印度	0.518	41	乌拉圭	0.338
32	南非	0.506	42	文莱	0.324
33	泰国	0.474	43	智利	0.324
34	马来西亚	0.433	44	爱尔兰	0.318
35	俄罗斯	0.425	45	葡萄牙	0.317
36	菲律宾	0.408	46	匈牙利	0.308
37	越南	0.398	47	格鲁吉亚	0.307
38	冰岛	0.384	48	卢森堡	0.305
39	马耳他	0.380	49	哥斯达黎加	0.300
40	塞浦路斯	0.357	50	阿联酋	0.300

数据来源：《2018 全球数字经济发展指数》，“数字经济论坛”，阿里研究院，毕马威。

2. 跨境电商交易规模持续扩大，在我国进出口贸易中所占比重逐渐升高

作为国家大力支持发展的新兴业态，近年来，随着互联网基础设施的逐渐完善和全球性物流网络的构建，跨境电商交易规模呈现出持续扩大的趋势。为了减少流通环节、降低流通成本、拉近与国内外消费者的距离，越来越多的企业和商家开始通过跨境电商平台来扩大国外市场、提高经济效益。图 1-2 显示，2017 年我国进出口交易总规模为 34.6 万亿元，其中，跨境电商交易规模为 8 万亿元，跨境电商占进出口贸易额比例增加到 23.1%，

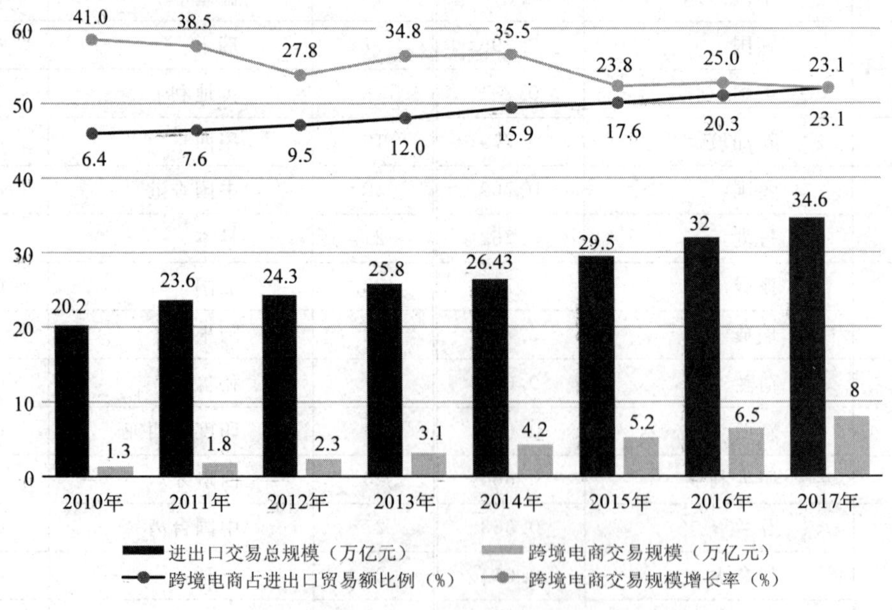

图 1-2 2010—2017 年我国跨境电商交易规模

数据来源：国家统计局，艾瑞咨询，电子商务研究中心。

跨境电商交易规模同比增长率为 23.1%。

3. **跨境电商以出口业务为主,出口占比下降,进口高速增长**

从跨境电商交易规模进出口结构来看,出口占比呈现下降趋势,进口占比涨幅较大,但跨境电商仍然以出口业务为主。2013 年跨境电商交易规模出口占比 85.70%,2018 年中国跨境电商依然保持持续增长,《2018 年度中国跨境电商市场数据监测报告》显示,2018 年中国跨境电商交易规模达 9 万亿元,同比增长 11.6%。其中,2018 年中国出口跨境电商交易规模为 7.1 万亿元,同比增长 12.7%。2018 年包括 B2B、B2C、C2C 和 O2O 等模式在内的中国进口跨境电商交易规模达 1.9 万亿元,同比增长 26.7%,可见跨境电商进口业务高速增长(图 1-3)。

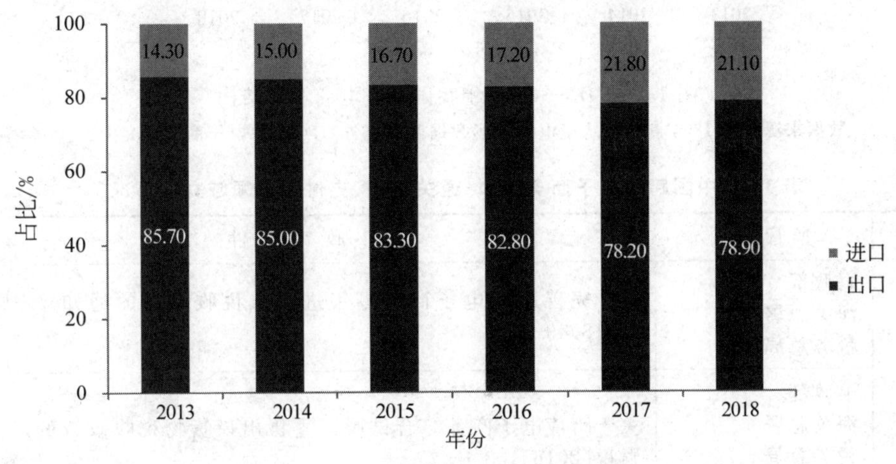

图 1-3 2013—2018 年中国跨境电商交易规模进出口结构

数据来源:《2018 年度中国跨境电商市场数据监测报告》,网经社-电子商务研究中心。

4. **跨境电商以 B2B 业务为主,B2C 跨境模式逐步兴起且有良好发展趋势**

跨境电商可按照运营模式分为跨境一般贸易(B2B 模式)和跨境网络零售(跨境 B2C 和 C2C)。其中,跨境电商 B2B 模式依旧暂居主导地位,该模式产业链条长,服务需求多。跨境电商 B2B 所需的服务类众多,包括营销、支付、供应链金融等多项服务。从国家政策和各地方跨境电商政策来看,未来跨境电商发展仍然会以 B2B 模式为主要发展商业模式。

B2C 模式是最近几年一直保持高速增长,出口 B2C 模式发展时间短,规模增速较快。资本助力有望使得出口 B2C 模式维持高速增长,具有巨大的发展空间(图 1-4)。

5. **我国跨境电商领域制度完善与改革创新**

2018 年 8 月正式通过的《中华人民共和国电子商务法》明确表示促进跨境电子商务的发展,同时表示将促进跨境电商领域税收、通关检疫、支付结算等方面制度的完善。这也为我国跨境电商产业的迅速发展提供了强力的政策支持和制度保障。中国跨境电子商务税收、通关检疫、支付结算领域立法情况如表 1-3 所示。

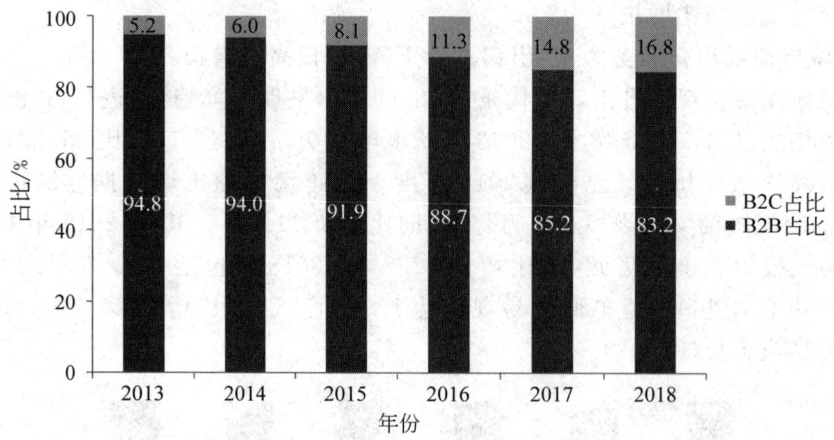

图 1-4 2013—2018 年我国跨境电商业务结构

数据来源：《2018 年度中国跨境电商市场数据监测报告》，网经社-电子商务研究中心。

表 1-3 中国跨境电子商务税收、通关检疫、支付结算领域立法情况

领域	监管部门	政策文件
税收政策	财政部 海关总署 税务总局	关于完善跨境电子商务零售进出口税收政策的通知——财关税〔2018〕49 号
	财政部 海关总署 税务总局 商务部	关于跨境电子商务综合试验区零售出口货物税收政策的通知——财税〔2018〕103 号
	财政部 税务总局	关于跨境电子商务零售出口税收政策的通知——财税〔2013〕96 号
通关检疫	海关总署	关于跨境电子商务零售进出口商品有关监管事宜的公告——海关总署公告〔2018〕第 194 号
		关于实时获取跨境电子商务平台企业植物相关原始数据有关事宜的公告——海关总署公告〔2018〕第 165 号
		关于增列海关监管方式代码的公告——海关总署公告 2014 年第 57 号、海关总署公告〔2016〕第 75 号
通关检疫	商务部等 6 部门	关于完善跨境电子商务零售进口监管有关工作的通知——商财发〔2018〕486 号
	财务部等 13 部门	关于调整跨境电商零售进口商品清单的公告——财务部公告〔2018〕第 157 号
支付结算	国家外汇管理局	关于开展支付机构跨境外汇支付业务试点的通知——汇发〔2015〕7 号

资料来源：毕马威根据公开数据整理。

复习思考题

1. 跨境电子商务按照交易对象可分为哪几类？试结合实际举例说明。
2. 分析跨境电子商务的优势以及对我国企业的启示。
3. 分析中国跨境电子商务目前发展现状。

练　习　题

第二章

跨境电子商务理论

【教学目的和要求】

向学生介绍跨境电子商务相关的经济理论，使学生了解跨境电子商务理论产生的理论背景，从整体上把握跨境电子商务理论的多重视角，从而能够对跨境电子商务理论形成更全面的系统认识。

【关键概念】

网络消费者行为	跨境电商消费者购买行为	跨境电商消费者福利
跨境电商消费者价格敏感度	用户价值创造	竞争优势理论
交易成本理论	全球价值链嵌入理论	跨境电子商务风险分析

“一带一路”倡议与供给侧改革战略出台，为经济强国中国梦的实现提供了外部驱动与内部拉力，而跨境电商则可以助推这两大倡议的实施。伴随“一带一路”倡议的推进，我国与沿线各国经贸往来更加紧密。新市场的不断开发，原有市场的继续深挖，都将成为经济强国中国梦实现的外部驱动。

跨境电商能够助推“一带一路”倡议实施。在传统贸易增长乏力时，跨境电商一马当先，拉动交易额与交易量的双增长。跨境电商吸引大规模传统贸易企业加入，刺激传统贸易产业的转型升级。跨境电商自身规模在成长、体量在扩充，成为拉动传统贸易在内的其他行业一并发展的新引擎。跨境电商发展促进了“一带一路”倡议的落地，成为沿线各国合作的新领域。借助跨境电商，我国能够更好地落实“走出去”战略，国外商品或企业更易走进我国市场。借助跨境电商，国际合作领域不仅涉及商品市场，还可以辐射支付、物流、基础设施等关联领域，扩充国际贸易的产品种类，进一步加深国与国之间的合作和交流。

结合现实，谈谈跨境电商规模为什么能够实现强劲增长，理论依据有哪些。

第一节　跨境电商的消费者行为理论

消费者行为(consumer behavior)，也称用户行为(customer behavior)，是指消费者为获取、使用、处置消费物品或服务所采取的各种行动，包括先于且决定这些行动的决策过程。消费者行为是与产品或服务的交换密切联系在一起的。在现代市场经济条件下，企业研究消费者行为是着眼于与消费者建立和发展长期的交换关系。为此，不仅需要了解消费者是如何获取产品与服务的，而且也需要了解消费者是如何消费产品的，以及产品在用完之后是如何被处置的。因为消费者的消费体验、消费者处置旧产品的方式和感受均会影响到消费者的下一轮购买，也就是说，会对企业和消费者之间的长期交换关系产生直接的作用。传统上，对消费者行为的研究，重点一直放在产品、服务的获取上，关于产品的消费与处置方面的研究则相对容易被忽视。

随着对消费者行为研究的深化，人们越来越深刻地意识到，消费者行为是一个整体，是一个过程，获取或者购买只是这一过程的一个阶段。因此，研究消费者行为，既应调查、了解消费者在获取产品、服务之前的评价与选择活动，也应重视消费者在产品获取后对产品的使用、处置等活动。只有这样，对消费者行为的理解才会趋于完整。

一、网络消费者行为分析

21 世纪是信息社会时代，也是互联网的时代。网络的发展改变了企业与消费者联系的方式，网络消费应运而生。面对电子商务这种特殊的消费形式，消费者的消费心理和消费行为表现得更加复杂和微妙。

（一）长尾理论

长尾(the long tail)这一概念是由《连线》杂志主编克里斯·安德森(Chris Anderson)在 2004 年 10 月的“长尾”一文中最早提出，用来描述诸如亚马逊和 Netflix 之类网站的商业与经济模式。“长尾”实际上是统计学中幂律(Power Laws)和帕累托分布(Pareto)特征的一个口语化表达，如图 2-1 所示。

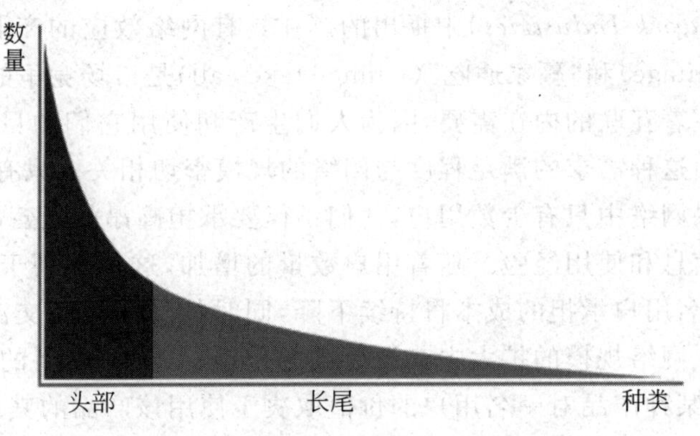

图 2-1 长尾理论

举例来说，我们常用的汉字实际上不多，但因出现频次高，所以这些为数不多的汉字占据了图 2-1 中深色区域；绝大部分的汉字难得一用，它们就属于那长长的浅色尾巴。Anderson 认为，只要存储和流通的渠道足够大，需求不旺或销量不佳的产品共同占据的市场份额就可以和那些数量不多的热卖品所占据的市场份额相匹敌甚至比其更大。

长尾市场也称利基市场。“利基”一词是英文“niche”的音译，意译为“壁龛”，有拾遗补缺或见缝插针的意思。菲利普·科特勒在《营销管理》中给利基下的定义为：利基是更窄地确定某些群体，这是一个小市场并且它的需要没有被服务好，或者说"有获取利益的基础"。通过对市场的细分，企业集中力量于某个特定的目标市场，或严格针对一个细分市场，或重点经营一个产品和服务，创造出产品和服务优势。Anderson 认为，最理想的长尾定义应解释长尾理论的三个关键组成部分：热卖品向 niches 的转变，富足经济（the economics of abundance），许许多多小市场聚合成一个大市场。

长尾理论与二八原理是殊途同归的。在资源稀缺假设前提下，传统经济属于典型的供给方规模经济，体现的是帕累托分布的需求曲线头部，用户的购买行为并不完全反映需求，主流产品的销售量大不等同于对它的需求也大，只是主流产品占据了大部分市场，限制了人们的选择权。随着整个社会经济以及科技的发展，今天我们已步入一个富足经济时代，人们的生活质量在不断提高。一方面，商品在无限地细分，用户的取向除了具备一些共性之外，越来越追求个性化的需求，所以对各种商品都有存在需求的可能；而另一方面，随着技术进步和互联网的兴起，电子商务在聚集这类产品原本分散的用户的同时，也降低了交易成本。

（二）网络效应

网络效应也称网络外部性（network externality）或需求方规模经济、需求方的范围经济（与生产方面的规模经济相对应），是指产品价值随购买这种产品及其兼容产品的消费者的数量增加而增加。例如在电信系统中，当人们都不使用电话时，安装电话是没有价值的，而电话越普及，安装电话的价值就越高。在互联网、传媒、航空运输、金融等行业普遍存在网络效应。

网络效应是以色列经济学家奥兹·夏伊（Oz Shy）在《网络产业经济学》（*The Economics of Network Industries*）中提出的。在具有网络效应的产业中，"先下手为强"（first-mover advantage）和"赢家通吃"（winner-takes-all）是市场竞争的重要特征。

信息产品存在着互联的内在需要，因为人们生产和使用它们的目的就是更好地收集信息和交流信息。这种需求的满足程度与网络的规模密切相关。只有一名用户的网络是毫无价值的。如果网络中只有少数用户，他们不仅要承担高昂的运营成本，而且只能与数量有限的人交流信息和使用经验。随着用户数量的增加，这种不利于规模经济的情况将不断得到改善，每名用户承担的成本将持续下降，同时信息和经验交流的范围得到扩大，所有用户都可能从网络规模的扩大中获得更大的价值。此时，网络的价值呈几何级数增长。这种情况，即某种产品对一名用户的价值取决于使用该产品的其他用户的数量，在经济学中称为网络外部性。

二、影响跨境电商消费者购买行为的因素分析

（一）分析模型

通过技术接受模型（TAM）和创新扩散理论（IDT），可以对跨境电商消费者行为的影响因素进行分析。

1. 技术接受模型

消费者接受利用互联网技术和信息通信技术发展而来的网上购物的过程与人接受新生技术的过程相类似，因此可以借鉴已有的技术接受模型，探讨影响消费者是否进行网上购物行为的相关因素。

技术接受模型为Davis借助理性行为理论针对用户接受信息系统而构建起模型，指出技术接受模型的早期目的是进一步推广计算机应用。Davis基于理性行为理论，提出了技术接受模型理论。技术接受模型指出个体使用IT的行为是由其行为意向(behavioral intention)决定而支配的，而行为意向则是由个人使用系统的态度及感知信息系统而决定的。态度反映了对使用系统的喜欢或不喜欢的感觉，由感知有用和感知使用方便共同决定。感知有用指个体相信使用一种特定的系统将增加工作绩效的程度，感知使用方便指个体期望使用系统免于努力的程度。其他因素通过间接影响信念、态度或行为意向来影响消费者接受信息系统。技术接受模型指出最突出的影响因素包括：一是感知所产生的有用性，所体现出的是个人提出的运用具体系统而促使其工作业绩提升的程度；二是感知所带有的易用性，能够体现出个人应用某系统的难易程度。

技术接受模型指出，人决定是否使用一个新的系统由人自身的行为意向决定，是否想用该系统(attitude toward using)和觉得系统对于自身有用共同决定了人的行为意向，感知系统的易用性和有用性决定了人是否想用该系统，易用性及外部变量状况决定了感知的有用性，外部变量则决定了感知的易用性。外部变量具体涵盖系统设计特征、用户特征、任务特征、政策及组织结构等方面的影响，这些外部变量与内部变量如态度、信念、组织结构与政策影响等，一同构建起技术接受模型。1989年，Davis等通过对107名使用者采用计算机技术，尤其是微型计算机文字处理软件的追踪实证调查，以解释和预测使用者接受计算机技术状况，发现技术接受模型预测软件使用的效果较好，在引进技术初期和期末，技术接受模型分别解释47%和51%的行为意向变量。技术接受模型被广泛地应用于不同背景的研究，而且已经获得大量的实证研究支持，成为接受信息系统最有影响力的研究模型之一(图2-2)。

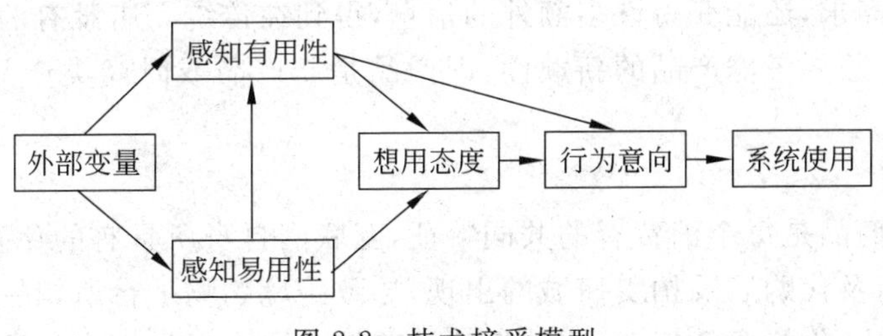

图2-2　技术接受模型

2. 创新扩散理论

作为一种全新的购物方式，网上购物对于许多消费者来说是一种新生事物和创新，因此，许多研究者正在对网上购物展开研究的过程中又引入创新扩散理论。美国人罗杰斯率先提出“创新扩散理论”，认为创新是一种被采纳单位或个人认为新颖的理念、事物。创新应该具备一定的兼容性、便利性、可靠性、复杂性与可感知性等。

美国学者菲德勒认为创新不仅包含这几大特点，还具备“熟悉”这一特点。创新扩散过程一般包括了解、兴趣、评估、试验与采纳，创新扩散也被定义为采用某种办法依照时间的变化而在社会内的有关成员中展开传播的过程。如此一来，扩散过程可以视为创新、时间、传播渠道与社会系统这几个要素的组合，通过这一点可知传播渠道是非常关键的一方面。一般可以运用S形曲线来描述创新扩散的传播过程。在扩散的最初阶段，采用者非常少，进展迟缓；随着时间的推移，采用者的数量逐步增多，当在居民总数中达到10%～25%的时候，进展速度将加快，曲线呈现出上升趋势，这就是人们常说的“起飞期”；在持续趋向饱和点的时候，进展会减缓。

在创新扩散时，最初的使用者为后续的“起飞”创造了必要的条件，这个貌似数量非常少的群体在人际传播过程中的作用突出，能够促使他人接受创新。从罗杰斯的角度来看，最初的使用者就是率先接受创新事物并为之承担风险的那部分人，这些人对创新初期的各种不足能够包容，能够从自身的位置出发而展开一系列游说活动，使得更多的人接受并使用这种创新产品。此后，创新在这些人的带动下，以极快的速度扩散。

（二）影响因素

在现代物流和便捷支付的加持下，跨境电子商务迅速发展壮大，相较于传统的购物方式，它能够使消费者足不出户就购买到更加优质或本地没有的新颖商品，同时又能享有相对低廉的价格。方便、优惠、猎奇都是网络消费者主要的购买动机。相应地，跨境电子商务也有区别于传统消费的影响消费者购买行为的因素。

1. 产品差异性

与传统的线下市场不同，个性化的消费需求在网络平台上体现得格外明显，追求商品的时尚和新颖是青年消费者的主要购买动机。他们对于自己的分析和筛选能力抱有自信，能快速进行搜索和比较，从而在购物平台中找到自己需要的产品。对于网上购物这种新生事物，他们认为是一种新奇的时尚潮流并且会主动追求这种时尚，在这种时尚中找到新鲜感和刺激感，并以此炫耀来获得自我满足。网络消费者在进行跨境网购时，不仅能够完成实际的购物需求，还能获得许多额外的信息，得到在传统商店没有的乐趣。因此在网上销售产品时，一般要考虑产品的新颖性，即产品是新产品或时尚类产品，以此来吸引网络消费者的注意。

2. 销售价格

追求廉价的商品是每个消费者的共同特征，互联网自身所具有的免费性、网上购物的流通环节较少，以及代购店及拍卖商城的出现，导致跨境购物平台所销售的商品与实体商店出售的商品相比，价格要低很多，这种低价的营销方式会促使更多的消费者选择通过网上购物来解决本身的购物需求。同时，网上商城商品比较的便利性也极大地满足了消费者“货比三家”的谨慎购物心态。对于一般商品来讲，价格与需求量之间通常呈反比，同样的商品，价格越低，需求量越大，企业的销量越大。因此在购物网站上打出“包邮”“清仓”“秒杀”之类的标语能够更吸引消费者。

3. 用户信任度

消费者会因为经常浏览某些网站而对这些网站具有一定的信任与偏好，从而对这些网站的一些链接、推送和广告所包含的商品产生购买动机。这类消费者通常是这些网站的忠实关注者，一旦这些网站推销自己有偏好的产品，他们就会选择购买并且推荐给周边的朋友让他们一起购买。但是消费者对于网络购物也存在一定顾虑，如担心售后服务差或者存在信息泄露侵犯个人隐私等问题，在一定程度上制约了跨境电商的发展。

三、跨境电商消费者福利分析

生产厂商贸易渠道的选择会影响到贸易中介对销售渠道的选择。实践表明，在生产厂商选择只通过贸易中介开展跨境电商 B2C 销售的时候，贸易中介选择线下实体店销售的销售渠道时会获得最大的利润。这意味着贸易中介本身并没有拓展线上销售渠道的动机。这种现象存在的根本原因在于消费者通过线上渠道购买商品的时候存在一定的效用损失。这种效用损失的存在导致只有当线上商品的销售价格低于线下商品的销售价格时，部分消费者才会选择从线上渠道购买商品。消费者福利也由此产生。然而当贸易中介只通过线下实体店销售商品时，消费者不存在效用损失，贸易中介可以通过定价攫取全部消费者福利。这一点也反映了跨境电商 B2C 销售模式存在增加消费者福利的作用。但就社会总福利而言，跨境电商 B2C 销售渠道的应用会降低社会总福利。在图 2-3 中，如果贸易中介只通过线下实体店渠道销售商品，那么消费者福利将全部被贸易中介和生产厂商攫取，社会总福利为 $a+b+c+d+e$。而当贸易中介开拓线上销售市场时，消费者获得消费者福利为 a，贸易中介与生产厂商能够获得的供给者福利为 $c+d+e$，社会总福利为 $a+c+d+e$。相对只通过线下实体店销售而言，开拓线上销售市场会使社会福利减少 b。

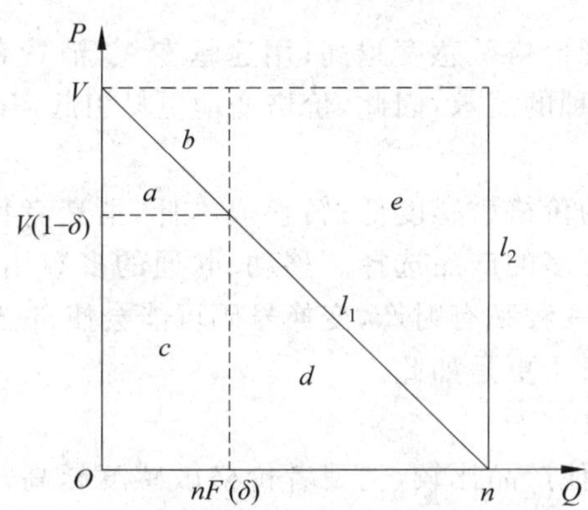

图 2-3　消费者福利、供给者福利与社会福利分析

注：l_1 为线下市场商品需求曲线；l_2 为线上市场商品需求曲线；V 为消费者购买一单位商品所能获得的效用；δ 为消费者通过线上消费时所承担的效用损失百分比；n 为潜在消费者总数；$F(\delta)$ 为效用损失比 δ 小于 S 的消费者比例；P 为价格；Q 为数量。

四、跨境电商消费者价格敏感度

在经济学理论中，价格敏感度表示为顾客需求弹性函数，即由于价格变动引起的产品需求量的变化。由于市场具有高度的动态性和不确定性，这种量化的数据往往不能直接作为制订营销策略的依据，甚至有时会误导企业的经营策略，而研究消费者的价格消费心理，了解消费者价格敏感度的影响因素，能够使企业在营销活动中掌握更多的主动权，也更具有实际意义。

（一）产品特性

产品是消费者与企业发生交易的载体，只有当消费者认为产品物有所值时，产品的销售才有可能得以实现。产品的自身特性影响消费者对价格的感知，名牌、高质和独特的产品往往具有很强的价格竞争优势。

1. 替代品的多少

替代品越多，消费者的价格敏感度越高；替代品越少，消费者的价格敏感度越低。替代品是指能够满足消费者同样需要的产品，包括不同类产品、不同品牌的竞品和同一品牌的不同价位的产品。手机、电脑的价格大战，就是因为替代品过多的缘故。

2. 产品的重要程度

产品越重要，消费者的价格敏感度越低。当产品是必需品时，消费者对这种产品的价格不敏感。"非典"初期，在南方某城市，一瓶普通食用醋能卖到上百元；某些产品的零部件非常贵也是利用了这个原理。

3. 产品的独特性

产品越独特，消费者价格敏感度越低；产品越大众化，消费者价格敏感度越高。独特性可以带来溢价，新产品往往具有独特性，所以厂商在推出新产品时，往往制定一个很高的价格，当类似产品出现时，再进一步降价。在 IT 行业和医药行业，这种行为经常发生。

4. 产品本身的用途

产品用途越广，消费者价格敏感度越高；用途越专一，消费者价格敏感度越低。用途广代表可以满足消费者多种的需求，因此，价格变动更易引起需求量的变化。

5. 产品的转换成本

转换成本高，消费者的价格敏感度低；转换成本低，消费者价格敏感度高。因为转换成本低时，消费者可以有更多的产品选择。移动、联通的多数用户不愿意转网，就是因为手机号码已经成为个人的一种私有财产，变换号码可能会使自己的交际网络发生断裂，转换成本高，尤其对于商务人士更是如此。

6. 产品价格的可比性

产品价格越容易与其他产品比较，消费者价格敏感度越高；比较越困难，消费者价格敏感度越低。在超市，产品的标签一目了然，摆放在一起的同类产品使消费者更易进行价格比较，此时诱人的价格可以引发消费者的购买冲动。

7. 品牌

消费者对某一品牌越忠诚，对该品牌产品的价格敏感度越低，因为在这种情况下，品牌是消费者购买的决定因素。消费者往往认为，高档知名品牌应当收取高价，高档是身份和地位的象征，并且有更高的产品质量和服务质量。品牌定位将直接影响消费者对产品价格的预期和感知。

（二）消费者因素

对于同一件商品或同一种服务，有些消费者认为昂贵，有些消费者认为便宜，而另一些消费者则认为价格合理。这种价格感知上的差异主要是由消费者个体特征不同造成的,个体特征既包括个体人口统计特征,又包括个体心理差异。

1. 消费者的年龄

消费者年龄越小,价格敏感度越低;消费者年龄越大,价格敏感度越高。老人对价格相当敏感,原因就在于老人的价格记忆,尤其是可支配收入不高的老人。而对于青少年,特别是20世纪90年代后出生的新一代,由于受到父母的宠爱,他们对商品的价格敏感度较低。

2. 消费者的产品知识

消费者产品知识越丰富,购买越趋于理性,价格敏感度越低,因为消费者会用专业知识来判断产品的价值。消费者产品知识越少,对价格的变化会越敏感,尤其是对于技术含量比较高的商品,普通消费者只是以价格作为质量优劣的判断标准。

3. 产品价格在可支配收入中的比例

比例越高,消费者对价格越敏感;比例越低,消费者对价格越不敏感。高收入人群有更多的可支配收入,因此对多数商品的价格不敏感;而低收入群体,则往往对价格敏感。

4. 消费者对价格变化的期望

期望越高,价格敏感度越高;期望越低,价格敏感度越低。因为对价格变化的期望影响消费者的消费计划,消费者买涨不买落也正是基于这种心理。

5. 消费者对成本的感知

消费者对实付成本的感觉比对机会成本的感觉更敏感。实付成本被视为失去已经拥有的财产,而机会成本被视为潜在的放弃的所得,因为消费者认一种好处时,常常不愿意冒风险,消费者的这种心理对于一些家电企业有重要的启示。例如,尽管一种家电产品具有省电的优势,但在销售中,却不如打折扣较多同时耗电量比较大的同类产品销售得快。

6. 消费者对价值和成本的感知

价格不是决定消费者购买行为的唯一因素,消费者的购买决策更多地依赖于获得的价值和付出的成本的比较,只有当获得的价值不小于付出的成本时,才会发生购买行为。其中,获得的价值包括产品价值、服务价值、人员价值和形象价值,产品价格是这些价值的综合反映。付出的成本则包括货币成本(产品价格)、时间成本、体力成本、心理成本和精力成本。对价值和成本的感知对于不同的顾客而言有很大的差异,甚至一个顾客在不同的情况下的感知也不同。

五、用户价值创造

跨境电商企业在经营活动中扮演平台的角色,同时面向消费者和供应商两大类用户。消费者为需求型用户(D用户),供应商则为供应型用户(P用户),在用户-平台-用户的模式下,用户间的价值创造是多样化的。用户间的价值共创过程分为用户连接、用户接触、用户分离三个阶段,分别指用户接入平台,用户与平台产生互动,以及用户完成消费活动离开平台的过程。其中用户连接与分离两个阶段位于连接服务层次,用户接触处于具体服务层次。在用户连接阶段,价值创造遵循的是用户主导逻辑下的价值共创;进入用户接触阶段,用户主导逻辑下的用户价值独创是该阶段的主要价值创造模式;在用户分离阶段,供应方主导逻辑下的价值共创成为核心的价值创造方式。

(一)用户连接阶段的价值创造

用户连接阶段存在四个影响用户价值创造过程的主要因素:连接速度、连接便利性、沟通对话、信息共享。随着社会和经济的高速发展,人们的生活节奏日益加快,消费者越来越希望自己在购买产品或享用服务时能够尽可能少地花费时间和精力,因此连接便利性成为影响顾客服务感知的重要因素。沟通对话是价值共创的前提,用户间只有不断地进行交流与对话才能使供需准确地连接,合理的沟通与对话往往能够促进信息共享,而信息共享则为价值共创营造了良好的过程环境,是影响用户体验的重要因素。

(二)用户接触阶段的价值创造

研究表明,在用户接触阶段,影响用户价值创造过程的主要因素是:相似性、外表、恰当行为、情绪、服务环境、角色明确性以及服务技能。服务环境、角色明确性和服务技能这三个因素主要作用于P用户与D用户之间的互动,平台也只能通过间接的方式对它们产生影响。而相似性、外表、恰当行为、情绪这四个因素不仅能影响P用户与D用户之间的互动,而且作用于不同D用户之间的交互。因此,它们的影响除了存在于出行服务方面,更是渗入了用户的生态系统和心理层面。然而平台对于这四个影响因素并没有直接地进行介入。平台只是间接地影响了用户接触阶段价值创造的部分因素,简言之,企业并没有直接参与用户间创造价值的过程。在跨境电商的经营模式下,与企业或平台相对的参与方不再是顾客,而是具有更多角色与功能的用户,因此这是一个用户单独创造价值的过程。

(三)用户分离阶段的价值创造

消费者在用户接触阶段之后开始分离,进入了用户分离阶段,而该阶段主要包括支付与反馈两个过程。在用户分离阶段,影响用户价值创造过程的主要因素有:支付便利性、安全性、反馈便利性、平等性、反馈有效性。支付便利性指的是消费者在对所获取的服务进行支付时,需花费的时间和精力。一旦支付便利性出现问题,就增加用户在支付过程中的等待时间,这样不仅会增加用户的代价感知,还会让用户对企业产生负面情绪,很多在实体或网上店铺购买商品的用户就是因为交易程序烦琐而放弃了购买行为。安全性主要表现在支付安全与信息安全两个方面。支付安全是让用户财物不受侵害的保障,也是让用户对平台产生信任的基础。如果信息安全出现问题,用户的个人隐私甚至人身安全将会受到严重威胁,从而影响用户的体验及获取的价值。另外,反馈过程不应该成为用户的负担。购后接触便利性通常被用来衡量顾客获取关键服务以后对自己再次联系或接触企业所需耗费的时间和精力的感知。与此相似,反馈便利性聚焦于当用户在完成核心服务之后,再次与平台沟通、对话所需要投入的时间与精力,其中评分是主要的反馈方式。用户在价值创造过程中的平等性缺失,不仅会使用户的价值创造意愿降低,还会让评价结果失真。同时,用户也希望自己的反馈结果对于服务的改进有明显的作用和效力,即反馈有效性。

第二节 跨境电子商务的竞争战略

一、波特竞争优势理论

(一) 竞争战略

竞争战略(competitive strategy)最早由美国哈佛大学"竞争战略之父"波特提出。根据波特的竞争战略理论,和传统企业一样,跨境电子商务买家的利润将取决于跨境电子商务同行之间的竞争、行业新产品与替代品的竞争、供货商的议价竞争、海外买家的议价竞争以及潜在卖家的加入五个主要方面竞争共同作用的结果。

面对跨境电子商务的竞争,卖家采取的竞争战略实质上就是为了提供具有同一使用价值的产品在竞争上采取的进攻或防守行为。当前大量跨境电子商务卖家往往会采用"价格战"的方式进攻竞争对手,但这种方式在打压对方的同时,也对自身的利益造成同样程度的损害。因此根据波特的竞争战略理论,跨境电子商务卖家正确的竞争战略主要有以下三种。

1. 成本领先战略

跨境电子商务卖家的成本领先战略就是要努力降低产品的采购成本,以在大量卖家参与的低价竞争中,取得合理的利润,维持竞争优势。这样在较为极端的价格条件下,由于具有低成本优势竞争,当对手无利可图时,自身还可以获得部分合理的利润。要做到成本领先,跨境电子商务卖家必须采取较为严格的成本管理,在每个可能降低成本和费用的环节实行责任到人,特别是需要加强和供货商的合作,关注产品的生产和库存,降低产品生产消耗及不合理的库存积压成本,等等,必要时采取新工艺及应用新材料。

2. 差异化战略

差异化战略,又称"别具一格"战略。实质上就是企业提供的产品或服务别具一格,另具特色。别具一格的产品或服务在功能、款式及外观等方面具有一定的创新和特色。如果成功使用差异化战略,企业就可以很大程度上避开价格的恶性竞争,在行业中赢得超额利润,同时提高用户对企业产品(或品牌)的感受、评价和忠诚度。在跨境电子商务市场中,产品更新和换代的速度很快,大量潜在买家对新产品有巨大的购买力。差异化战略要求跨境电子商务卖家具有一定的市场反应能力和产品研发能力,针对海外买家的需求和偏好,快速推出更新的产品。

3. 集中化战略

集中化战略,又称目标集中战略、目标聚集战略或专一化战略。集中化战略是指企业根据自身的条件,将目标消费群和目标市场进行细分后,主攻某个特定的客户群体、特定的产品(或产品系列)或某个特定地区市场的一种策略。这种策略的特点是企业集中"优势兵力",以更高的效率为某一目标领域内的战略对象提供更好的服务,以在所集中的目标领域超过一般的竞争对手,并取得超额利润。

跨境电子商务产品种类规格非常丰富,海外买家的消费习惯和消费层次也千差万别,不同国家和地区的文化与产品偏好也有明显的差异。因此跨境电子商务卖家大范围地从事自身不熟悉的产品将会陷入不利的竞争地位，相反如果能了解不同地区海外买家的细分需求，采用集中化战略，则可以取得不错的效果。

（二）钻石模型

波特的钻石模型用于分析一个国家某种产业为什么会在国际上有较强的竞争力。波特认为，决定一个国家的某种产业竞争力有以下四个因素。

（1）生产要素——包括人力资源、天然资源、知识资源、资本资源、基础设施。

（2）需求条件——主要是本国市场的需求。

（3）相关产业和支持产业的表现——这些产业和相关上游产业是否有国际竞争力。

（4）企业的战略、结构、竞争对手的表现。

波特认为，这四个要素具有双向作用，形成钻石体系（图 2-4）。

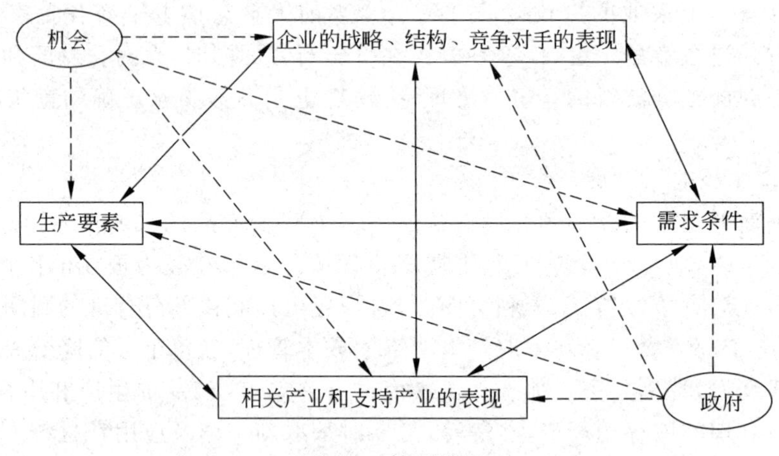

图 2-4 钻石模型

在四大要素之外还存在两大变数：政府与机会。机会是无法控制的，政府政策的影响是不可漠视的。

二、交易成本理论

交易成本理论（transaction cost theory），也称交易费用理论，是用比较制度分析方法研究经济组织制度的理论，由英国经济学家罗纳德·哈里·科斯（R. H. Coase）于 1937 年在其重要论文《论企业的性质》中提出。其基本思路是：围绕交易费用节约这一中心，把交易作为分析单位，找出区分不同交易的特征因素，然后分析什么样的交易应该用什么样的体制组织来协调。

总体而言，简单的分类可将交易成本区分为以下几项。

（1）搜寻成本：商品信息与交易对象信息的收集。

（2）信息成本：取得交易对象信息与和交易对象进行信息交换所需的成本。

（3）议价成本：针对契约、价格、质量讨价还价的成本。

（4）决策成本：进行相关决策与签订契约所需的内部成本。

(5) 监督交易进行的成本：监督交易对象是否依照契约内容进行交易的成本，如追踪产品、监督、验货等。

(6) 违约成本：违约时所需付出的事后成本。

在传统的国际贸易中，贸易中介有举足轻重的地位。然而，随着互联网的兴起和电子商务的发展，信息技术在交易市场的应用会使交易模式产生显著的变化。电子商务会大幅降低进货商搜寻货源的成本，大幅缩短商品的营销链，减少乃至消除促使商品价格提升的多级代理，使得供应商可以直接与消费者接触，信息获取与处理成本大大降低，消费者也可以获得更加优惠的价格，最终推动产品价值链的重置，大幅提高交易的效率，海外代购、厂家直销等贸易模式开始兴起，从而产生了"去中介化"现象，威胁了传统的中介市场。这直接影响了传统贸易中介的生存与发展，推动了新型跨境电商贸易中介的出现。

三、跨境电子商务生态系统与产业集群

跨境电子商务是电子商务发展成熟的结果，是电子商务向细分市场演进的产物。在跨境电子商务发展背景下，跨境电商与跨境物流协同问题日益突显，可借助生态系统相关理论，采用电子商务生态系统概念，构建跨境电子商务生态系统，并基于商品种类、环境、供应链、地理空间等不同视角探索跨境电商与跨境物流之间的协同机理。目前，由于跨境电子商务在我国尚处于发展初期，跨境电商与跨境物流仍然是新兴事物，跨境电商的发展快于跨境物流的发展，跨境物流跟不上跨境电商发展的步伐，反向制约着跨境电商的发展。同时，跨境电商整体水平偏低，也制约着跨境物流的发展与运作水平(图 2-5)。

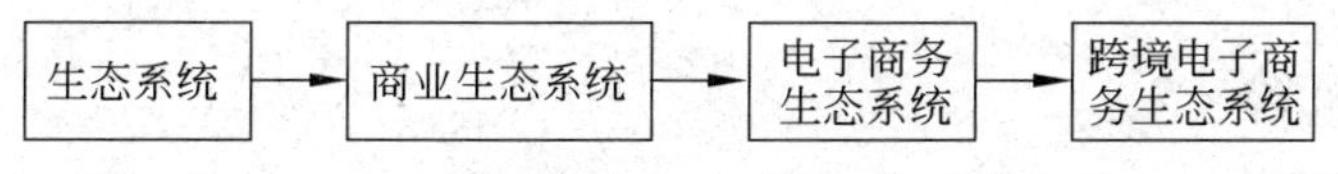

图 2-5　跨境电子商务生态系统演进路径

跨境电商与产业集群协同发展主要体现在以下几个方面。

(1) 跨境电商通过改变传统外贸营销模式，进而改变了产业集群的生产模式和管理模式。

(2) 跨境电商的网络属性突破了产业集群的地域限制，能更合理地布局产业集群的全球供应链和生态圈。

(3) 产业集群与跨境电商实现数据共享，创新产业集群及其相关企业的发展动能。

(4) 产业集群的集聚特征有利于集群内跨境电商生态圈的构建和规模效益的产生。

(5) 政府机构的制度创新有利于实现复合系统的高效监管和协同发展。

四、全球价值链嵌入理论

通过嵌入全球价值链，企业价值创造流程打破了国家界限，实现在全球范围内资源的优化配置。受到全球价值链活动的影响，跨境电子商务运作流程也发生了变化。通过一个简化的模型，可以清晰地了解跨境电子商务的运作模式，如图 2-6 所示。假设跨境电子商务价值链活动仅涉及 3 个国家，即 A 国、B 国与 C 国。其中，A 国聚集着跨境电商所需商品的生产要素供应商与生产商；B 国是跨境电商企业所在地，也聚集着跨境电商企业

所需商品的供应商与生产商；C 国是跨境电商的消费者所在地，也存在跨境电商企业所需商品的生产商与生产要素。生产要素与商品供应通过物流运输来实现，尤其会涉及跨境物流活动。购买和销售生产要素与商品产生资金流。生产要素与商品的供需活动需要信息流来实现。不仅如此，出现商品退换货时，还需要逆向物流活动。所以，包括商品流在内的物流、资金流与信息流贯穿于跨境电子商务在全球价值链的活动网络中。资金流和信息流主要依托网络技术与信息技术实现。物流不仅需要网络技术与信息技术，还需要线下的跨境商品运输与配送活动，其活动构成更复杂，也是信息流活动的目的与资金流活动的载体。

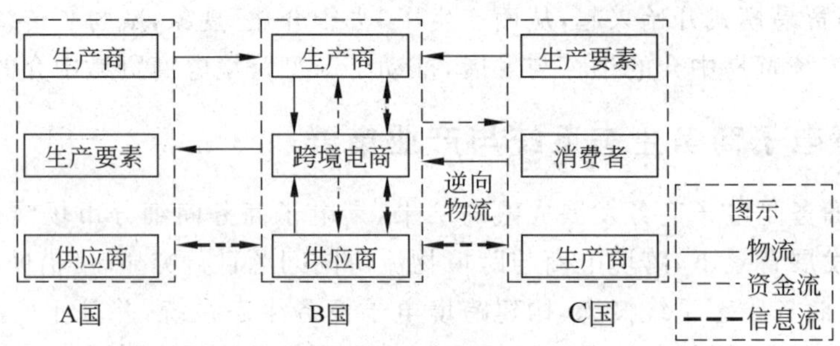

图 2-6 基于全球价值链的跨境电子商务模式

第三节 跨境电子商务的风险分析

一、物流风险

对于跨境电商出口企业的完整供应链而言，在常见经营风险中首先面临的即为物流风险，主要表现为跨境物流妥投失败带来的“财货两空”损失，常见原因包括物流企业管理不善引起的包裹丢失、目的国海关扣关、目的国内派送过程中包裹丢失等。容易看出，物流环节风险是因国家和地区而异的，美国、欧洲及日韩等经济体由于物流渠道发达，物流风险较低。而其他国家，特别是一些国土面积较大的发展中国家，如俄罗斯、巴西以及非洲和南美洲的大多数国家，跨境电商企业在经营过程中容易暴露在较高的物流风险下。以俄罗斯为例，2018 年世界银行物流绩效指数报告中俄罗斯的物流发展水平排在全球第 75 名，其中通关、装运等环节的评分较低，表明选择开拓俄罗斯市场的跨境电商企业不仅需要承担高昂的物流费用，也会遭遇时效性与安全性方面的困扰。

在宏观层面上，跨境电商与跨境物流协同缺失，尚无法实现协同发展；在微观层面上，跨境电商与跨境物流协同缺失表现出了一些典型而显著的特征。其具体表现：一是跨境电子商务生态系统协同缺失；二是跨境电商与跨境物流协同缺失；三是跨境物流横向层面协同缺失；四是跨境物流纵向层面协同缺乏；五是跨境逆向物流协同缺失；六是跨境电商、跨境物流与环境协同缺失。

为更好地实现跨境电商与跨境物流之间的协同，一要关注跨境电商和跨境物流两者间的协作与沟通；二要推动跨境物流网络协同；三要发挥混合式、组合式跨境物流模式优势;四要推进跨境物流业务外包,实现专业化运营;五要实现本地化发展;六要完善内部环境与外部环境。

二、产品风险

在外贸电商中,主要的产品风险有三种:①国别区域的政策风险。例如,电子烟是一种特殊商品,不同国家有不同的管制政策,因此开发这类产品时一定要先了解清楚目标国的相关政策。②知识产权风险。知识产权包括商标权、专利权等。做仿品的商家,很可能因商标权的侵犯遭到投诉,导致资金冻结甚至账号永久性被关闭。对于做正品的商家,也应该防范产品中涉及的专利问题,对于未授权的专利产品要谨慎销售。③认证风险。各国政府为了规范市场,对某些产品有强制性认证要求,如欧盟的CE认证。如果没有相关认证,产品将面临召回销毁的风险。

三、囤货滞销风险

跨境电商出口企业在将货物运抵目标国海外仓后,也常常需要应对无法如期完成销售目标进而导致囤货滞销的困境。在这种情况下,资金链断裂往往也会伴随着囤货滞销风险出现。近年来,每当临近销售旺季,囤货滞销风险事件的发生频率就有所上升,其主要原因是大多数中国厂商在产品开发与市场分析方面能力不强,习惯于仿款抄款,普遍缺乏创新意识与对于"蓝海"空间的敏锐感知,很少企业能够根据目标国市场的具体消费需求针对性地配置研发与选品资源,进而导致目标市场上的中国商品出现较为严重的同质化竞争,诱发滞销风险。囤货滞销风险主要发生在美国和欧洲等较为发达的经济体,这些需求潜力大、消费能力强的跨境电商市场内部行业竞争日趋白热化,为获得订单配送时间上的优势,中国出口企业需要将货物先运送到这些国家的仓库待售,由此容易引发囤货滞销风险及次生的资金链断裂风险。有调查指出,超过30%的中国企业在布局欧美国家海外仓的过程中最为顾虑的是货物滞销风险,这一比例高于政策税收风险等其他本土风险类型。

四、知识产权风险

在营销环节,跨境电商企业可能面临因在售商品被投诉侵犯他人的知识产权而导致产品下架或链接被删除的风险。知识产权风险除了会导致库存积压外,部分情况下还会使企业成为知识产权人诉讼索赔的对象。中国跨境电商企业的业务实践中,常见的知识产权主要包括商标权(如仿品)、外观专利或实用新型专利以及产品图片盗用侵权等几类,而遭遇这些知识产权风险事件的主要原因在于知识产权意识薄弱,对于侵权行为抱有侥幸心理或是不懂得如何在跨国销售中应对来自竞争对手的恶意诉讼。与囤货滞销风险相似,这类经营风险主要发生在知识产权保护意识普遍较高的发达经济体,特别是欧美地区。以美国为例,专利侵权司法诉讼非常普遍且其标的赔偿金额较高,时常可达几千万甚至上亿美元。如果专利权人能够证明被告故意侵犯其专利权,法院可以在按"填平原则"计算的赔偿金额基础上课以3倍的惩罚性赔偿。一旦受理诉讼,地方法院即会立刻颁布临时禁令,涉案商品不仅要下架、撤展,商户的资金账号还会遭到冻结。

五、支付风险

在互联网技术、信息技术、支付技术等新技术的推动下，跨境电子商务发展迅速，也促进跨境支付方式的创新。现有关于跨境电子商务支付的研究，多从以下几方面展开：第一，跨境电子商务支付发展现状；第二，跨境电子商务支付风险与监管等；第三，跨境电子商务支付的法律问题；第四，第三方机构的跨境电子商务支付的监管与法律问题等；第五，其他一些方面，如支付渠道建设、人民币国际化对其影响等。可以看出，现有的研究多从风险监管与法律层面展开，较少关注运行模式与支付方式选择的影响要素。电子支付能够为使用者降低成本并进行风险管理，其效率成为影响跨境电子商务的重要因素之一。2013 年，《国务院办公厅转发商务部等部门关于实施支持跨境电子商务零售出口有关政策意见的通知》明确提出"鼓励银行机构和支付机构为跨境电子商务提供支付服务"，旨在解决与完善包括电子支付、清算、结算体系在内的支付服务配套环节中比较薄弱的问题。

六、汇率风险

在销售完成之后的跨境结算环节，中国企业还需要应对汇率风险的挑战。此类经营风险多发生于与汇率变动幅度较大的国家消费者进行的交易中，包括日本、俄罗斯、英国以及一些发展中国家。例如，英国于 2016 年 6 月 23 日进行全民公投退出欧盟，次日英镑对美元汇率即暴跌近 10%，欧元也出现贬值情况。这一突发事件直接削弱了中国商品的价格竞争力，导致中国出口电商企业的利润缩水与销售额的下跌。从需求侧来看，结算货币对人民币汇率的波动也会加剧跨境电商经营的不确定性，尤其是在汇率剧烈变动期间，国外消费者会滋生观望情绪，降低跨境消费需求，而当结算货币贬值趋势加剧时，国外消费者的实际购买力也会出现明显下降，进而减少对中国商品的消费需求。

复习思考题

1. 长尾理论与二八定律有怎样的区别和联系？
2. 试从交易成本理论的角度分析跨境电商"去中介化"的现象。
3. 跨境电子商务的主要风险类别有哪些？

练 习 题

第三章

跨境电商运营模式

【教学目的和要求】

本章结合跨境电子商务发展的现况探讨跨境电商出口及进口的主要运营模式，简要分析了跨境电商平台和模式的选择，最后，对跨境电商发展的热点和趋势方面进行了分析与讨论。本章的目的是使学生掌握跨境电商的基本运营模式，并比较不同模式的优势及存在问题。

【关键概念】

跨境电商出口与跨境电商进口	跨境电商盈利模式	“B2C＋O2O”
直发或直运	自营	导购
海淘	代购	闪购
海外仓	整合分销	多平台运营
本土化运营	小语种市场	

2018 年 11 月 5 日，中国首届国际进口博览会在上海开幕，本次进博会的召开为我国跨境电商的发展带来了巨大的机遇。寺库是我国跨境奢侈品电商行业的标杆企业，在本次进博会期间受到各种国际品牌的青睐，成功地与各大国际品牌签约，成为了进博会中“现象级”的跨境电商企业。

寺库创立于 2008 年，其销售额和库存量单位、高端品牌数量是全球行业的榜样，同时也是亚洲最大的奢侈品平台。这个平台提供二手奢侈品寄售、奢侈品网上零售、奢侈品辨别、奢侈品维护保养等服务。这次进博会，北京市商务委员会邀请寺库公司参加进博会，向国际品牌公司学习和交流并达成合作，使世界上高质量和更优质的商品在此平台售卖，让更多消费者体验到周到的服务并提高寺库公司业绩。据报道，第一届进博会期间，寺库与来自不同国家如意大利、美国、澳大利亚、法国、韩国、英国等的 100 多个奢侈消费品牌正式达成合作，同时蒙古国家馆和菲律宾贸易投资中心也与寺库签署合作协议。经过统计，最终在进博会上与寺库公司达成的交易总金额超过 1 亿美元。此外，借助进博会的平台，寺库公司还与大约 30 个一线品牌展开合作。例如意大利的范思哲 versace、美国的 Diane Von Furstenberg 等。打开供应链，使消费者体验到在线订购和店内取货的乐趣，使消费者更加便利地享受到网上和线下的双重体验。

试从寺库在进博会的“精彩表现”中，分析进博会机遇下跨境电商运营中存在的优势与问题。

第一节 跨境电商运营模式概述

到目前为止，国内跨境电商主要交易模式暂时还是以基于第三方跨境电子商务平台的跨境 B2B 为主，基于跨境电子商务的巨大发展潜力，国内外一些网络巨头或创业公司开始布局跨境电子商务平台的建设，或进行跨境电子商务运营模式的创新。

一、跨境电商运营模式

在过去几年里，基于跨境电子商务模式创新的不同跨境电子商务平台不断涌现，估计今后还会不断有新的跨境电子商务平台及运营模式出现。不同的跨境电子商务平台及运营模式之间存在着竞争，只有那些符合跨境电子商务市场发展规律及能有效满足买卖双方需求的平台及运营模式才能在今后的电子商务发展及竞争中立于不败之地。

也许，人们大多数无法准确地预测将来的一个时期跨境电子商务具体会是什么样的一个模式。但对于跨境电子商务卖家而言，其任务就是充分了解当前各种常见的跨境电子商务平台及运营模式，以根据卖家自身的条件和目标，选择合理的跨境电子商务运营模式。

二、跨境电商运营模式分类

（一）按跨境电商买卖双方身份分类

按跨境电商买卖双方身份的不同，跨境电商运营模式可分为 B2B、B2C 及 C2C 三种基本类型。

其中 B 是指卖家企业（business），C 是指消费者个人（customer）。值得注意的是，有时这样的划分界线并不是绝对的，如有的跨境电子商务平台，其卖家可以同时是企业或个人，同样其买家也同时可以是企业或个人。

（二）按跨境电商平台的运营方分类

按跨境电商平台的运营方的不同，跨境电商运营模式可分为第三方运营平台模式和自营平台模式。

第三方跨境电子商务平台的网络平台是由买卖双方之外的第三方搭建，而自营平台则相反，即跨境电商平台由卖方或买方（通常是卖方）搭建和运营。跨境电子商务平台的开发和维护需要较高的技术水平，同时其推广运营的成本非常高昂，因此一般来说，企业自建或自营平台从事跨境电子商务是不划算的，特别是对中小卖家来说。

（三）按跨境电商平台提供的功能或服务分类

按跨境电商平台提供的功能或服务的不同，跨境电商运营模式可分为信息服务（产品展示)平台和在线交易(网络购物)平台。

(四) 按进出口分类

按进出口的不同,跨境电商运营模式可分为跨境电商出口和跨境电商进口。虽从目前的情况来说,跨境电子商务出口是主流,但实际上,跨境电子商务同传统国际贸易一样,在进出口之间有一个趋于平衡的力量,因此可以预见的是,跨境电子商务进口也将会有一个快速增长的时期。

第二节　跨境电商出口运营模式

一、跨境电商第三方平台运营模式

跨境电商第三方平台由买卖双方之外的独立第三方构建和运营,其功能就是为跨境电子商务买卖双方(特别是中小企业或个人用户)提供公共平台来开展跨境电子商务。其基本模式如图 3-1 所示。

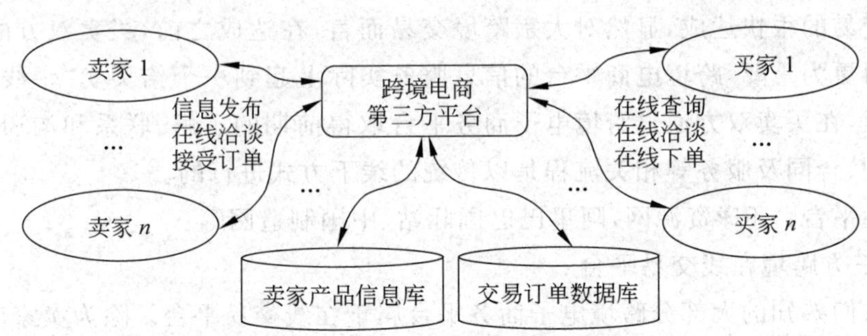

图 3-1　跨境电商第三方平台基本模式

(一) 跨境电商第三方平台的分类

1. 按产业终端用户类型分类

和所有的跨境电子商务平台一样,按产业终端用户类型(也就是买卖双方主体身份)的不同,跨境电商第三方平台也可分为 B2B、B2C 和 C2C 等主要的模式。

1) 第三方 B2B 跨境电商平台

国内熟悉的 B2B 跨境电商平台的卖家一般是以企业为主,如产品生产企业、外贸公司等;而买家则以海外较大规模的采购商为主,如海外批发商或零售商。从交易的总规模来看,B2B 在跨境电子商务中占有主导地位,据统计,2018 年国内 B2B 跨境电商市场交易规模占跨境电子商务交易总规模的比例高达 84.6%。

代表性平台:中国制造网、阿里巴巴国际站、环球资源网等。

2) 第三方 B2C 跨境电商平台

B2C 和 B2B 的主要区别就是 B2C 的买家以海外最终个人消费者为主,实质就是跨境电子商务零售。

代表性平台：敦煌网、速卖通、DX、兰亭集势(light in the box)、米兰网、大龙网。

3) 第三方C2C跨境电商平台

C2C跨境电子商务平台的卖家主要是国内个人(或个体户)，而买方则是海外最终个人消费者。

实际上，目前大部分B2C和C2C跨境电子商务平台同时面向个人及企业卖家用户开放。值得关注的是，B2C和C2C在最近5年以惊人的速度在增长，其交易额在国内跨境电子商务交易总量的比例不断升高。

代表性平台：eBay、Wish，速卖通、兰亭集势等。

2. 按跨境电商平台提供的功能或服务分类

按跨境电商平台提供的功能或服务的不同，跨境电商第三方平台可分为信息服务(产品展示)平台和在线交易(网络购物)平台。

1) 第三方跨境信息服务平台

信息服务平台的核心功能是卖家产品信息的集中展示。通常跨境电商信息服务平台并不关注交易的很快达成，显然对大宗跨境交易而言，在达成之前，买卖双方的相互了解和谈判显得更为重要，跨境电商平台的信息服务实际上起到一个给买卖“牵线搭桥”的作用。实际上，在买卖双方通过跨境电子商务平台取得前期的了解、联系和沟通之后，最终交易的谈判、合同及服务等相关流程是以传统的线下方式进行的。

代表性平台：环球资源网，阿里巴巴国际站、中国制造网等。

2) 第三方跨境在线交易平台

目前人们熟知的大部分跨境电子商务平台属于在线交易平台。除为卖家产品提供详细的展示功能，为了在线完成交易，在线交易平台还提供了产品搜索及对比、在线沟通工具、网络订单制作及支付、物流服务及其信息跟踪、售后服务及评价等在线交易所需的全部功能。

代表性平台：eBay、速卖通、敦煌网、DX、大龙网、米兰网等。

(二) 跨境电商第三方平台的盈利模式

跨境电子商务第三方平台一般由买卖双方之外的独立第三方构建和运营，平台运营方一般并不在平台上直接销售产品，而其网络平台的前期搭建、日常运营和海外推广需要较高的成本与费用。跨境电子商务第三方平台主要向卖家收取会员费用、交易佣金、增值服务费用或其他费用。

1. 会员费用

根据会员的级别，很多B2B跨境电子商务第三方平台每年会向卖家会员收取一定数额的会员费。例如，阿里巴巴国际站“出口通”会员的基础服务费用一般是29 800元/年，中国制造网国际站为“金牌会员”服务的基础服务费报价为31 100元/年，等等。一般来说，只有成为上述平台的付费会员后，卖家才能查看海外买家的关键需求信息。

2. 交易佣金

为了吸引大量中小企业及个人卖家，和 B2B 不同的是，大多跨境 B2C 和 C2C 平台不会向卖家收取高昂的会员费用，但会根据交易订单的金额向卖家收取一定比例的交易佣金。例如，速卖通和敦煌网的交易佣金一般是 5%，而 eBay 的交易佣金相对较高，根据产品所在行业和类目的不同，一般向卖家收取 10%。

3. 增值服务费用

平台掌握流量资源，会选择性地采取引流措施，来帮助企业产品的推广(站内推广)。例如，速卖通的"直通车""橱窗推荐"等，阿里巴巴国际站的"外贸直通车""橱窗产品""关键词搜索排名"和"顶级展位"等。另外，平台可以利用自身的实力资源为卖家提供金融、技术、人才、培训及认证等方面的增值服务。如阿里巴巴国际站的"网商贷""检测认证平台""阿联招聘"和"阿里通行证"等，其增值服务费则根据企业需要增值项目的内容及平台提供的服务套餐确定，金额可为数万元至十几万元。

4. 其他费用

如在线结算费用和产品刊登费等，速卖通的国际支付宝收取每笔 15 美元的费用，对每笔订单，eBay 向卖家收取至少 29%+0.3 美元"交易手续费"，另外在提现时还需收取 35 美元的"提现手续费"。一般来说，在跨境电子商务平台上刊登产品是免费的，但有的平台在上传产品文字和图片超过一定的数量时，会收取一定的产品刊登费用，如 eBay 收取的刊登费可从 0.25 美元至 800 美元。

(三) 跨境电商第三方平台的优势

与企业自营平台等相比，跨境电子商务第三方平台一般由较具实力的第三方来投资、管理和运营，其在角色和地位、功能、流量、用户成本及用户效率等方面具有明显的优势。

1. 角色和地位优势

跨境电子商务第三方平台实际上充当了促成交易达成的媒介角色，并且处于买卖双方之外的第三方的"中立公正"地位，一般来说不明显偏袒于买家或卖家，加上平台运营方的知名度和实力容易获得海外买家的信任，快速聚集人气，并形成网络流量的"马太效应"。

2. 功能上的优势

一般来说，跨境电子商务买卖双方对交易的需求是广泛的，跨境电子商务第三方平台为了吸引大量用户，在功能设计上相对比较完善。买家的商品搜索和浏览、订单制作和支付、后期的反馈和评价等，以及卖家的产品上传和展示、在线沟通洽谈、订单处理、物流服务、在线结算及库存管理等，都可以通过平台提供的相应功能来完成。

3. 流量上的优势

跨境电子商务平台之间的竞争，实质上是流量的竞争。一些大型跨境电商第三方平台网站，由于其有很高的知名度，因此每天会有大量的用户直接访问量。除此之外，负责任的跨境电商第三方平台还会花费巨额的推广费用，来增加网站的知名度和访问量。这种推广方式包括网络推广和传统线下推广等。

4. **用户成本上的优势**

卖家如果想“自立门户”建立平台网站，那么紧接而来的是不菲的网站开发及维护费用、网站推广及运营费用等。特别是对大多数中小企业来说，自建网站是件“吃力不讨好”的事。虽然大多数跨境电子商务第三方平台也会向卖家收取一定数量的费用，但与自建网络的巨额开支相比，跨境电子商务第三方平台的收费甚至可以认为是“微不足道”的。

5. **用户效率上的优势**

一般来说自建网站需要一个比较长的建设周期，企业自建网站的知名度的上升及流量的积累也需要较长的过程。而通过跨境电子商务第三方平台，卖家只要拥有有竞争力的产品，通过一系列标准化的平台操作，即可快速将自身产品推向全球市场。

二、跨境电商垂直自营平台运营模式

和综合性平台不一样，垂直网站(vertical website)注意力集中在某些特定的领域或某种特定的需求，提供有关这个领域或需求的全部深度信息和相关服务，作为互联网的亮点，垂直跨境电商与网站正引起越来越多人的关注。一般认为，垂直网站提供的产品或服务比综合性平台更加专业。和跨境电子商务第三方平台不一样，跨境电子商务自营平台是由卖方根据自身的业务特点和发展需要搭建与运营的平台，如图 3-2 所示。一般认为，跨境电子商务自营平台要求卖家具有较强的行业认知能力和业务拓展能力。

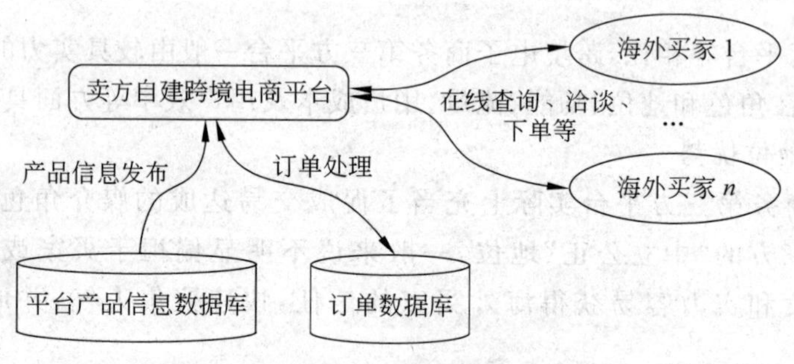

图 3-2 跨境电商自营平台基本模式

(一) 跨境电商垂直自营平台的概念

跨境电商垂直自营平台的概念，随着电子商务网络平台技术的成熟，一些实力强、技术高的外贸企业开始自营跨境电子商务平台，并将平台的业务重点放在自身专长或资源丰富的行业及品类。这种平台就是跨境电商垂直自营平台。

如成立于 2007 年的兰亭集势就是一个典型的跨境电商垂直自营平台，在婚纱、家装、3C 产品等业务专长领域，该公司拥有一系列的供应商，打造跨境电商垂直自营平台体系，拥有自己的产品数据仓库和稳定的物流合作伙伴，在业界被认为外贸垂直 B2C 网站的“领头羊”。以兰亭集势为代表，国内主要跨境电商垂直自营平台如表 2-1 所示。

代表企业：兰亭集势、米兰网、大龙网。

表 3-1　国内主要跨境电商垂直自营平台

<table>
<tr><th>平台名称</th><th>成立时间</th><th>经营范围</th><th>优势</th><th>盈利模式</th></tr>
<tr><td>兰亭集势</td><td>2007 年</td><td>婚纱、家装、3C 产品等，拓展至服装、玩具、家居、体育用品、化妆品及保健品等</td><td>1. 吸引巨额风险投资，发展快速；
2. 集合国内大量供应商向海外市场提供“长尾式采购”</td><td rowspan="4">平台直接向供货商采购进货，在自营平台上出售产品，赚取商品销售差价</td></tr>
<tr><td>米兰网</td><td>2008 年</td><td>服装服饰</td><td>拥有庞大的国际网络外贸销售平台：国际站、日本站、法国站、西班牙站等</td></tr>
<tr><td>Chinavasion</td><td>2008 年</td><td>消费性电子产品</td><td>1. 网络 SEO 手段突出；
2. 专注于消费性电子产品</td></tr>
<tr><td>帝科思</td><td>2007 年</td><td>电子类消费品</td><td>1. 低价销售策略；
2. 论坛推广模式</td></tr>
</table>

（二）跨境电商垂直自营平台的盈利模式

跨境电商垂直自营平台的盈利模式总的来说就是表 3-1 中的“平台直接向供货商采购进货，在自营平台上出售产品，赚取商品销售差价”。通过上述跨境电商垂直自营平台的内涵和特点，可以进一步分析得出这种商品销售差价来源于以下两个方面。

1. 产品采购成本的优势

跨境电商垂直自营卖家专注于熟知的特定产品领域，对产品行业的深度了解以及和供应商的合作，再加上对这些产品领域销量规模的提升，带来的是对产品采购的规模优势。显然对供货商而言，对于跨境电商垂直自营带来的长期稳定或潜在的销量，乐意为此提供品质稳定及价格优惠的产品。实际上，平台和供货商之间分享了在专长产品领域销量提升带来的规模效益，结果则是平台能够以更低的成本获得相关产品，同时供货商也可以获得更多的利润。

2. 产品销售的溢价优势

由于跨境电商垂直自营卖家专注于熟知的特定产品领域，这样其相关领域的产品具有一定的特色，或是质量更好、款式更新或功能更强，更易取得海外买家的信任，从而取得一定程度的销售溢价。值得一提的是，卖家还可以将自身产品的特色以网络品牌的形式加以固化，进一步深化网络品牌的内涵，增强买家购物的黏性，最终在销售上获得更多的“品牌溢价”。

实质上，跨境电商垂直自营平台打通了产品供货商和海外买家之间的所有环节，形成垂直化的跨境产品供应链体系和分销体系，而这个供应链体系中，则以跨境电商垂直自营平台的运营为核心，并以自身的节奏从事跨境电子商务的运营。

（三）跨境电商垂直自营平台的优势

当前外贸零售电商平台的技术解决方案相对成熟，对实力较强的外贸企业，若能摆脱大型跨境电子商务第三方平台的束缚，根据自身外贸业务的特点和发展需要，建设和运营属于自己的跨境电商垂直自营平台，则将在以下几个主要方面具有明显的优势。

1. 成本上的节约

成本上的节约，实际上是大型外贸企业自建平台的根本原动力。如果作为第三方跨境电商B2B或B2C平台的卖家，需要交纳一定数量的会员费（往往是交易额的一定比例），自建平台也需要高额的平台搭建、运营和推广等方面的费用，二者相害取其轻，在大型外贸企业的目标交易额超过一定的水平之后，往往会采取自营平台的策略。

2. 业务的专业化

跨境电商垂直自营平台往往把业务锁定在自身优势领域范围，关注特定买家群体的需求，所提供的产品和服务更加专业，更能树立企业产品形象，利于卖家网络品牌的打造，可以增加海外顾客购物的黏性。如将第三方平台比作"百货商店"，那么垂直自营平台就是"专卖店"，如果将第三方平台的大量中小卖家比作"个体户"，那么垂直自营平台的卖家就是"品牌制造商"。

3. 界面和功能独特

和第三方平台几乎"千篇一律"的网店布局不同的是，自营平台可以根据企业所在的行业和跨境产品特点、产品定位及风格、卖家群体爱好等因素自行确定平台的界面和功能，体现买卖双方的个性。

4. 避免第三方平台日益激烈的市场竞争

在跨境电商第三方平台上，众多卖家往往会陷入商品同质化的竞争。平台卖家为了争得顾客的青睐、突出产品的特色，基于平台有限的总流量，往往需要投入不菲的广告费和推广费在站内引流。在第三方平台，广告引来的流量并不一定意味着订单的转化，对于同质化商品而言，在订单转化率上，高流量不如低价格。跨境电商自营平台方可以向特定的市场区域或群体，以特定的方式进行推广，如搜索引擎、网络社交媒体。

5. 自主设定平台推广方案

将自身平台的独立域名（IP地址）、独特的产品定位和风格等进行推广，使引来的流量直接访问自己的网站，流量和提升一般也意味着订单量的同比例上升。更为重要的是，由于买家较高的购物的黏性，自营网站的阶段性集中推广还会给站点带来较为持续的后续直接访问量。

三、跨境电商"B2C＋O2O"运营模式

过去一段时期，大多跨境电子商务模式似乎在形式上脱离了传统的外贸分销体系，特别是对海外零售终端的依赖越来越少。但实际上，庞大的传统海外零售终端的物理网络体系依旧存在，并依然具有相当的人气。因此，利用传统的外贸分销体系及其海外零售终端，有可能会进一步提高跨境电子商务的效率。

（一）跨境电商"B2C+ O2O"模式的概念

对B2C人们并不陌生，O2O（Online to Offline，在线离线/线上到线下）在跨境电子商务领域却是一个崭新的应用。O2O概念最早来源于美国，"是指将线下的商务机会与互

联网结合，让互联网成为线下交易的平台”。实际上 O2O 的概念非常广泛，从广义上来说，凡是同时涉及线上和线下的电子商务模式似乎都可以称为 O2O。

因此这儿的“B2C＋O2O”本质上就是一个“O2O”，之所以提“B2C＋O2O”，主要是基于以下两点。

(1)“B2C＋O2O”中的“B2C”是指 O2O 模式采取的电子商务的一些做法，如产品或服务的在线展示和支付，这些线上部分在形式上和 B2C 类似。

(2)“B2C＋O2O”中的“O2O”则是指 O2O 模式对买家线下服务和购物体验的重视，同时加强对传统零售终端等线下渠道资源的充分利用。

典型的跨境电商“B2C＋O2O”模式如图 3-3 所示。

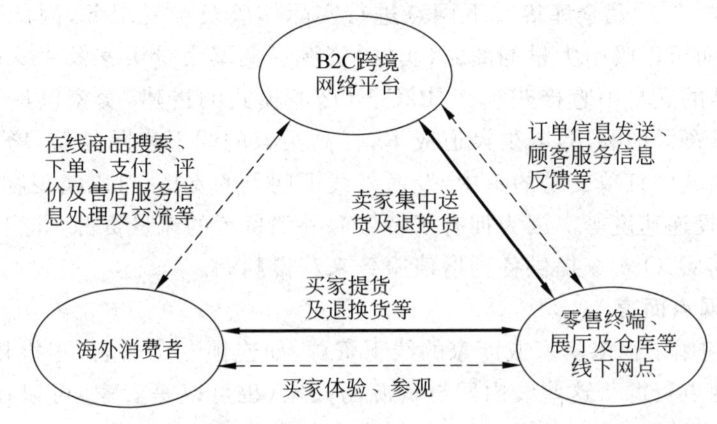

图 3-3　典型的跨境电商“B2C＋O2O”模式

2013 年以来，O2O 电商模式得到了快速的发展，很多电商平台企业及创业公司开始尝试 O2O，如天猫国际、聚美优品、eBay、洋码头、携程网、顺丰快递等都宣称在 O2O 领域有所开拓，推出“线上购买、线下自提”“线上下单、机场提货”“线下体验、线上下单”等。在跨境电子商务“B2C＋O2O”模式方面，各种创新型业务更是五花八门。

(1) eBay 在澳大利亚全境推出跨境 O2O 项目，消费者可在全澳境内超过 1 500 家连锁超市网点自提在 eBay 购买的中国卖家的商品。此项服务是由澳洲最大的连锁超市 Wool Worths 提供收货点，中国卖家可以通过澳洲邮政和澳洲本地物流商 Toll 的包裹配送服务将自己存储在万邑通海外仓中的商品递送至 Wool Worths 以及更多的零售点。一旦消费者选择购买提供超市自提服务的商品，本地配送流程就会在当日启动，并保证在 7 天内运送至消费者指定的连锁超市网点。在商品到达自提点 10 天内，消费者均可凭提取码免费自行提取。

(2) 在与顺丰海淘合作的店铺中，中国游客可在线下挑选商品，并通过微信扫描二维码或摇一摇的方式进入顺丰海淘相关页面直接进行线上购买。通过该形式购买的商品由顺丰海淘邮寄到消费者在国内的家中，整个过程只需 3～5 天。而这些商品将全部呈现在顺丰海淘的“原汁原味”馆中，消费者回国后也随时可以在线进行二次购买。

(3) 利亚零售旗下的 FingerShopping 已经开始在内地的 OK 便利店设置线下扫码下达

香港直邮的跨境电商业务，主营日韩美妆。FingerShopping 介绍，目前，FingerShopping 内有 400 多种日韩美妆产品，且支持用户在 OK 便利店内扫码下单或者在线上进行购物。用户所购产品从香港发货直邮至内地用户手上，或支持用户在香港自提。

（二）跨境电商"B2C+O2O"盈利模式

跨境电商"B2C＋O2O"模式由三方组成：服务平台（卖家）、线下网点、海外买家，运营得好则可以达到以上三方多赢的效果。

1. 对服务平台（卖家）而言

跨境电商"B2C＋O2O"的平台方，往往也是垂直自营的网络卖家，由于消费者可以在 O2O 的零售终端、展厅及仓库等线下网点进行实际体验及接受服务，因此可以汇聚大量黏度的买家，进而可以吸引大量的商家（卖家）资源。集聚大量买家及卖家的人气可以让自营平台在商品的交易中直接获利。"B2C＋O2O"模式的搭建，卖家以最小的投入实现对海外线下网点资源的利用，减少渠道成本，提高买家的线下实际体验，增加销量。由于特定细分市场领域的订单交易的集中，及海外线下网点的支持，可以实现物流的规模化运作、加快商品的投递速度等。因为拥有了特定海外消费者的流量资源，非自营的跨境 B2C 平台也可以为其 O2O 卖家提供各种增值服务来获得利润。

2. 对线下网点而言

O2O 模式利用了很多卖家或商家的线下资源，如连锁专卖门店、零售超市、产品展厅及快速仓库等网点资源。这些线内网点资源的商家（也可以是卖家）可以在 O2O 模式的发展中获得业务量的上升。首先，线下网店商家收集的消费者购买数据，至少可以帮助超市了解消费者的需求，进而做到精准营销。其次，线下服务网点，实际上也可以充当卖家，在 O2O 平台上出售产品，增加利润。再次，通过线上资源增加的顾客流，也会给线下网点的商家带来更多的销量。最后，值得一提的是，对传统线下卖家而言，在选址上可以避开繁华商业区，减少场地成本。

3. 对海外买家而言

利用线下网点，买家可以在跨境电商"B2C＋O2O"上方便地查找和对比符合其需要的产品，可以在平台上快速地下单和完成支付：在下单之前，可以获得商品实物的试用体验；在下单之后，海外买家可以更快捷地拿到商品；在产品的使用过程中，也可以在线下网点中获得重要的使用指导及退换货等售后服务。

（三）跨境电商"B2C+O2O"模式的优势

综上所述，跨境电商"B2C＋O2O"模式最大的优势来自其线下及线下业务的完美整合，而由此引申的具体特点和优势如下：

(1) 跨境电商"B2C＋O2O"模式几乎包含了一般网络购物跨边界、海量产品及需求信息的集聚、方便的在线产品的浏览和对比、订单的制作和支付等所有的优点。

(2) 由于对传统线下网络和渠道的充分利用与整合，在成本付出相对较低的情况下，跨境电子商务卖家可以利用线下资源增加产品的销量。

(3) 购物前海外卖家可以通过实体网络渠道体验产品的用途和性能，也可以通过网络的搜索比对,在线加深对产品的了解,还可以快捷地完成网络订单的制作和支付,更为重要的一点是,消费者还可以通过线下,接受更为全面的售后服务。

(4) 相比传统渠道销售,通过在线跨境电商平台的数据收集和整理,卖家可以对消费者的需求进行全面的评估和预测,对渠道推广的效果进行更为直观的评价和反馈,减少传统营销活动效果的可控性。

(5) 跨境电商"B2C+O2O"模式线下实体,也可以在跨境电子商务的发展中获利,可以将"B2C+O2O"引来的客流转化为自己的顾客,增加自身产品或服务的销量。

(6) 买家可以及时了解和掌握产品的促销信息,避免由于信息不对称而购买到价格虚高的商品。

(7) 在物流运作方面,由于线上及线下垂直运营,特定产品领域的销量提升带来物流运作效率的提升,和线下物流配送网络的合作实现物流的适度规模化运作,降低物流成本,同时提高产品的配送效率。

第三节 跨境电商进口主要模式

2014 年被很多业内人士称为国内跨境电商元年,在这一年里,包括传统零售商、国内外电商平台巨头、创业公司、物流服务企业、供应商、分销商等也纷纷加入跨境电商行业。这一年里,出现了很多跨境电子商务新模式,或有的跨境电商模式已日显成熟,走向历史的前台。特别值得一提的是,除了出口电商发展继续如火如荼,进口电商发展也非常迅速,逐渐形成了一些典型的跨境电商进口成功模式,并取得不错的业绩。目前,主要可识别和分析的跨境电商进口模式有海淘及海外代购、海外直发(drop shipping)或直运、自营B2C、海外导购、闪购及微商等模式。下面就来整理和归纳这些跨境电商进口的主要模式。

虽然特定电商平台所采用的运营模式可能是多样化的,但通常仍会有比较强的模式定位倾向性。因此,下面将依据特定平台在现阶段的主要定位将其归入相应模式。另外,由于目前每种模式下的玩家众多,我们在每一种模式下只选取了少数几个较有代表性的玩家加以举例说明。

一、海淘模式

海淘可以说是最早出现的一种跨境电商进口模式,海淘的一个典型流程是:国内消费者直接通过海外(境外)B2C 电商网站搜索选购产品(在线用信用卡或 PayPal 账户完成支付),然后由海外电商网站的卖家以国际快递直邮给国内买家,或由转运公司代收货后再转运给国内买家。

(一) 海淘网络平台

海淘模式涉及的最核心的网络平台往往就是海外知名的 B2C 电商网站。但事实上,由于语言及习惯上的差异,普通海淘买家对海外 B2C 电商平台的操作及其他业务并不熟悉,由此产生了一些为海淘买家服务的网站,如国内的 55 海淘网,就根据国内买家的需求，提供海淘论坛、海淘转运栏目，为国内买家提供详细的海淘过程及相关攻略，同时推送海外亚马逊等各大购物网站的即时优惠折扣信息，还有重要的一点是，通过注册成为55海淘网会员，国内买家还可以获得一定的返利，以及通过“闪购”的方式实现代购。

目前国内类似有关海淘服务及经验交流的平台网站还有海淘一线、海淘贝、海淘网。这些网店有很多有关海淘攻略、教程及海外商品折扣信息，有的还可以完成海外代购。另外还有各类海淘有关的QQ交流群，也有丰富的海淘信息。有了国内针对海淘买家的这些服务网站，整个海淘过程就变得更为容易操作和控制。

（二）完整海淘的基本操作流程

海淘流程如下：

（1）在海淘服务网站上注册成为会员：如55海淘网。

（2）登录海淘服务网站，查看海外购物网站的优惠或折扣信息，点击这些优惠信息后再跳转进入海外知名购物网站可以获得返利（大部分此类网站都有1%～10%的返利）。

（3）注册转运公司，获取国内买家的海外转运仓库地址（如果海外购物网站的卖家提供免费直邮到国内的服务，可不经转运公司而省去这个环节）。

（4）通过返利网站链接到海外购物网站。

（5）在海外购物平台上挑选商品，加入购物车。

（6）全部挑选完毕，确认数量及金额，直接结账。

（7）输入国内买家的海外转运仓库地址及代收货人名称（如果海外购物网站的卖家提供直邮到国内的服务，则可直接填写国内买家的收件信息）。

（8）输入信用卡账单地址、卡号、姓名、有效期限。

（9）在此算是完成了海外购物网站的所有在线购物操作。

（10）过几个小时后收到海外购物网站的扣款短信。

（11）海外购物网站发货。

（12）转运公司代收仓库收到包裹，国内买家支付转运费后，由转运公司将包裹转运至国内买家（如果海外购物网站的卖家提供直邮到国内的服务，则跳过此环节），经转运公司转运回国的时间一般需要5～7天。

（13）快递送货上门至国内海淘买家。

（三）海淘的优势

总的来说，海淘的兴起是由跨境电子商务购物方式的便利、人们对海外产品品质的信任及购买力的增加等因素促进的，具体来说海淘的优势主要有以下几点。

（1）国外购物网站的兴起及其商品信息搜索在购物上提供了便利。

（2）国外购物网站可以买到大量国内没有或比国内价格更为便宜的优质品牌产品。

实际上以上两点就是国外购物网站为国内买家采购国外商品带来的便利。相比之下，由于信息的不对称及路途的遥远，人们很难通过传统实体渠道到国外采购商品。一个有趣的事实是，一些实为国产的海外品牌产品，经出口再经海淘进口后，买家的“到手价”反而比国内的售价还低。

（3）一般认为，国外电商平台对商品的知识产权的保护更为到位，卖家诚信度也更高，基本不需要担心买到假货。值得一提的是，国内买家对国内产品的不信任，一定程度上提高了海淘的需求，如最为典型的是国内“三鹿奶粉”事件，直接导致了国内买家对“洋品牌”奶粉的需求。

（4）国内生活水平的提高、人们收入的增长及人民币增值等提高人们购买力的因素，进一步促进了海淘的需求。

（四）海淘可能存在的问题

当然海淘也有其不足之处，主要有以下几个方面。

（1）沟通上的障碍。一方面，海外购物网站一般以外语界面显示，即便可以通过谷歌浏览器翻译成英文，但对国内买家还是会造成一定程度的理解上的障碍；另一方面，有些交易中的一些环节，往往需要邮件、在线聊天甚至电话方式的英语交流和沟通，这对不少国内买家来说是一件相当困难的事情。

（2）海淘需要的转运环节，往往需要较长的时间和较高的成本；还值得一提的是，海外转运公司的转运实际上并没有国内快递企业那么规范，服务水平也参差不齐，国内海淘买家很可能会面临“丢包”或转运公司倒闭等风险。

（3）网络支付安全问题。国内海淘买家在国外购物网站下单，往往需要用信用卡支付，买家提供信用卡号、有效期及验证码即可完成支付，无须支付密码。因此在信息传送过程中如果信用卡信息被盗，很有可能被盗刷。更为重要的是，一旦发生盗刷，国内发行的信用卡没有拒付权。

（4）政策变动的不确定性。海外国家或国内政府往往会对海淘实行某些不确定的政策。如海外国家会限制某些产品门类的出口，国内政府则会在某些时间段内限制海淘进口，加大通关方面的监管力度，加大对海淘的进口关税，等等。

二、海外代购模式

国内消费者经常会遇到一些这样的情况，通过特定的渠道（如网络、电视、报纸等媒体，或周边朋友的介绍）了解到自己喜欢的一款海外产品，但国内买不到或虽然能买到却价格很高，而在国外却通常可以方便地买到或价格更低，由于距离遥远，消费者专门出国自己买显然不划算，另外由于操作流程烦琐、对相关政策的不了解及过长的商品在途时间，对很多国内消费者来说，海淘也不见得方便。

因此通过网络渠道的海外代购，已经成为继海淘之后又一个被国内消费者所熟知的海外购物方式。海外代购简称“海代”，其最原始的方式是通过在海外或经常出入境的亲戚朋友的帮助来购买国外的指定产品。随着电子商务的发展，各种通过网络实现海外代购方式迅速发展，现在比较典型的有海外代购平台模式和微信朋友圈模式。通过微信朋友圈可以更方便地找到“朋友”实现海外代购，但事实上，朋友圈是一个较为松散的组织方式，微信朋友圈代购也缺乏一个完善的流程，产品的可靠性、代购的合法性及售后服务等方面都可能存在问题。基于以上种种原因，通过海外代购平台的方式就快速发展起来了。这里重点介绍如下：

（一）海外代购平台的模式

海外代购平台实质上也是为买卖双方提供的一个在线网络交易平台。一般来说，海外代购平台采用的是最为典型的C2C和B2C的平台模式，C2C模式是当前海外代购的主要方式。C2C模式的卖家是具有一定海外购物经验或从事海外代购业务能力的个人，平台以主流的第三方平台为主，如淘宝网的海外代购店铺。而B2C模式的卖家往往是可以提供代购产品的企业，平台的组织形式可以是第三方，也可以是企业直营，如美国的代购网、易趣网等。一般来说，第三方海外代购平台的运营重点在于进行海外市场影响力的推广以及吸引更多的优质卖家入驻，而不会涉入具体产品的采购、销售及物流等交易的操作。特别针对我国消费者对海外产品的巨大需求，诸如国内的天猫国际、洋码头及海外的亚马逊、乐天等电商平台纷纷投巨资开展海外代购业务。

（二）海外代购平台的操作流程

从买家角度来看，和海淘相比，海外代购变得更为简单，操作看起来似乎和国内网购同样简单。但从卖家的角度来看，入驻海外代购平台的卖家一般都是具有较强海外产品采购能力或者跨境贸易能力的商家或个人。从其服务方式上来看，海外代购有两种较为常见的形式：一种是先由买家指定某款产品，在网上达成代购订单后，由卖家在海外购买，并以国际快递或随身携带的方式入境；另一种则是先由卖家将产品从海外购进国内，再将产品信息上传到代购平台上供买家选购。由于国内消费者对海外代购需求的增多，第二种方式的海外代购服务在最近几年发展最为迅猛。以天猫国际为例，通过和国内上海、宁波、杭州、重庆、郑州、广州等跨境电商试点城市保税区的合作，海外代购优质卖家先从海外大批量进口产品存放在保税区仓库（这样最大的好处是关税上的减免及物流成本的下降），国内买家下单后，直接从保税区仓库发货。据统计，在2014年“双11”，天猫国际超过一半的海外代购产品通过保税区这种方式到达国内买家的手中。

（三）海外代购平台的优势

相比海淘及传统形式的通过“朋友”的线下或线上代购，通过海外代购平台代购具有下列优势。

1. 产品种类更为丰富

由于大量卖家在平台的集聚，可供国内买家选购的产品种类更为丰富。当前海外代购产品已不局限于消费者的日常生活用品，从一开始兴起的“洋品牌”奶粉，到现如今的名牌箱包、化妆品、名牌手表及服装等奢侈品等，都可以在海外代购平台上方便地买到。

2. 平台购物更为简便

国内买家可以在海外代购平台上实现“一站式购物”，操作和国内网购同样简单，卖家无须像海淘那样进行物流转运等环节。海外商品的采购、物流及通关等较为复杂或耗时的操作则由更为专业的海外代购平台卖家完成。

3. 价格更低

海外代购平台卖家往往可以对诸多国内买家的订单进行集中专业化处理，实现规模化的采购和物流配送，节省商品的海外采购成本以及配送环节的物流成本。这样海外代购的卖家提供的产品在价格上比海淘卖家更具竞争力。另外，税收上的优惠也使得海外代购的产品价格更低。

4. 税收上的优惠

在传统进口方式下，国家往往要征收较高的关税，如化妆品征收50%的进口关税，数码产品和手表类征收20%的进口关税，以及金银首饰及文化用品等最低征收13%的进口关税。除了关税，在国内流通环节，一般还需征收13%或9%增值税。而对通过保税区海外代购的商品，往往只需征收10%的行邮税。

（四）海外代购平台可能存在的问题

基于国内消费者对海外产品的巨大需求及海外代购平台的成熟，加上国内外高档商品的差价以及人民币升值等因素，海外代购更为国内大量网络买家所追捧。但是海外代购也和海淘一样存在诸多的问题。

1. 产品质量问题

为了避税，海外代购商品往往以“个人物品”的名义进境，因此品牌标签、购物发票甚至商品包装等是不全的，因此对大多数普通买家来说难辨商品的真假，所以仿制品充当真品的事件时有发生。

2. 售后服务问题

国内消费者通过海外代购平台购得产品，如果收到的产品存在质量问题，或对产品不满意，退货或换货比国内电子商务更为困难。另外在后续的产品使用过程中，也很难像正常渠道那样享受产品的退货或保修服务。总之，一旦发生产品质量问题，海外代购商和产品销售商往往会相互推诿，或提出更高的条件限制来规避其应当承担的产品销售责任。

3. 信用及交易风险

国内消费者对代购卖家的资质无法认证，产品的“正品”保障一定程度上依赖于消费者自身的辨别能力以及卖家的诚信。在缺少强有力监管制度制约的情况下，很多海外代购卖家甚至会采用以次充好、调包等不讲诚信的行为。在海外代购的支付结算中，可能存在买家个人信息泄露或被盗用的风险。

4. 物流配送问题

一些海外代购的产品和海淘一样，代购卖家不提供直邮中国的服务，而是先发到国外中转仓库，再由买家选定的境外转运公司将产品运回国内到达买家手中，因此在商品物流配送环节，存在快递时效过低、商品损坏甚至丢失等问题，削弱了买家的购物体验。

5. 法律上的维权问题

在规范海外代购卖家经营行为以及保护国内买家消费者权益方面，目前国内还没有出台专门的法规或制度。因此发生上述产品质量问题、售后服务问题及交易纠纷问题等，如果消费者不能从卖家那里得到妥善解决，那么采取司法途径来维护自身的权益也显得更为困难，如由此引发的产品鉴定、调查取证及涉外诉讼等，维权成本高、周期长，也需要买家具有专业知识等。

6. 税收问题

海外代购的商品，以“个人物品”的名义进境，往往走非正常清关系统，一旦被海关严格查代购，很有可能被征收高额总税，甚至还会由买家承担法律责任，如2012年的离职空姐代购案。另外，如果正常征收进口关税和国内增值税，通过保税区的代购商品较低的10%的行邮税会对其他从事海外代购的卖家造成一定程度的不公平。

三、直发或直运平台模式

直发原本指的是外贸行业供应链管理的一种方法，即零售商无须商品库存的情况下，把客户订单和装运要求发给供应商，而供应商直接将商品发给最终客户的一种方式。而在电子商务情况下，直发被更为广泛地应用。

（一）海外直发平台

直发或直运平台一般采用典型的B2C模式，其供货商往往是海外品牌商、批发商或者厂商。在跨境电子商务进口方面，国内外很多知名电商平台对该业务均有涉及，如国内的天猫商城、北美的洋码头、欧洲的海豚村及日本的一帆海购网等。国内很多平台在特定的产品行业领域，开展了一些特色的直发或直运业务，如上海自贸区的“跨境通”、苏宁的“全球购”及走秀网的全球时尚百货等。

（二）直发跨境电商平台的操作流程

从国内买家的角度来看，除有的产品需要支付关税以外，在直发购物平台上购物并没有什么特别的异同。对于很多产品，由于行邮税低于50元可以享受免关税的政策，对于海外直发平台零售卖家来说，无须积压库存，也无须实际发货，只需将获得的订单信息(包括地址及快递方式等物流信息)及时发给供货商就可以了。从海外供货商的角度来看，直发货最明显的变化就是原先的批量发货变成零售发货，采用直发的时候，根据卖家发来的订单信息(汇总)，将每件商品直接发给不同的零售买家，而发货方式往往会采用国际快递的方式。

（三）直发平台的优势

根据以上直发平台的定义和操作流程，其具有以下显著的特点。

1. 更少的投资

直发零售卖家一般不需要库存，也不需要仓库。对于供货商而言，也可以通过平台数据对销售进行更为合理的预估，从而精细化管理库存。

2. 操作更为简单

直发零售卖家在无须打理库存的同时，也无须进行打包及运送操作，更无须对订单的快递信息进行跟踪，还无须进行退货或换货等售后服务工作。

3. 地点灵活

由于无须仓库及不参与发货等对地点有一定要求的物流业务，直发跨境电商进口方式可以让卖家彻底地摆脱地点的限制，可以真正实现只要在有网络的地方，就可以和供货商与买家进行有效的沟通，打理跨境直发生意。

4．利润更高

对供货商而言，跨境直发模式可以将大量的小额订单集中起来，其利润总额往往会超过传统线下大额批发订单的数倍，而且供货商无须担心批发商的压价。

（四）直发平台的问题

除以上优点外，当然直发平台也有其自身的问题。其具体如下：

1．招商要求更高

直发平台往往需要对供货商进行招商，再促成供货商和平台零售卖家之间的合作。从直发平台的特点可以看出，对零售卖家的要求虽然更低，但对供应商则提出了更高的要求。实际上直发平台能否吸引更多的零售卖家入驻及海外买家购买，关键在于能否吸引更多的供货商提供种类更为丰富的优质产品。而传统出口产品供货商基于自身因素的考虑，有的不愿意从事直发平台业务，因此直发平台在招纳供货商方面往往进展缓慢。

2．物流要求更高

这一点也是针对供货商而言的，在直发平台模式下，供货商需要针对零售订单备货，还需安排专门的人手处理国际快递的包装及发货事宜，并支付运费。当然这一点对供货商来说也有好处，由于订单量较多，可以和国际物流企业合作，实现快递的规模化和专业化操作，有效降低物流成本，提高产品的竞争力。

3．平台的盈利模式问题

从商业模式来说，很多直发平台有点类似于“大淘宝”的概念，也就是“C2C＋B2C”平台，但海外直发平台的竞争力来源是有众多愿意从事海外直发业务的供货商，因此平台方在推广之初并不会向供货商收取费用。实际上，直发平台的零售卖家一定程度上是在为供货商“打工”，所以很多平台也取消了对零售卖家的服务费。因此为了解决盈利问题，只能在前期投入更大的推广费用，等平台集聚相当的人气后再考虑向供货商或零售卖家收取费用。所谓自营，就是平台方充当卖家的角色，或反过来说卖家同时充当平台方的角色。

四、自营 B2C 进口模式

一些地方平台，看到某些行业巨大潜在的利润，往往会自己组织货源，并在自己的平台上叫卖；而一些实力强、技术高的外贸企业或发展壮大起来的网络卖家等，在自身专长或具优势资源产品及行业领域，自建跨境电子商务平台，以出售相应的产品。显然，跨境电商自营模式采取的是 B2C 模式。

（一）自营 B2C 进口平台

按涉足的产品领域的广度和深度的不同，自营 B2C 进口平台可分为综合型和垂直型两类。

(1) 综合型自营 B2C 进口平台往往由第三方跨境电子商务平台涉足自营业务转化而来，综合型自营 B2C 进口平台的产品领域相对较广，可供进口的产品种类也更为丰富。目前这类平台最为典型的是亚马逊和由其支持的 1 号店，如 2014 年 8 月，亚马逊中国与上海自贸区的合作，以及2015年3月amazon官方旗舰店正式上线等，表明亚马逊在国内自营进口业务的布局。

(2) 垂直型自营B2C进口平台和综合性平台不一样，垂直型自营B2C进口平台在选择自营产品时会更加集中于某些特定的领域，如母婴用品、食品、化妆品、服装及奢侈品等。如蜜芽宝贝网站于2014年3月正式上线。

（二）自营进口平台的运作

虽同为自营B2C进口平台，综合型平台和垂直型平台的运作方式有着明显的不同。

1. 综合型自营进口的运作

现还是以亚马逊为例，来简要分析综合型自营进口运作。亚马逊国内的自营进口业务基本可分为"海外购"和"海外直采＋自贸区保税仓"两大块。"亚马逊中国的自营进口业务是一套'长短拳'的组合。海外购可以带来'浩瀚'的选品，有巨大的长尾在，满足了用户对品类'多'的需求，构建的是供应链和选品的宽度；进口直采和自贸区带来的是销售流转率高、购买频次高的选取，满足了用户对品类'快'的需求，构建的是供应链和选品的深度。"这里所谓的长尾，就是指每种产品的销量并不是很大，但种类繁多，累计的销量可以达到一个巨大的规模。对这类产品，亚马逊采用的是"海外购"的模式；而对于那些单品销量大、购买频次高的产品，如母婴产品、日常消费品等，则采用"海外直采＋自贸区保税仓"方式。

2. 垂直型自营进口的运作

现又以2014年3月上线的自营进口母婴零售电商蜜芽宝贝为例，来简要分析垂直型自营进口运作。2015年3月，蜜芽宝贝率先在母婴行业发起价格战。蜜芽宝贝方面称当月的3天大促销售额突破3亿元。蜜芽宝贝以"闪购特卖"方式切入进口母婴产品市场。"蜜芽宝贝率先普及纸尿裤正品行货概念，100%正品是基本承诺""蜜芽宝贝遵循高档商场的采购准则，向品牌方、总代理直接采购，供应链管理严谨，来为宝宝们把第一道关"。因此从公开的资料来看，其专注于特定产品领域(母婴产品)，通过与各供货商的深度合作和对质量的把控，以100%正品的承诺来吸引国内更多的买家。

（三）自营进口平台的优势

综上所述，自营进口平台(包括综合型和垂直型)较为明显的优势有以下几点。

1. 对供应链的整合能力

综合型平台依托其知名度和平台实力，大量品牌供应商纷纷按照平台的规则入驻，从而提高平台供应链整合能力；而垂直型自营平台则在特定的产品领域建立了用户口碑，加入平台方相应产品领域的深耕，取得供应商的信任，也形成了较强的供应链管理能力。

2. 对产品"正品"的保证

有了大量供货商及相关领域品牌供应商的入驻和合作，平台在货源上可以得到保证，从而平台方可以宣称产品100%"正品"，取得良好品牌的形象。

3. 较为完善的物流解决方案

由于商品销量总体比较大，综合型或垂直型自营平台往往容易和物流企业形成深度的合作，并形成仓储及配送节点等方面的物流布局，物流配送效率更高，客户体验也更好。

（四）自营进口电商共同面临的问题和趋势

实际上跨境自营进口平台上述优势的取得，往往需要国内外政策上的支持、供应链及品牌运营上的到位。但实际上在有些关键的环节有较多平台方不可控的因素，再加上跨境电商发展趋势的变化，自营平台的运营可能面临以下主要问题。

1. 政策的波动风险

综合型或垂直型自营平台在行业领域供应链及海外物流领域布局，往往需要相关国家产业政策及开放政策的支持。而这方面的布局往往需要较大的资金投入，因此平台方可能会由于政策上的误判而产生风险，但实际上，相关政策可能基于多种因素而发生变化。因此特别针对国内跨境电子商务这块，国内保税区（自贸区）、电子商务及关税等相关的政策变化特别受到自营平台的关注。

2. 对跨境供应链的把控

自营平台的有效运营，需要采购、仓储、快递及通关等各个环节的有效配合及自营方对这些环节的把控。事实上，上述环节的具体操作均由相关合作方掌控，自营方对这些环节的把控能力，随着与相关合作方关系的减弱而减弱。因此，自营方往往需要评估上述各环节中不可控环节的潜在风险，充分利用有利因素，并对其可控环节进行优化。

3. 品牌形象的打造

目前还没有出现一家真正让国内消费者普遍认同的自营进口电商平台，因此如何通过良好的“正品”品牌形象及良好的用户体验确立平台的地位是跨境自营平台需要考虑的重要问题，针对国内对国外品牌商品的巨大需求，“100％自营正品”往往是基于平台方的宣称或定位，但能否真正做到这一点，以形成良好的品牌形象，需要自营方在上述跨境供应链领域的深耕及把控，然后在这个基础上配合以口碑传播和营销。

4. 跨境进口电商的发展变化

对自营跨境电商进口平台影响最大的是电商的移动化和社交化。国外品牌产品的用户群体是移动电商及移动社交网络的最为活跃的主体。因此，在发展国内 PC 端用户的基础上，如何在移动端实现有效布局，争取相应的流量以及通过移动社交网络争取更多的高黏性的用户是自营平台面临的一个重要问题。

五、跨境导购平台模式

“导购”从字面理解，就是引导顾客从而促成购买的过程。在跨境进口电商领域，由于对海外产品缺乏深入的了解，国内买家往往对海外产品心存疑虑，而导购平台则通过在线展示、详细介绍及用户体验等形式，消除潜在买家的各种疑虑，从而促成买家的购买行为。

（一）跨境导购平台

导购的过程的完成，主要需要两步，一是“引导”，二是“购买”。在网络上，“引导”实质是引流，而“购买”则是完成商品的在线交易。一般来说，跨境导购平台的重点在于引流，而不是商品的交易。典型的导购平台模式是“导购＋返利”模式，即导购平台在自己的商品介绍页面放置海外B2C电商平台商品销售页面的链接，由买家通过点击该链接和进入海外购物网站完成网络购物。

（二）跨境导购平台的运作

以上述“导购＋返利”模式为例，来简要分析跨境导购平台的运作。

首先，跨境导购平台往往应当具有自身的流量来源，具有一定的潜在用户群体。而这种流量往往是出于平台方对特定领域的较高的专业能力和知识，如母婴用品类的导购网站、时尚产品类的导购网站及奢侈品类的导购网站等。

其次，跨境导购平台的关键在引流，在导购平台网站上，可以通过海外产品资讯、商家促销、商品详细说明、商品比价、用户论坛及博客等栏目和页面来引起用户的购买兴趣和欲望。

最后，用户通过点击上述导购站点页面上的导购链接，进入海外B2C购物网站完成网络购物。而一旦完成交易，海外B2C平台卖家则会给予导购平台5%～15%的返利作为导购平台的利润。需要指出的是，为进一步吸引鼓励消费者通过导购平台进入海外网站购物，导购平台往往将上述返利的一部分或全部回馈给消费者。

（三）跨境导购平台的优势

导购平台属于知识型的“轻资产”互联网企业，在跨境电商进口领域也具有其相应的地位和劣势。

1. 较少的前期投资

导购平台模式较轻，同时基于对特定产品领域的较高的专业能力和知识，可以对该领域的信息进行低成本的整合后，轻松地开展业务。另外，由于其用户群体相对比较固定，无须刻意地进行网站的市场化推广。

2. 积少成多的流量

对海外综合型购物平台来说，虽然单个导购平台的流量可能并不多，但各行各业五花八门的导购网站集聚的流量非常巨大，如此积少成多的流量必然会引起海外综合型购物网站的关注。

3. 用户的黏性

从专业角度来说，导购平台更加了解消费者前端需求，因而由导购平台促成交易的客户往往黏性更高。所谓客户黏性，就是客户在形成对导购的依赖的同时，再对品牌商品提高忠诚度，产生重复购买等。

（四）跨境导购平台存在的问题与转型

虽然跨境导购平台有其自身的优势，但为了谋得生存和进一步发展，跨境导购平台至少存在以下几个方面的问题。

1. 在跨境电商供应链的地位低

属于“轻资产”的导购平台在跨境电商供应链中，完全依赖于海外B2C电商平台，平台自身也不介入海外产品供应链整合及跨境电商交易，缺少必要的话语权。为了解决这个问题，不少导购平台开始转型，在导购功能的基础上，加入在线购物功能，但这种平台往往会被国外综合性购物平台“封杀”。

2. 平台难以做大

基于导购平台的特点，导购平台往往只针对特定产品领域，“难以做大”几乎是业内对导购网站的共识。针对这个问题，行业性的导购平台向综合型导购平台转型似乎是必要的，但事实上，如果缺少必要的专业性，导购涉及产品领域的扩大，并不能有效引发流量的比例增长，原先产品领域的有效客户群反而会流失。

3. 盈利模式问题

单纯返点的盈利模式可能难以为继。实际上，从海外购物平台上获得的返利可能是暂时的，因为这个返利最终还是由买家承担，正所谓的“羊毛出在羊身上”。一方面，买家在经历海外购物平台的初次购物后，往往会跳过导购平台，进行重复购买；另一方面，从海外平台卖家的角度来说，在积累一定客户群和流量之后，会重新考虑是否给予来自导购平台的订单返点。这样，一些导购平台还会转型兼做海外代购或闪购等。

4. 导购平台面临的竞争

由于导购平台行业进入门槛相对较低，因此各行各业的导购平台五花八门，每个行业领域大部分存在多家同类型平台竞争的局面。为了开展竞争，一些导购平台可能会在相关产品领域向垂直电商平台转型，但事实上垂直电商领域的竞争更为激烈。以较早宣称做导购的“妈妈值得买”平台为例，当百度搜索“妈妈值得买”，在搜索结果的前两页就出现了什么值得买、麦乐购及券妈妈等具有海外商品导购功能的网站，以及苏宁易购、麻麻货及蜜芽等国内垂直电商网站，加上多款“妈妈值得买”相关的移动端APP下载链接，这说明母婴产品导购类平台在国内的竞争激烈程度。通过进一步观察发现，以上导购平台在做国内外产品导购的同时，往往在母婴产品经营自营业务和相关综合或垂直自营业务方面展开竞争。

六、海外商品闪购模式

这里讲的“闪购”指的主要是“限时限量抢购”概念。海外商品闪购则是在海外购物网站（一般是B2C）上，卖家以特价商品（一般以原价的1～5折）提供给平台会员进行限时限量的抢购，特别针对海外商品闪购，“闪购”还有另外一个不同的含义，是“方便”和“快捷”，即买家无须像海淘及海外代购等跨境电商进口模式那样大费周折和时间，海外商品闪购可以实现方便快捷地购物。

（一）海外商品闪购平台

海外商品闪购一般基于第三方B2C电商平台进行。国内外的许多知名B2C电商平台拥有海外商品闪购频道或曾经使用过海外闪购，如天猫国际“环球闪购”、苏宁的“全球闪购”、亚马逊的“海外购·闪购”及唯品会的闪购等。另外，国内外也有一些专门的闪购平台可供国内买家购物，如美国的奢侈品闪购网站Gilt、闪购与海外直购相结合的宝贝格子、会员制时尚奢侈品闪购网站魅力惠等。值得一提的是，国内结合型电商平台的闪购有进口和国产品牌，海内外专门闪购平台则以名牌商品甚至以奢侈品为主。

还有一种新型的基于移动端的闪购，如移动APP闪购真品。不过这里的“闪购”并不是限时限量抢购的概念，而是利用移动端手机的条形码扫描功能，利用“真知码＋物联网＋云计算”的核心科技，快速查找和锁定产品，并可以在移动端快速完成下单。据称闪购真品的跨境电商频道汇集了海外诸多优质商品资源，包括欧美500个顶级大牌授权网络销售，可以实现国内外商品一站到家。

（二）海外商品闪购运作模式

现在，从事海外商品闪购的平台很多，每个平台都代表了海外商品闪购的一个具体模式，运作上也都有自身的特点，下面以亚马逊的“海外购·闪购”、时尚奢侈品闪购网站魅力惠，以及闪购与海外直购相结合的宝贝格子，来分述海外闪购的运作模式。

1. 亚马逊的“海外购·闪购”

亚马逊的“海外购·闪购”是海外综合性电商平台从事闪购业务的典型代表。2015年8月13日，亚马逊中国宣布其“海外购·闪购”正式上线。亚马逊中国总裁葛道远表示：“通过全新闪购模式，消费者可以在亚马逊中国购买到具有正品保障的海外爆款尖货，并享受到与境内购物同样的极速送达，以及全面的本地化购物体验。”在具体的运作上，亚马逊中国甄选其“海外购”商店中的畅销单品，将其中包括健安喜、自然之宝、美赞臣等品牌在内的广受“海外购”用户追捧的近70款产品首批上线，预先将这些进口货品运送至其合作的国内保税区（自贸区）仓库，然后通过国内快递直发的方式送到买家手中，这样国内买家下单后平均只需2天就可以拿到所购商品，给国内买家以海外正品闪购的极速体验。2015年8月13—18日，为了庆祝“海外购·闪购”的上线，“海外购·闪购”特别推出了全场爆款低至3.5折的优惠活动，在已有的优惠价格上还可以享受“折上折”，甚至一些产品折后价格低于原产地的零售价；接着8月19—21日，还推出了3天的“低价爆款秒杀”活动。此外在促销期间，“海外购·闪购”订单还可享受全场免邮的服务。

2. 时尚奢侈品闪购网站魅力惠

魅力惠是一个会员制时尚奢侈品闪购B2C网站，于2010年4月6日正式上线。据称，魅力惠与2 000多个品牌形成官方合作，所有商品均由品牌商直接提供，其中有280个海外品牌将魅力惠作为中国国内唯一的电商合作伙伴，魅力惠同时还宣称，通过其线上购买的产品可以享受该品牌线下渠道的专业售后服务。魅力惠以“限时限量”的闪购模式销售商品，平均折扣为55%，甚至有低至1折。

3. 闪购与海外直购相结合的宝贝格子

闪购这一块，宝贝格子在模式上复制了美国闪购网站Zulily的运作模式，但Zulily主打非标品，而宝贝格子主打的是母婴用品，有奶粉、辅食、洗护用品等受大众欢迎的标品，妈妈们对这些产品有着持续的需求。宝贝格子一般以特卖闪购的方式聚人气，快速扩大销量，同时也提供一些海外直购产品，以能够满足用户的实时需求。在宝贝格子海外直购商品页面，放置了国外网站对应的产品页面链接，并同步显示产品的人民币价格，为用户提供翻译。在结算环节，宝贝格子支持消费者使用信用卡付款，由平台进行二次海外结算。这样，由于价格信息的透明，很多用户会选择在宝贝格子进行海外直购。

（三）海外商品闪购模式的优势

海外商品闪购模式具有以下优势。

(1) 相对于海淘或海外代购，闪购方式更为方便快捷，加上“100%海外正品”的承诺，“限时限量抢购”，流量和订单会快速集聚。流量和订单的快速集聚可以快速引爆人气，在短时间内聚集大量网络流量。

(2) 物流的规模化和集约化。通过闪购引起流量的聚集，一般来说，也带来订单集中。这样，卖家不管是从海外直接发货或是从国内保税区仓库发货，大量订单的物流操作的规模化优势明显。在海外直发的情况下，卖家容易和物流商达成合作，提高效率的同时，获得更高的运费折扣，在国内保税区发货的情况下，则可以避免从海外逐个订单发货的高额国际快递费用，物流成本节约更明显。

(3) 行业地位的确立。对卖家来说，流量和订单的快速集聚使得海外品牌供货商看到闪购的巨大市场潜力，增加卖家（平台）和其供货商合作的筹码，而与更多海外品牌供货商的深度合作及其“100%正品保证”可以有效提高闪购平台在国内市场的影响力。

因此，一旦海外商品闪购平台确立行业地位，将会形成流量集中、货源集中的平台网络优势。

（四）海外商品闪购模式可能存在的问题

海外商品闪购模式实质上也是一种自营 B2C 的进口模式，在面临海内外政策的波动、对跨境供应链的把控、品牌形象的打造及与其他跨境进口电商模式的竞争等方面，海外商品闪购模式也同样面临“自营进口电商共同面临的问题”（详见本节“自营 B2C 进口模式”部分）。

另外，海外商品闪购模式面临的问题还可能有以下两个。

1. 订单转换及利润来源问题

海外正品的“限时限量抢购”的确可以为闪购平台快速引流，但在网络时代，最后促成买家下单的还是价格因素。实际上，国内买家也会从其他不同渠道对比同类进口商品的价格，如果发现“限时限量抢购”实际上并没有明显的优势，订单转化率就可能很低。在海外商品闪购模式中，持续在高位的价格折扣所带来的销量提升，往往不能有效弥补利润的下降，海外品牌供货商最不愿意看到这种局面。

2. 库存积压风险

在海外商品闪购模式中，更为突出的一个现实问题就是商品库存的积压。为了做到“100%海外正品”“方便”和“快捷”，闪购卖家往往需要事先自己备货，备货数量往往基于闪购卖家对销量的主观预期，但稍有不慎，就会造成库存积压。

七、微商分销模式

微商简单来说就是微时代的电子商务。目前，微商分销的一个重要渠道是海外商品进入国内消费市场。

（一）微商分销平台

从微商的网络端零售销售渠道来看，最为典型的就是国内微商卖家在其微信朋友圈从事商品销售。

（二）微商分销运作模式

下面就以国内微信朋友圈为例，来总结微商分销典型的运作模式。

1. 微商代理

微商代理类似于传统的品牌代理，通过微商代理模式，海外品牌商也基于国内地区级别（或销量级别），通过微信渠道，建立多层代理分销商，其中零售商就是微信朋友圈卖家。目前，基于微信的代理分销模式是国内发展最快、销量最大的微商模式。

2. 关于微信朋友圈

微信朋友圈指的是腾讯微信上的一个社交功能，于微信 4.0 版本 2012 年 4 月 19 日更新时上线，用户可以通过朋友圈发表文字和图片，同时可通过其他软件将文章或者音乐分享到朋友圈。用户可以对好友新发的照片进行评论或赞，用户只能看共同好友的评论或赞。微信朋友圈的用户和微商的供货商签订协议后，成为微信零售商（或代理商）。

3. 关于产品的发布

微商的零售商在其微信朋友圈上发布产品的图片、文字或价格，有时附上自己的说明和使用心得等，引起朋友圈内潜在买家的关注。

4. 订单及其支付

一种方式是，朋友圈的买家可以直接打款给微信上的零售商，由零售商给买家发货后完成交易。这种方式需要零售商事先从供货商（或上级代理商）那里进货，零售商最后赚取产品的批零差价。另一种方式是，零售商在发布的产品信息中，放置供货商产品销售页面的链接，由买家点击该链接进入供货商产品销售页面后完成订单，将货款支付给供货商，并由供货商给买家发货。这种方式零售商无须备货，赚取产品一定额度的销售佣金。

（三）微商分销模式的优势

在跨境电商进口领域，相比主流电商平台，微商分销模式具有以下优势。

1. 快速架构分销渠道

在国内微商创业浪潮的推动下，通过适当的网络推广，海外优势产品的合理的招商协议可能快速吸纳一批合格的分销代理商，并完成分销渠道的铺设。

2. 新产品快速打开销路

对于一些海外新产品，国内消费者在没有充分了解产品性能的情况下，不会轻易在一般电商平台上购买。而微信卖家基于自身的个人声誉，在获得微信朋友圈内亲戚和朋友的支持与信任后，可以较快地卖出产品。

3. 特殊的销量增长机制

利用朋友圈买家的评论、赞和转发等，在促进更多朋友圈内买家购买的同时，朋友圈买家还可以将产品信息转发到朋友圈的朋友的朋友圈，有的买家还会晒出自己的使用体验和推荐意见等。通过这样一个特殊的机制，形成良性的链式反馈，海外优质产品可以快速获得销量的增长。

（四）微商分销模式存在的问题

虽然微商分销模式有上述独特的优势，但其具有更为明显的劣势，甚至常常为人们所诟病。

1. 零售商的能力和资质

大多数朋友圈的零售卖家将微商作为“第二职业”或“业余补充”，如公司白领、学生及全职妈妈等。首先，零售卖家实际上对产品缺少必要的专业知识，和买家的沟通并不充分；其次，零售卖家并没有太多的时间来打理微商业务，如商品的包装及发货等；最后，在需要囤货及买断代理权的情况下，零售卖家在资金投入及其风险控制能力方面有限。

2. 分销商的管理和激励

相比传统线下分销渠道，多层次微商分销代理体系实际上是一个松散的组织架构，合作关系不稳定。为了给分销商带来足够的利润，微商分销模式往往允许其发展多层下级分销商，上级分销商控制着下级分销商，瓜分下级分销商和零售商的大量利润，甚至涉嫌“传销”。

3. 零售终端的利润来源

首先，在多级代理渠道下，零售商的利润更多地被上级代理商瓜分，只能以发展更多的下线来获得利润，这样就导致有更多级别分销商来分享有限的利润。其次，在渠道扁平化策略下零售商不能发展下线，但其朋友圈内的销量往往有限，零售商就缺乏积极性。还有，当产品性价比不高时，通过朋友圈买家的评论、赞和转发等引发销量的增长实际上并不明显。

4. 朋友圈的商业文化问题

国内大多数人的思想较为保守，并不认同朋友圈的商业化，向朋友推销商品或把朋友发展成下线代理，“赚朋友的钱”或者“让朋友替自己赚钱”很可能不为人们所接受。

5. 物流及售后服务

首先，上级代理往往要求下级代理囤货，加上代理层次较多、渠道较长，代理商和零售商积压的库存是最终零售数量的数倍。其次，产品的转运和快递环节过多，损坏、丢失及调包等很容易发生。最后，如果产品质量出现问题，消费者如何维权是一个重要的问题，事实上，在朋友圈购得的问题商品，很多消费者都会采取“放弃”维权的态度。

第四节　跨境电子商务卖家的平台及模式的选择

现从跨境电子商务卖家需求的角度来分析跨境模式转变。一般来说，选择跨境电子商务平台，就应当注意到不同种类跨境电商平台一般具有各自的优势和劣势，企业或个人卖家应当根据自己的实力，根据跨境电子商务的模式，合理选择平台。

一、认准目标市场和产品定位

首先，外贸企业需要有明确的目标市场，如美国、欧洲、非洲或东南亚等，传统外贸实践证明，传统外贸企业均在目标市场方面会有明显的侧重，在跨境电商时代也是如此。相应地，大多数跨境电商平台在不同国家或地区的市场具有明显的优势，如亚马逊平台在美国具有明显的优势买家群体，而速卖通则在俄罗斯具有明显的市场优势。其次，卖家还要认准自身产品的档次和定位及买家的购买力，不同的跨境电商平台在买家的定位上也会有所差异。最后，卖家产品所在的行业领域及产品专业化程度对平台的选择也有一定的影响，典型的如跨境电商平台可以分为综合型和垂直型两种，前者以提供大众化的消费品为主，后者则面向特定领域专业化的产品，如化工原料、医疗器械等。

二、评估平台的规模和实力等

首先，成熟的跨境电商平台应当具有高而稳定的流量。高而稳定的流量往往意味着多而稳定的订单。其实，要考察平台在海外市场的知名度及口碑，卖家可以从新闻媒体或第三方评估机构那里获取这方面的情况，较高的知名度是获得稳定平台直接访问量的基础，而良好的平台的口碑是平台可持续发展的保证。其次，其实任何跨境电商平台都是一个网络交易的在线解决方案，平台应当具有较为完善的保证交易完成的所有功能，往往功能因素似乎并不成问题，但平台的稳定性容易被忽视，因此除平台功能外，还要重点考虑平台的访问速度及稳定性，即平台的日常维护所需的技术能力也非常重要，其实卖家希望的平台是访问速度快、页面稳定的平台，而经常处于“平台维护”状态的平台往往会困扰我们卖家。

三、评判跨境电商平台的成长性

其实，跨境电子商务的模式并不是一成不变的，因此一些名不见经传的跨境电商创新平台可能很快就会成为跨境电商的热点，而一些老牌的电商平台却会走下坡路。因此，卖家应当不断地学习跨境电子商务发展的趋势，以自身独立的眼光评判平台在未来的发展潜力。另外，卖家应当清楚，跨境电商平台的推广同样是一个充满市场竞争的领域，卖家在选择一个平台时，还要看这家平台在推广上是否舍得投入。负责任的跨境电商平台往往具有强大的市场推广能力，并在海外通过媒体广告、知名展会、搜索引擎、网络广告等途径进行宣传和推广，以吸引更多的海外买家和采购商，以为平台卖家创造条件。

四、考虑平台对卖家的服务水平

一方面，平台的在线服务值得卖家考虑。完善的跨境电商平台在对卖家指导、用户推广、解决问题及售后服务等方面，为交易双方提供完善的平台在线服务。另一方面，值得一提的是，除了在线自动服务，对平台用户来说，必要的人工服务往往会提高效率。还有，有时平台提供的内容较为丰富的增值服务，也会大大提高卖家运营的效率。

五、衡量平台运营的费用和成本

一般来说，越是优质的跨境电商平台，功能越为完善，平台技术也越为稳定，提供的服务也越为到位，但收费往往也越贵。事实上，同类型的跨境电商平台，在收费上却可以相差很大，有的平台佣金高，有的相对较低，有的平台虽然不收取佣金，但需要不菲的会员费。显然，卖家在平台的选择上也是"选最合适的，不选最贵的"。在平台的选择上，一是根据卖家自身的目标，如是从事跨境零售还是批发；二是根据卖家自身的身份，如是个人创业者、外贸公司还是生产企业；三是根据在业务推广方面的需求情况，如是需要快速打开销路还是其他情形。以上述三点结合企业自身的规模，来合理选择一个或多个跨境电商平台。

第五节 跨境电商发展新趋势

一、跨境电子商务海外仓

海外仓顾名思义就是在海外其他国家建立商品存储仓库。随着跨境电子商务的快速发展，商品跨境配送的数量猛增，海外仓的建设是提高商品跨国配送的效率及降低配送成本的重要方法。

（一）海外仓的运作流程

在跨境电子商务中，海外仓的基本运作流程如下：

(1) 跨境电子商务卖家事先通过出口渠道，将数量较多的本国商品以海运、货运、空运的形式储存到海外指定仓库，即海外仓。

(2) 卖家在跨境电子商务平台上同步展示和销售海外仓存储的商品，在取得海外订单之后将订单信息及发货指令发给海外仓。

(3) 海外仓根据卖家的发货指令及订单信息，利用海外仓库现代化的信息系统及分拣系统完成产品分拣、包装及出库的发货作业。

(4) 由海外国家当地的快递渠道，海外买家可以快速地收到商品。收到商品后，如果产品质量有问题或需要换货，海外仓可及时提供退货或换货服务。

（二）海外仓的优势

由于实现了物流运作的信息化和规模化，海外仓具有以下明显的优势。

1. 订单配送时间的缩减

国际快递包裹的投递时间，往往需要10～60天，而从海外仓发货，经由当地快递将商品送给海外买家只需2～7天。

2. 订单平均物流成本的降低

由于避开了跨境运输阶段高昂的国际快递费用，对每个海外订单来说，包含在订单价格中的物流成本得到有效控制。

3. 顾客服务水平的提高

海外仓更快的发货速度，极大地提高了海外买家的购物体验，同时可为买家提供更为方便的退货或换货服务，维护买家利益，提升卖家信誉。

（三）海外仓的劣势

海外仓具有以下劣势。

1．需要较高的投入

海外仓的投资主要有两大块：一是硬件的投入，包括仓库建筑及其自动化的仓储设备；二是功能完善的网络信息系统建设。显然海外仓巨大的投资并非一般跨境电商卖家所能承受的，所以海外仓往往以第三方投资和运营的方式出现，其盈利模式是向跨境电商大卖家收取海外仓储服务费。

2．不适合跨境电商中小卖家

对于需事先将大批量的商品运往海外仓，中小卖家一方面没有足够的资金实力来提前承担高额的国内商品采购成本，另一方面对商品的销量缺乏充分的预期，无力承受大量产品在海外仓可能的积压风险，或无力承担产品在海外仓长期积压所产生的仓储服务费。

3．不适合大量长尾订单

汇集大量海外长尾订单是跨境电子商务的一大优势。对于一些“新奇特”甚至“奇葩”类产品，单个产品的需求量并不多，但可以通过跨境电子商务汇集来自全球各地的零散订单，因此小众化但种类繁多的海外长尾订单是跨境电商出口的重要组成部分。但由于该类产品海外买家的分散性及其销量的不确定性，并不适合运用海外仓的模式。

二、整合分销

在交易量巨大的全球性跨境电子商务平台上，有大量的中小卖家，由于缺少有竞争力的货源，在平台上陷入价格战是这类卖家的主要烦恼。同时，国内大批优质产品供货商也纷纷关注到跨境电商平台的销货能力，希望通过诸多平台中小卖家销售自己的产品。整合分销是跨境电商发展到当前阶段的一个新型模式，其实质就是一个连接平台中小卖家及国内供货商的中间桥梁。从 2014 年下半年开始，各种整合分销平台纷纷上线，如为深圳中小卖家提供货源及融资服务的中国好东西网、以俄罗斯为主要市场的俄优选、专注于服装外贸分销的中国好服饰网、一体化分销平台赢立方 esdc 及 ERP 服务商赛兔推出的云仓分销等。

（一）整合分销的基本运作流程

在跨境电子商务中，典型整合分销的基本运作流程如下：

1．整合优质货源

国内大量优质供货商，通过和整合分销平台合作，成为其会员。供货商可以将其产品信息上传到整合分销平台进行展示，供国内跨境电子商务卖家在线采购。基于合理的产品销量预期，供货商可以将产品事先运抵整合分销平台设定的仓库(或海外仓)。

2．推销产品

由于平台上汇集了大量供应商的优质产品，跨境电子商务中小卖家可以选择这些商品，下载产品信息资料，经编辑后上传至自己的店铺进行推销。

如果中小卖家取得了海外订单，可以从整合分销平台下单采购，进货后再转发给海外买家，也可以由平台为中小卖家提供物流服务，中小卖家将海外订单信息在线传输给整合分销平台，由其设定的产品仓库(或海外仓)直接代发货。

（二）整合分销的优势

整合分销架起了大量国内供货商丰富的产品货源及大量跨境电商中小卖家销货能力之间的桥梁。整合分销的优势主要有以下方面。

(1) 整合分销扩大了产品在跨境电子商务市场的销量，这是整合分销吸引国内供货商的主要因素。事实上国内供货商的业务重点并不在于自营跨境电商，加上人手有限及面对大量中小卖家的竞争，国内供货商通常也不会从事 B2C 等跨境零售业务。而将国内供货商的产品直接发给大量跨境中小卖家销售成了较好的选择。

(2) 在采购、仓储及配送等环节，整合分销为中小卖家提供了一站式的物流服务。在货源及采购方面，可以由以上加入整合分销平台的供货商提供，由整合分销平台代理供货商产品的库存（包括海外仓储），同时还可以为中小卖家提供分拣、包装及配送服务。

(3) 整合分销平台的商品库存可以为中小卖家节省商品的前期采购成本和后期库存积压的风险，除此之外，在中小卖家取得海外订单时，如果没有足够的资金采购，整合分销平台可以方便地为中小卖家提供融资。

(4) 整合分销在采购、仓储及配送等环节的专业化及规模化运作，有利于从源头上整体上保证产品的质量，发挥产品物流配送环节的规模效应，降低商品的平均采购成本及配送成本，最终进一步提高产品在跨境电商零售市场的竞争力。

（三）整合分销的劣势

但同样，整合分销也具有其明显的劣势。

(1) 一方面，搭建功能完善的整合分销平台，需要在硬件及软件上的投入，硬件主要是仓储设施（包括海外仓），软件则是功能完善的整合分销信息系统。另一方面，除了以上硬件及软件上的投入，为了吸引国内大量供货商及跨境电商中小卖家入驻，整合分销系统平台的推广也是一笔巨大的开支。

(2) 但对大量国内中小企业供货商而言，整合分销模式的销货能力并不明朗的情况下，将大量产品事先运抵整合分销仓库可能造成的库存积压风险具有明显的顾虑。即便产品可能处于“受制于人”的地位，供货商对整合分销渠道也缺乏足够的信任。

(3) 对于大量从事长尾产品销售的跨境电商中小卖家而言，其利润主要来自经过他们自己“精挑细选”的特色产品。而整合分销平台提供的规格款式较为统一的商品，由于会导致大量中小卖家之间的同质化价格竞争，实际上并不是他们看重的产品。

(4) 对于跨境电商大卖家而言，他们完全有能力在自己的产业领域将供应链做得更好，而具有成长潜力的中小卖家也往往会专注于自己完整产品供应链的精细化运作。

三、跨境电商多渠道运营

2013 年以来，大量国内优质跨境电商卖家为了克服在某单一跨境电子商务平台的局限性，谋求更多的销量和市场占有率，纷纷采取多渠道运营策略。

（一）跨境电商多渠道运营的主要形式

跨境电子商务多渠道运营，就是跨境电子商务卖家在多个渠道铺货，其主要形式有以下几种。

1. 多平台运营

事实上，不同跨境电商平台在不同时期存在此消彼长的竞争关系，在针对不同目标市场及客户群方面，每个平台也具有自身的市场细分和产品定位。因此为了"不把所有的鸡蛋放到一个篮子里"，很多卖家会采取多平台运营的策略。

2. 传统线下渠道＋线上渠道

传统线下渠道＋线上渠道，是国内生产型企业或外贸企业通常采用的方式。一方面，由于销量依然较大，传统外贸出口企业对原有业务不但不会放弃，甚至还会加强；另一方面，基于跨境电商发展的巨大潜力，传统企业也纷纷以特定的形式强势介入跨境电商线上渠道。

3. PC 端平台＋移动端平台

移动电子商务是跨境电商发展的一个重要趋势，最近几年基于智能手机或平板电脑的移动端跨境电商平台发展迅速，基于海外移动端买家的消费特点，大批国内跨境电子商务卖家同时转战移动电商平台，收获颇丰。

4. 第三方平台＋垂直自营平台

对于快速成长起来的一批跨境电商超级卖家而言，建立自己的跨境电商平台可以避免"受制于人"的处境，在市场推广方面更具有自主权，甚至自建平台比第三方跨境电商平台费用更低。

（二）多渠道运营的优势

每种渠道均有其自身的优势或劣势，而多渠道运营的优势在于对不同渠道的取长补短。多渠道策略在一定程度上可以让跨境电子商务卖家快速找准产品定位，同时扩大销量。

（三）多渠道运营可能存在的问题

多渠道运营的主要问题来自更高的渠道成本及更难把控的渠道管理等方面。一方面，渠道数量的增加，往往意味着渠道铺设成本及维护成本的成倍增加；另一方面，相比于在某特定渠道深耕的卖家，多渠道运营的卖家在该渠道上并不涉及产品线的延伸，中小卖家很难快速达到多渠道运营所要求的专业性。

四、跨境电商本土化运营

为了克服跨境电子商务环节多、周期长及情况复杂等不足，本土化运营的实质就是提高买家购物体验，在海外推出一系列的产品或服务。

跨境电商本土化运营是一个内容较为宽泛的概念，其主要内容和困难如下：

（一）跨境电商本土化运营的主要内容

1. 本土化产品

本土化产品即符合海外本土消费需求和习惯的产品，最为典型的如服装，在样式和色彩等方面要符合海外特定区域的需求。跨境电商本土化运营首先要求产品是本土化的，也就是在功能、款式及规格等方面符合海外本土化的要求。

2. 本土化服务

在跨境电子商务中，本土化服务的主要内容有本土化物流和本土化支付。

先将大量商品发往海外仓，实现产品仓储、配送及退换货等物流服务的本土化运营，由于大幅度提高了跨境电商卖家的发货速度，用户体验提升显著，海外仓是当前优势卖家本土化运营的主要抓手。除了 PayPal 及国际支付宝等海外支付方式，为海外卖家提供当地更为流行或便捷的支付方式，也是跨境电商本土化的一个重要内容。例如，方便的信用卡支付方式可以普遍提高购买率。采用俄罗斯的 WebMoney、加拿大的 AlertPay、澳大利亚的 Paymate 和英国的 Money Bookers 及 Ukash 等本土化的网络支付方式，也是提高当地买家订单转化率的重要途径。

（二）跨境电商本土化运营的困难

虽然跨境电子商务的本土化运营很大程度上提高了海外买家的体验，但其并非易事。首先，囿于现有产品生产及采购系统，在很难准确了解海外消费者需求的情况下，国内产品供货商为海外特定市场区域的买家提供“定制化”的产品具有更大的风险，不如直接在跨境电商平台上出售国内现有产品来得方便。其次，海外仓并不适合大量国内中小卖家，其可能造成的海外产品库存积压风险及资金周转问题也困扰着国内大部分外贸电商。最后，由于涉及国内外跨境电商平台之间的竞争及跨境跨行复杂结算，国内卖家也往往只能采用有限的几种网络支付方式，单独采用目标市场国家流行网络支付方式困难重重，如速卖通只能采用国际“支付宝”，eBay 只能采用 PayPal，等等。

五、小语种市场

小语种从字面理解就是只有少数国家或少数人口使用的语言。对于小语种的界定，一般认为，除联合国通用语种（汉语、英语、法语、西班牙语、俄语、阿拉伯语）外的所有语种都是小语种。当前大部分主流跨境电子商务平台采用的是英语，因此对国内外贸出口电商而言，小语种则是指除英语（和汉语）之外的所有其他语言。

（一）小语种市场的优势

兰亭集势和速卖通都开通了 10 种以上语言版本的网站，足以证明它们对本土化的重视。使用小语种开展跨境电子商务，也是跨境电商本土化运营策略的重要内容之一，且具有以下明显的优势。

1. 更多的潜在客户群

虽然英语在全世界的通用程度较高，但在具体的一个以英语之外的语言为母语的国家,其母语的使用更为普及,因此使用该国母语开展跨境电商具有更多的潜在客户群。

2. 更高的订单转化率

使用目标市场国家的语言,比使用英语有更高的订单转化率,这点不难理解。例如对俄罗斯卖家而言,如果平台提供的商品页面使用俄语,显然在全面理解商品的重要信息上比英语更为容易,从而有助于消除顾虑,提高订单转化率。

3. 避免国内卖家的同台竞争

大部分小语种国家都有当地本土化的电子商务平台,国内卖家入驻小语种国家当地平台,可以在一定程度上避免国际大型电商平台的价格竞争。早期进入小语种市场的跨境电商卖家,可以通过构建自有品牌等方式,对市场后来者形成一定的竞争壁垒。

(二) 开拓小语种市场的困难

成功开拓跨境电商小语种市场,关键还在于为买家提供优质的服务,但要真正"伺候"海外小语种国家的潜在买家,对国内跨境电商卖家来说有诸多挑战和困难。

1. 大量的小语种翻译工作

面对大量的产品的 SKU(库存量单位),需要进行精准的小语种翻译。显然 Google 及百度等在线翻译工具不能胜任,而国内能够胜任小语种产品 SKU 翻译工作的人才也凤毛麟角。

2. 国内小语种人才

在上述前期产品 SKU 翻译、客户沟通及后续的售后服务环节,均需要大量小语种人才。显然在售后服务环节,需要客服人员掌握更高的小语种应用水平。在国内高水平小语种人才短缺的情况下,许多卖家开始在当地国家招收本土小语种员工开展上述翻译及售后服务工作。不管是在国内招收小语种员工或是在目标国家招收员工,小语种人才的成本显然是昂贵的。

3. 小语种本土化的服务

在小语种国家,一方面对跨境电商进口往往有更为严格或具体的法律法规限制,另一方面其买家对网购体验有更高要求。为了"搞定"这些,要求跨境电商卖家针对小语种市场练内功,不断提高服务水平。

4. 市场容量的不确定性

对于一个小语种市场,经过一段时间的市场开发之后,最终的市场容量并不非常确定。对于一些中小企业来说,投入大量的人力和物力可能存在较大的市场风险。因此,在开发小语种跨境电商市场之前,有必要进行适当的市场调研和评估。

六、综合案例分析

2014 年被很多业内人士称为跨境进口电商元年。这一年里,传统零售商、海内外电商巨头创业公司、物流服务商、供应链分销商纷纷入局,跑马圈地。而接下来,跨境进口电商的态势如何,又将如何演变,从宏观环境、现存模式、产业链优劣势和投资趋势等几方面分析,有如下几个观察。

（一）宏观环境解读

1. 政策红利窗口期

2014年到2015年，政策层面一直在释放跨境贸易利好。2014年7月，海关总署的《关于跨境贸易电子商务进出境货物、物品有关监管事宜的公告》和《关于增列海关监管方式代码的公告》即业内熟知的第56号和第57号文件接连出台，从政策层面上承认了跨境电子商务，也同时认可了业内通行的保税模式，此举被外界认为明确了对跨境电商的监管框架；此前"6＋1"个跨境电商试点城市开放给予了跨境电商税收上的优惠政策，即通过跨境电商渠道购买的海外商品只需要缴纳行邮税，免去了一般通口贸易的"关税＋增值税＋消费税"：2015年4月28日，国务院常务会议中关于降低进口产品关税试点、税制改革和复增设口岸免税店的相关政策，表明了政府促进消费回流国内的决心。这些都是明显的政策红利信号。即使跨境电商的税收红利窗口在未来会逐渐关闭，一般贸易税率可能平缓走低，但目前看来大势向好不可挡。

2. 用户需求潜力巨大

(1) 用户规模交易量迅速增长：根据海关总署和中国电商研究中心统计的数据，在2018年，市场规模已达到万亿级别。

(2) 消费需求和消费观念升级：中国中产阶级电商用户目前在5亿左右，消费升级需求旺盛，"80后"、"90后"人群购买商品的关注点倾向于食品安全、品质优良、品类多样、价格合理等方面。

(3) 海外商品认知提升：旅游、海归群体的消费习惯辐射带动周围亲友海淘，对海外品牌认可度不断提高。

3. 行业有待完善

(1) 政策探索：税收不会长期高度倾斜跨境保税，因为需要考虑与传统一般贸易利益平衡问题，而各试点政府也都在摸着石头过河，一边试点一边探索。对检疫标准、保税类目的控制，各部门政府在政策落实过程中还在探索调整。物流及选品布局复杂，政策环境涉及商检、税务、外汇、海关，各环节变动皆有影响。

(2) 物流清关报税体系不成熟，售后体验难保证：传统跨境物流，转运物流价格高、效率低。报税清关需国家政策支持不断通畅流程，整进散出模式让海关原本人员配置压力很大，无法满足激速增长的清关需求，导致物流效率体验差。因此，目前海淘商品的售后服务和退换货大部分情况下无法得到保障，但好在现阶段海淘用户耐心、忍耐力都很好。新入玩家如笨鸟海淘，选择了这个环节作为切入点，主打针对海淘购物的用户体验，提供高质量的第三方转运服务。顺丰亦处于同步成长期，长期看好。

(3) 供应链不稳定：爆品仍占跨境海淘很大比例，但海外爆品品牌商供货渠道不稳定，与国内平台直接签约合作可能性小，平台为保证爆品供货通常采用复合渠道，价格难以控制，毛利趋近于0。但即便如此，部分电商平台仍旧时常断货。而且，其中的供应链长，环节复杂，各地区文化和商业环境有差异，打通各环节难度大。

4. 资本驱动，各路玩家既竞争、又共生

从2014年10月起，各路玩家纷纷入局进口电商，部分巨头如京东、网易等，都将进口板块提升至重要战略地位；创业公司纷纷加紧融资步伐，屯粮备战，跑在一线的几家如蜜芽、洋码头,后起之秀如小红书都已相继走到C轮千万美元级别融资阶段;海外电商如亚马逊逐步试水国内市场,上线海外购板块,利用国际化优势试图也来分一杯羹;物流供应链服务商纷纷发挥自身行业优势,不断畅通流程,优化供应链,为行业发展保驾护航,做好坚实后盾。在资本支持下,各路玩家棋逢对手,面对新兴市场都要从头摸索,既竞争、又共生,一同培育推动市场发展。

(二) 跨境电商模式详解

图3-4所示为跨境进口电商的基本链条,以及需要打通的各路环节的关键节点。

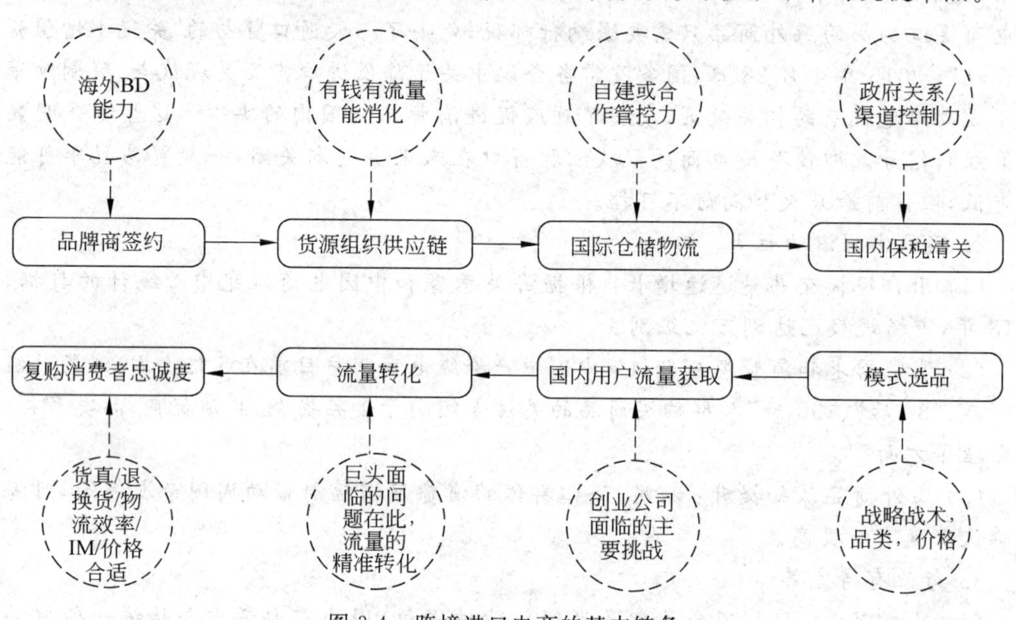

图3-4 跨境进口电商的基本链条

下面来剖析各类跨境进口电商模式的优劣。

1. M2C模式:平台招商

这一类的典型玩家如天猫国际,开放平台入驻国际品牌。

(1) 优势是用户信任度高,商家需有海外零售资质和授权,商品海外直邮。

(2) 痛点在于大多为TP代运营,价位高,品牌端管控力弱,正在不断改进完善模式中。

2. B2C模式:保税自营+直采

这一类的典型玩家如京东、聚美、蜜芽。

(1) 优势在于平台直接参与货源组织、物流仓储买卖流程,销售流转高,时效高,通常B2C的活跃玩家还会附以"直邮+闪购特卖"等模式补充SKU丰富度和缓解供应链压力。

(2) 痛点在于品类受限,目前此模式还是以爆品标品为主,有些地区商检海关是独立的,能进入的商品根据各地政策不同都有限制(如广州不能走保健品和化妆品);同时还有资金压力:无论是打通上游供应链,还是提高物流清关时效,在保税区自建仓储,又或者是做营销打价格战补贴用户提高转化复购,都需要钱;爆品标品毛利空间现状极低,却仍要保持稳健发展,资本注入此刻尤为意义重大。在现阶段,有钱有流量有资源谈判能力的巨头纷纷介入，此模式基本已经构建了门槛，不适合创业企业轻易入场了。

(3) 母婴垂直品类。这里单独谈一谈大火的母婴垂直品类，前线玩家有蜜芽等。母婴品类的优势是，它是最容易赢得跨境增量市场的切口，刚需、高频、大流量，是大多家庭单位接触海淘商品的起点。母婴电商大多希望能在单品上缩短供应链，打造品牌，获得信任流量，未来逐步拓展至其他高毛利或现货品类，淡化进口商品概念。痛点在于，母婴品类有其特殊性，国内用户目前只认几款爆款品牌，且妈妈们还都懂看产地，非原产地不买。几款爆品的品牌商如花王等，国内无法与其直接签约供货。母婴电商们现状都是在用复合供应链保证货源供应，如国外经销商批发商，国外商超电商扫货、买手、国内进口商等。这样一来，上游供应链不稳定，价格基本透明，且无毛利，部分玩家甚至自断双臂大促战斗。目前基本所有实力派电商巨头都以母婴品类作为吸引转化流量的必备品类，而创业公司则逐渐降低母婴比例或另辟蹊径，开始不同方向的差异化竞争。

3. C2C 模式：海外买手制

典型玩家如淘宝全球购、淘世界、洋码头扫货神器、海蜜、街蜜、海外买手（个人代购）入驻平台开店，从品类来讲以长尾非标品为主。全球购目前已经和一淘合并，虽然看来是跨境进口 C2C 中最大的一家，但全球购也有很多固有问题，如商品真假难辨，区分原有商家和海外买手会造成很多矛盾等，在获取消费者信任方面还有很长的路要走。

(1) 优势：C2C 形态是目前笔者比较喜欢和看好的模式，构建的是供应链和选品的宽度，电商发展至今，不论进口出口线上线下，其本质还是商业零售和消费者认知。从工业经济到信息经济，商业零售的几点变化是：消费者主导化、生产商多元化、中间商信息化；而商品核心竞争力变成了个性需求和情感满足。在移动互联网时代，人群的垂直细分，让同类人群在商品的选择和消费能力上有很大的相似度，人与人之间相互的影响力和连接都被放大了，流量不断碎片化是由“80 后”“90 后”这一代人的价值观和生活消费方式决定的，千人千面个性化是这一代人的基本消费需求逻辑，因此移动电商应场景化。面对商品丰富度如此之高的现状，提高资源分配效率，如何更快地选到我们想要的产品，节约选择成本也尤为重要——don't make me think。C2C 达人经济模式可以在精神社交层面促进用户沉淀，满足正在向细致化、多样化、个性化发展的需求，这一代人更注重精神消费，作为一个平台，每一个买手都是一个 KOL（关键意见领袖），有自己的特质和偏好，优秀买手可以通过自己的强时尚感、强影响力打造一些品牌，获得价值观层面的认同和分享，同时也建立个人信任机制。对比起来，B2C 的思路强调的是标准化的商品和服务，从综合品类到垂直品类，在 PC 时代汇聚大规模流量；而移动电商，与传统 PC 端电商不同，有消费场景化、社交属性强的特征，对于丰富的海淘非标商品，C2C 的平台效应可以满足碎片化的用户个性需求，形成规模。

(2) 当然 C2C 的模式还是有它固有的痛点，传统的靠广告和返点盈利的模式，服务体验的掌控度差，个人代购存在法律政策风险，买手制平台的转化目前只有 2% 不到，早期如何获得流量，提高转化，形成海淘时尚品牌效应，平衡用户与买手的规模增长都是难点。

4. BBC 保税区模式

跨境供应链服务商，通过保税进行邮出模式，与跨境电商平台合作为其供货，平台提供用户订单后由这些服务商直接发货给用户。这些服务商很多还会提供一些供应链融资的服务。优势在于便捷且无库存压力，痛点在于，BBC借跨境电商名义行一般贸易之实，长远价值堪忧。

5. 海外电商直邮

典型玩家是亚马逊。其优势在于，有全球优质供应链物流体系和丰富的SKU；痛点是，跨境电商最终还是要比拼境内转化销售能力，对本土用户消费需求的把握就尤为重要，亚马逊是否真的能做好本土下沉还有待考量。

6. 返利导购/代运营模式

一种是技术型，目前形态典型的玩家有么么嗖、海猫。这些是技术导向型平台，通过自行开发系统自动抓取海外主要电商网站的SKU、全自动翻译、语义解析等技术处理，提供海量中文SKU帮助用户下单，这也是最早做跨境电商平台的模式。另一种是中文官网代运营，直接与海外电商签约合作，代运营其中文官网。这两种方式有早期优势，易切入，成本低，解决信息流处理问题，SKU丰富，方便搜索，而痛点在于，中长期缺乏核心竞争力，库存价格实时更新等技术要求高，蜜淘等一些早期以此为起点的公司已纷纷转型。

7. 内容分享/社区资讯

典型玩家如小红书，内容引导消费，自然转化。其优势在于天然海外品牌培育基地，流量带动福利转化为交易，但长远来看还是需要有强大供应链能力。

（三）跨境电商"玩家群像"

1. 品牌商：合作，探索，观望，平衡

对于海外一线（爆品）品牌商而言，除了要维护自己原有线上线下零售体系稳定和品牌形象，部分品牌商也在自主积极探索以何种方式在中国这个大增量市场中分得一杯羹。一些特殊品牌如花王，不愿意电商渠道破坏其品牌信誉和供应链（如花王曾警告过某平台，不要毁坏花王10余年经营出的高端品牌形象与口碑）；而对于二三线中小品牌商、电商大型商超，它们的合作动机更强，更积极主动地希望把自己的品牌带入中国市场，再加上在中国并没有原有合资公司和零售体系影响，合作方式可以更加直接灵活。

2. 物流供应链服务商：趁"市"而上，服务前端

这一类玩家很多拥有多年的跨境贸易、物流、分销、供应链服务的经验积累，趁着行业整体向好的趋势，大家既有危机感，又积极拥抱红利，为提高行业整体服务体验努力往前跑。部分巨头如顺丰、韵达也开始利用物流优势积极探索前端市场。阿里巴巴于2015年5月5日宣布旗下1688.com将正式上线全球货源平台。

3. 国内电商巨头：维系原有江湖地位，争取更大市场

2014年开始，电商巨头们纷纷以不同形式涉水跨境，一边坐拥大流量，一边不敢懈怠积极发展跨境业务，维护自身地位稳定。天猫国际、京东海外购、蘑菇街、聚美急速免税店、唯品会、一号店、网易考拉等，基本你想得到的巨头都已经开始发挥固有优势积极部署。流量、资金、供应链、海外BD（商务拓展）能力是跨境电商早期发展的必备要素，但巨头们自身也面对困境重重，一方面原有团队对海外产业链认知度、整合力并不高；另一方面负责跨境业务线的团队并不见得有创业公司强，即便有流量，转化也不理想。而供应链问题是所有跨境电商的共有困境。从2013年各巨头的交易数据来看，各家都并不满意，

再加上和原有业务冲突频发，各方利益平衡也需要不断磨合探索，跨境方向的精力和团队投入也受制于很多因素，行业人才也需要在行业成熟发展过程中逐步培育，在这一点上大家的起步分别并不大，其实也为创业公司的成长留下了机会。几年过后，巨头们或许还是“领跑者”，但市场足够大，相信优秀的创业公司还是有机会占据自己的一席之地。

4. 创业公司：在混战中求生

巨头们的加入进一步推进了价格战的提早到来，很多初创企业模式还在摸索，海外正在拓展，供应链正在构建，资金还没到位，就像一群还没有穿好装备的士兵被硬着头皮拽上了战场，死伤惨烈估计是避免不了的。能活下来的要不就是选择了比较聪明的方向，要不就是已经穿好了装备，又或是后来居上。

5. 传统零售商：转型已成必然

面对持续上涨的电商规模，传统零售业绩却一路下滑。《2014 年度中国电子商务市场数据监测报告》显示，2014 年中国电子商务市场交易规模达 13.4 万亿元，同比增长 314%。其中，网络零售市场交易规模达 2.82 万亿元，同比增长 497%。但根据东方财富数据，截至 4 月 9 日，A 股零售板块已经公布业绩的 29 家上市公司中，16 家营业收入出现下滑，占比达 55%，净利润也大降。传统零售商也看到跨境这个大市场，正在转型 O2O，积累线上数据。虽然在技术、流量和人才方面都不占优势，但其加入还是加剧了跨境领域的竞争态势。

6. 中小微商：毛利低，傍大腿

中小微商包括买手、朋友圈代购和一些中小贸易商家。随着各路实力大平台的加入，大部分主做日韩标品，尤其是韩国中小微商的生存毛利空间会越来越薄，纷纷依靠各类平台的策略红利入驻合作，共同培育用户和市场。

7. 消费者：认知提升，带动市场壮大

根据艾瑞咨询发布的《中国跨境网络购物研究报告》，2014 年中国网购用户中，跨境网购比例仅为 15.3%，还有很大空间可以开拓。从消费者层面来看，海淘人群构成一部分是“80 后”“90 后”的妈妈大军，以母婴领域作为起点培养了自己海购的消费习惯，另一部分是海归和有海外旅行购物经验的人，除有自用需求外还辐射到周边的亲友逐步接受国外质优价廉的商品品牌。现在提到海淘，消费者并不能马上想到一个合适的购买平台，需求层面要保真、丰富、价廉、物流快，就看各路玩家谁可以最快满足这些需求，形成品牌效应，首先占据消费者的意识。跨境进口电商也许是国内电商最后一次混战中“剩”出的那一两家创业企业。行业洗牌将以实力玩家的加入和价格战作为开端，体量规模小的电商会转型差异化竞争，有核心竞争力的创业公司将活下来，在这个足够大的增量市场中站住脚。各类玩家的激烈角逐，会促进跨境供应链管控规模化，帮助中国的中产阶级完成消费升级，推动整个零售行业的整体价值升级和成本结构优化。大家的终极目标大都比较一致，都是希望可以成为中国 5 亿中产阶级跨境消费的平台——世界商城。在这场战役中，巨头也好，小兵也罢，都将在上游供应链整合能力、管控力、战略战术、运营能力和人才上受到考验，最终“剩者”为王。

（四）谁会是赢家

目前还没有出现一家消费者普遍认同的跨境进口电商，在这个新兴的风口，巨头和小兵的起跑线没有差太远，早期的发展会依靠政策红利、价格优势、品类丰富度，但最终还是会回归到零售层面的竞争——品牌、供应链和服务体验，需要有能力不断提高复购率。现阶段B2C模式已经不再适合一般创业公司轻易涉足，C2C或其他模式还存在早期投资机会。

赢家应具备的能力如下：

第一，有强大的海外商品组织和货源整合能力。

第二，强市场，在国内有较好的流量获取和转化能力，如切中用户痛点、强正品保证、强服务体验售后保证、价格优势等。

第三，团队有电商基因，有擅长运营和海外供应链管控的人才，有良好的物流清关流程管控能力。

第四，有良好的地方政府关系。

第五，有行业格局观和正确的战略模式。

第六，创始人有很强的融资能力，这是一种综合实力，是战役胜利的供给保障。

谁能搞定供应链，搞定流量，最终转化成销售，谁能把握竞争格局，认清自身优缺点，不断调整战略战术，吸引关键人才加入，谁就能在万亿级的市场立足。

（五）中国主要跨境电商平台优势比较

表3-2所示为市场上的部分电商平台、优势特点及融资情况（不披露额度，只披露融资阶段和投资方）。

表3-2 市场上的部分电商平台、优势特点及融资情况

公司列表	上线时间	模式	优势	主要SKU	融资历史
天猫国际	2014年2月	5 400个品牌，商家入驻天猫国际网站时，需要支付5 000～10 000美元的年费，2.5万美元押金，一般来说，商家需要向阿里巴巴支付3%～6%的佣金	流量大，直接与海外政府合作，招商便利，和世界邮政体系战略合作	各大品牌标品；目前最受国内消费者追捧的品类包括食品、化妆品、母婴类、生活日用品、小家电等	—
淘宝全球购	2007年	C2C中小卖家，多为海外商品代购商，要求店铺内海外商品占比100%	淘宝中小卖家，鱼龙混杂，产业链复杂	标品爆品为主	—
京东全球购	2015年4月	自营直采＋部分直邮；首批上线商品超过15万种，品牌数量超过1 200个，商铺超过450家。京东全球购与海外商家的合作包括自营模式和平台模式两种。自营模式是指京东自主采购，由保税区内服务企业提供支持服务；平台模式是指通过跨境电商模式，海外品牌商家直接签约入驻	流量大，擅长国际物流仓储管理，海外BD，供应链优势	标品爆品为主；各大品牌，涵盖母婴用品、食品保健、个护化妆、服装鞋靴、礼品箱包等多个品类的数十万商品	—

续表

公司列表	上线时间	模 式	优势	主要SKU	融资历史
一号店——一号海购	2014年9月	(入驻上海自贸区,东方电子支付及跨境通)平台+自营;保税进口模式或海外直邮模式	弱化海淘概念,切到进口食品及现货、生活用品品类顺理成章	母婴、箱包、食品、酒水、保健、美护	—
唯品会全球特卖	2014年9月	全球特卖,特卖保税直邮,全程采用海关管理模式中级别最高的"三单对接"标准	流量等巨头优势	品类少而杂	—
亚马逊直邮	2014年8月	保税区+海外直邮;海外购+国际精品店+进口直采店	海外物流仓储体系完善,SKU丰富,会吸引一大批资深海淘用户	全品类	
聚美优品——聚美海外购	2014年9月	急速免税店保税闪购+直邮;海外购成为聚美转型增长动力,目前聚美渠道转为品牌合作、专柜购买和聚美海外购	流量优势;品类优势(日韩品牌直供,货源充足,单价低无税);已经在北京开海外购O2O线下体验店	化妆品(日韩,单价低不用税)+奢侈品+母婴	—
网易——考拉海购	2015年1月	自营直采+部分直邮;采取"自营"模式,由专门的采购团队从海外原产地优质批发商那里"批量直采",大批量备货到国内保税区	战略上十分重视,重金投入	母婴、个护、美妆、美食、保健	—
顺丰海淘	2015年1月	主打母婴+个护,保税直邮,正在酝酿新模式	强物流体系支持	母婴+个护、美妆、保健	—
跨境进口电商——前端创业公司					
洋码头	2011年6月	自建贝海国际物流,C2C买手扫货神器(mobile),B2C洋码头海外购平台,海外零售商直接进行国际配送	起步早,北美市场渗透深入,买手专业,自有物流贝海国际	母婴+保健+个护+快消等	2010年获得天使湾天使,2013年12月赛富A轮,赛领国际基金B轮
蜜芽宝贝	2014年2月	特卖+自营保税,72小时内限量出售	起步早,发展好,资本支持,流量大	母婴用品	真格、险峰华兴A轮,红杉、真格B轮,Hcapital领投C轮

续表

公司列表	上线时间	模　式	优势	主要 SKU	融资历史
贝贝网	2014 年 4 月	母婴特卖保税＋直邮 BBC，通过自营加联营的模式，与品牌商家、工厂直接合作	资本支持，供应渠道丰富	母婴	高榕、IDG B 轮，新天域、今日资本 C 轮
辣妈帮	2012 年	社区＋母婴保税特卖直邮，同时提供孕期指导及社交功能	社区转电商，用户黏性好	母婴	险峰、戴志康天使，经纬、险峰、晨兴 A 轮，景林及老股东 B 轮，唯品会领投 C 轮
蜜淘	2014 年 3 月	生活用品，两个模式（自营保税＋直邮）；全品类长尾需求的海淘代购＋热卖品类的海外品牌限时特卖	电商基因团队，擅长选品运营，资本阵容强大	爆品母婴＋生活用品＋个护	蔡文胜、汪东风天使，经纬 A 轮，祥峰、晨兴、景林、经纬 B 轮
淘世界	2014 年 7 月	C2C 买手制平台，时尚基因，美女 CEO	美女 CEO 时尚博主出身，海外经验丰富，时尚嗅觉好，产品贴合女性需求，擅长海外买手 BD 运营	全品类	源码资本 A 轮，B 轮正在进行
海蜜	2014 年 11 月	C2C 买手制平台，强营销；在采购端，主要对接个人买手和贸易商；在交易端，以闪购模式进行。一小部分商品来自境内贸易商	擅长渠道谈判，CPS 营销基因强，同样的资金投入转化率高	长尾非标品	A 轮阶段，投资人元宝铺、贝贝网
小红书	2013 年 8 月	社交分享＋电商，自营直采，达人信息分享	天然海外品牌培育基地，用户黏性高、消费能力强，人群精准，有调性有文化	食品＋个护＋保健等	真格、金沙江天使，GGV 领投 A 轮，腾讯 B 轮
跨境进口电商——后端物流供应链公司					
笨鸟海淘	2014 年 5 月	跨境物流供应链服务商，自主开发物流业务管理系统	速度快，准确率高，资本支持，精细化管理；跨境物流新星	全品类	贝塔斯曼、险峰华兴、华兴资本 A 轮

续表

公司列表	上线时间	模　　式	优势	主要 SKU	融资历史
Wishpay	1995 年	现切入跨境电商 BBC＋B2C 提供服务	业内口碑好，强大的清关能力，仓储物流体系和跨境资质，广泛客户源	全品类	无
JX-EXP 霁鑫物流	2014 年 9 月 1 日	海外进口转运，国内出口集运及电子商务仓储管理深加工配送	结合互联网新型管理理念	全品类	新进创投天使
海豚供应链	2012 年	BBC 等，解决中小海淘企业的产品采购和代理发货	众多品牌授权	母婴＋保健	B 轮阶段
采伴网	2015 年 5 月	跨境电商 B2B 信息平台	平台模式未来想象空间大；团队上游海外 BD 能力强	母婴＋保健、快消	IDG 天使
海欢网/原海淘无忧	2014 年 2 月	原海淘无忧，现 BBC 等模式做供应链，搭建供应链平台、服务海淘小商户的 B2B 模式	上游供货商谈判能力强	母婴，保健，生活快消	创新工场 A 轮

（来源：TECH2IPO. 目前最详细的对国内跨境电商的纯干货分析. 杨露茜，2015.）

复习思考题

1. 结合本章学习内容（如有关跨境电子商务特点的内容）及以上案例内容，请分析为什么跨境电商会成为外贸新引擎。

2. 结合案例中有关跨境电子商务发展现况及趋势的内容，请你谈谈以后跨境电子商务行业有哪些创业或创新的机会。

3. 你认为国内自贸区有关的各项政策对跨境电子商务的发展有何影响？

练　习　题

第四章

跨境电商海内外市场环境

【教学目的和要求】

本章首先分析全球跨境电商发展的现况和特点，其次对美国、俄罗斯、德国、东南亚及巴西等主要国家和地区的跨境电商发展情况进行介绍，然后对国内的跨境电商发展的政府环境进行梳理，对国内多个部门发布的跨境电商相关政策进行简要的解读，最后简单介绍国内的跨境电商试点城市的情况。

【关键概念】

跨境电商发展趋势	移动电子商务	跨境电商发展政策
跨境电商海关监管	跨境电子商务试点城市	共享经济

国务院关于印发优化口岸营商环境促进跨境贸易便利化工作方案的通知

国务院于2018年10月19日印发《优化口岸营商环境促进跨境贸易便利化工作方案》(以下简称《工作方案》)，旨在贯彻落实党中央、国务院决策部署，深化“放管服”改革，进一步优化口岸营商环境，实施更高水平跨境贸易便利化措施，促进外贸稳定健康发展。

《工作方案》围绕“减单证、优流程、提时效、降成本”等明确了20条具体措施。在“减单证”方面，按照“能取消的就取消、能合并的就合并、能退出口岸验核的就退出口岸验核”要求，进出口环节验核的监管证件在2018年11月1日前由86种减至48种，除安全保密需要等特殊情况外，2020年底前，监管证件全部实现网上申报、网上办理。在“优流程”方面，深化全国通关一体化改革，推进海关、边检、海事一次性联合检查；全面推广“双随机、一公开”监管，从一般监管拓展到常规稽查等全部执法领域；推广应用“提前申报”模式，非布控查验货物抵达口岸后即可放行提离；推进关税保证保险改革，推行进口矿产品等大宗资源性商品“先验放后检测”，推广第三方采信制度。在“提时效”方面，推进口岸物流信息电子化和口岸查验智能化，提高口岸物流服务效能和查验准备工作效率，加快建设多式联运公共信息平台，创新边境口岸通关管理模式，加快开通农副产品快速通关“绿色通道”；加强国际贸易“单一窗口”建设，主要业务应用率2018年底前达到80%，2020年底前达到

100%。到2021年底,整体通关时间比2017年压缩一半。在“降成本”方面,加强口岸通关和运输国际合作,清理规范口岸经营服务性收费,严格执行行政事业性收费清单管理制度,未经国务院批准,一律不得新设涉及进出口环节的收费项目,2018年10月底前对外公示口岸收费目录清单。公开通关流程及物流作业时限,建立口岸通关时效评估机制。到2020年底,相比2017年集装箱进出口环节合规成本降低一半。

根据以上新出台的工作方案,试分析其对跨境电商产生怎样的影响。

跨境电商作为一种全新的贸易方式,逐渐为世人所接受,并开始成为一种消费的习惯。但在全球范围内,不同国家和地区的跨境电子商务发展水平是不一样的,有的国家跨境电子商务的发展水平高、交易量大。但也有很多新兴的跨境电商市场值得我们关注。

每个发展起来或正在发展过程中的海外跨境电子商务市场,在市场的规模、消费习惯、产品定位等方面,都有其自身的特点。关注和把握这些特点,显然有助于跨境电子商务运营策略的制订。

大部分国家或地区,对跨境电子商务的发展持有欢迎和支持的态度,但在具体的政策内容的力度上可能存在差别,在跨境电子商务的具体运营过程中,很有必要及时关注目标市场国家和地区的跨境电商发展政策。

第一节 全球跨境电商发展现况特点综述

近年来,电子商务在全球形成快速发展的态势,而2014年更有全球“跨境电子商务发展元年”之称。纵观全球,电子商务市场发展的现况,其特征主要有如下几点。

一、国际资本市场对电子商务的热情

近几年,电子商务备受资本市场青睐,2014年更是达到一个新的发展高潮,全年共有16家电商分别在纽交所、纳斯达克、法兰克福、伦敦、瑞士及马德里等地成功上市,除了中国的阿里巴巴、京东、聚美优品及途牛(在线旅游)4家和美国的GrubHub订餐、True Car汽车电商、Wayfair家具电商、Coupons. com优惠券4家外,还有西欧、德国的Zalando AG、荷兰的Cnova. N. V、英国的JustEat和Boohoo. com、瑞士的Bravofly Rumbo及卢森堡的eDreams Odigeo 6家时尚电商等。IPO企业的规模越来越大,阿里巴巴和京东上市伊始就跻身全球最大的电子商务公司之列。

2014年的私募市场也异常火爆,O2O和移动电商成为风险投资的热点,融资额再创新高。创业公司在资本的推动下实现了快速发展,很多公司甚至创立不足1年时间就跻身“独角兽俱乐部”(估值10亿美元以上的企业)。

二、国际移动电子商务时代的到来

自2007年苹果公司推出智能手机以来,移动互联网已有十几年的发展历程。2014年在移动电子商务发展史上是一个重要分水岭。根据We Are Social公司数据,2014年9月全球独立移动设备用户渗透率超过了总人口的50%;2015年1月,全球接入互联网的移动设备总数超过70亿台。根据高盛数据,2014年全球来自移动端的交

易量占比为27.2%。根据Criteo数据，2014年第四季度移动端已占全球网络零售交易额的30%。

东亚地区引领了移动电子商务潮流，中日韩三国的移动端交易额占比已接近50%，成为与PC端并驾齐驱的主流渠道，率先进入移动电子商务时代。根据Criteo数据，2014年第四季度日本和韩国分别有49%和45%的网络零售交易额来自移动端。根据艾瑞咨询数据，2014年中国移动购物交易额占比33.0%。在旅游电商领域，根据易观国际数据，2014年第三季度中国已有49.8%的交易量来自移动端。

北美和西欧紧随东亚之后。根据Criteo数据，2014年第四季度英国有41%的交易额来自移动端。西班牙、美国、德国、荷兰、意大利、法国等西方国家的移动端占比均在20%以上。

订餐、租车、旅行等行业成为移动电子商务的重点应用领域，很多创业公司开始越过PC端直接发展移动电商，移动电商将更加深刻地改变未来产业形态。

三、共享经济迅速崛起，改变传统消费方式

2008年国际金融危机使人们对自身的消费模式产生了深刻的反省，共享经济或合作性消费在此背景之下日渐流行，大有颠覆传统消费模式之势。共享经济是通过第三方平台把人们的闲置资源共享给其他人使用，“What's mine is yours，for a fee”。共享经济是一个新的市场、一种新的发展方式，可有效促进社会存量资源的充分利用。中国社科院姜奇平教授将共享经济誉为：“以支配权和使用权分离为标志的这场产权革命，是人类继法国大革命以来，产权制度的又一场巨大变革。”打车应用Uber和民宿租赁网站Airbnb是共享经济的典型代表，两者分别以410亿美元和130亿美元的估值位居全球电子商务企业的第五位和第十位。表4-1为2018年全球十大电子商务公司排名。

表4-1 2018年全球十大电子商务公司排名

排名	公　司	国家	全球流量排名	简　介
1	亚马逊 (amazon.com)	美国	8	亚马逊目前是全球最大的电商平台，每月的独立访问次数超过250万次。1995年成立，最早是做图书起家，现在则扩及范围相当广的其他产品，已成为全球商品品种最多的网上零售商和全球第二大互联网企业
2	淘宝 (taobao.com)	中国	10	淘宝是中国最大的网购平台，拥有近5亿的注册用户数，每天有超过6 000万的固定访客，同时每天的在线商品数已经超过了8亿件，平均每分钟售出4.8万件商品，排名仅次于亚马逊
3	易趣网 (ebay.com)	美国	28	Ebay是第一个提出将市场概念引入电子商务购物车的网站。1995年底在美国成立成立，现在分公司遍布全球范围。并于1998年创立了PayPal，目前PayPal是全球最大的在线支付提供商之一

续表

排名	公　　司	国家	全球流量排名	简　　介
4	天猫 (tmall. com)	中国	35	天猫商城同样是阿里集团下的综合型电子商务网站，虽是后来建立，但因其100%保障品质及7天无理由退货的服务，迅速占领了国内电商网站第二位置
5	全球速卖通 (aliexpress. com)	中国	71	阿里集团旗下唯一面向全球的在线交易电商平台，同时也是国内跨境电商卖家最熟悉的平台之一，被戏称为“国际版淘宝”，与亚马逊、eBay组成全球三大跨境电商平台
6	Flipkart (flipkart. com)	印度	116	Flipkart是由两名原亚马逊员工创立，2007年创立之后迅速在印度占领了电商网站第一。网站的模式非常像亚马逊，flipkart也从书籍开始，现在扩展到其他产品
7	沃尔玛 (walmart. com)	美国	140	沃尔玛作为全球最大连锁超市集团，其电子商务的发展也不可小视，基于全球庞大的线下用户基础，其平台一上线流量就爆棚，虽然近几年增长趋势有所减缓，但是依然能在电商平台排名第7，全球网站排名120名
8	Etsy	美国	180	Etsy其以手工艺品为主要的产品运营，网站集聚了一大批极富影响力和号召力的手工艺术品设计师
9	魅卡多网 (mercadolivre. com. br)	巴西	184	魅卡多是巴西最大的B2C零售电商平台，在巴西的地位相当于国内的“淘宝”，巴西市场一直以来都是跨境电商行业的热门市场，Mercadolivre曾是eBay在拉丁美洲的合作伙伴，是目前为止南美洲最大的电子交易平台
10	Allegro (allegro. pl)	波兰	289	Allegro在波兰非常受欢迎，75%的波兰人都知道该网站，Allegro的品牌认知度在波兰高达98%，Allegro目前在波兰拥有电子商务零售市场份额的57%，每月活跃用户1400万，每月访问1. 65亿次，创造了20亿页面浏览量

共享经济已强势崛起，其代表企业还有酒店实时预订的 Hotel Tonight，查找和共享办公空间的移动应用 LiquidSpace，长途自驾拼车业务 Blablacar，图书分享企业 Book Crossing，短期工作或小零工的新型市场平台 Task Rabbit，还有 Uber 的竞争对手 Lyft、Sidecar、Zipcar，Airbnb 的竞争对手 Vacation Rentals By Owner、Home Away、Housetrip 及中国的途家和小猪短租。

共享经济的发展冲击了传统的经济社会秩序，传统行业对这类新兴竞争对手发起了监管战争，声称这种个人对个人的房屋租赁以及自驾拼车违反了有关住房和交通的国家及地方法规。税务机关也盯紧了初创企业财务收入中的应税部分。共享经济的长远发展还需要政策层面的有效突破。

四、电商大促引发全球购物狂潮

全球最著名的两个电商促销节日分别是美国的“网购星期一”和中国的“双十一”。网络促销节已成为全球电子商务发展的重要时代特征。11 月和 12 月是美国的圣诞购物季。根据全美联盟(NRF)数据,2014 年这 61 天的销售额达到 6 169 亿美元。其中,以“黑色星期五”“超级星期六”“感恩节”“网购星期一”和“绿色星期一”“免费送货日”6 天销量最大。“超级星期六”“黑色星期五”和感恩节最初是以传统商场为主,但电子商务占比已经很高。根据研究机构 Shopper Trak 的数据,在 2018 年的“黑色星期五”线上销售额达到了 62.2 亿美元。“黑色星期五”是指感恩节后的第一天,这一天通常被认为标志着圣诞购物季的正式开始。

“网购星期一”“绿色星期一”和“免费送货日”是以在线零售为主。根据 ComScore 数据,“网购星期一”是美国第一大在线零售节,2014 年的交易额达 25.85 亿美元;其次是“绿色星期一”“黑色星期五”的在线零售交易额分别达到 19.41 亿美元和 13.7 亿美元;“免费送货日”位居第五。在 11 月和 12 月的购物季,美国桌面网络购物额超过 530 亿美元,同比增长 15%。

“黑色星期五”和“网购星期一”等购物节日起源于美国,后蔓延到英国、法国、德国、加拿大等西方国家,阿根廷、巴西等拉美国家,澳大利亚和新西兰等澳洲国家。《每日邮报》报道,2014 年英国“网购星期一”销售额约 6.5 亿英镑。“网购星期一”在这些国家也结合了本国特征,如俄罗斯的“网购星期一”在每年的 1 月。

“双十一”是中国最大的网络促销节。尽管主要在中国一个国家,但单日交易额却位居全球之冠。2018 年“双十一”当天我国的网络零售总额超过 2 135 亿元人民币,又创新一年的销售纪录。除“双十一”外,我国还有其他多个网络促销节日,如京东发起的“6·18”大促、淘宝发起的“双十二”等。

五、机器人技术引领仓储配送领域新革命

相对而言,仓储配送是整个电子商务市场比较传统的领域。随着人们对效率要求的不断提高,仓储配送领域也在酝酿一轮新的革命,以机器人为代表的新技术将极大提升仓储配送效率。

(一)仓储机器人极大提升效率

在仓储管理领域,亚马逊的现代化程度位居全球电商前列。2014 年 11 月,亚马逊公开了其新一代,也是第八代运营中心(fulfillment center)。新的运营中心使用 Kiva 仓储机器人,并配备了全球最大的机械手臂 Robo-Stow,用以搬运大量的货物。借助新的视觉识别系统,一整车货物卸货入库的时间从以前的数小时下降到 30 分钟。亚马逊目前已经在全美部署了 10 个第八代运营中心,Kiva 机器人的数量达到 15 000 个。

在大洋彼岸的中国,2014 年 10 月京东在上海的“亚洲一号”物流中心项目第一期投

入使用;2018 年 3 月,顺丰旗下公司拿到无人机航空运营(试点)许可证;阿里菜鸟网络也同样开展了无人机方面布局;苏宁物流无人机乡村飞行距离已超过 5 万千米;在海外,UPS、亚马逊等大型物流公司、电商平台也纷纷试水无人机概念,使亚洲电商的仓储水平达到世界前列。

(二)无人机将使即时送达成为现实

提高配送速度是提升用户体验的有效手段,是电商不懈努力的目标。当前,中国电商的配送速度位居全球首位,京东 70%以上的自营订单是当日送达或次日送达。亚马逊为其 Prime 会员提供的是两日送达服务。为进一步提升配送效率,亚马逊于 2013 年 12 月公开无人机送货计划(Prime Air),将实现 30 分钟送达,引起业界的极大关注。无人机如大规模应用,快递领域将发生一场革命,即日送达将成为现实。

无人机的投入使用需要政府部门的许可,德国在这方面走在了前列。2014 年 9 月,德国政府批准物流公司 DHL 的申请,许可 DHL 使用无人机向尤伊斯特岛运送包裹。这是世界首例无人机快递的实际运用。

六、印度和非洲等新兴市场爆发

北美、西欧、中国、日本是全球四大电商市场,发展相对成熟。2014 年,电子商务渗透到其他国家和地区,特别是印度和非洲市场呈爆发发展势态。

印度拥有可媲美中国的人口基数,传统商业不发达,电子商务起步较晚,未来市场空间巨大。Forrester 数据显示,2013 年印度电子商务市场规模为 130 亿美元。2014 年印度电商开始呈现蓬勃发展之势。

印度最大电子商务集团 Flipkart 在 2014 年 5 月以 3.4 亿美元的价格收购了印度最大的时尚门户 Myntra。Flipkart 在年内先后融资三次,估值由 2013 年底的 16 亿美元上升到 2014 年底的超过 100 亿美元,位列全球十五大电商之列。

亚马逊于 2013 年 6 月正式进入印度市场,并于 2014 年 8 月宣布投资 20 亿美元扩张其印度业务。日本软银对印度科技领域投资已超过 8 亿美元,并表示将会进一步加大投资。软银在印度的投资包括对该国第三大电子商务公司 Snapdeal 的投资。Snapdeal 在 2014 年 10 月募集到 6.27 亿美元资金。

非洲本土电商于 2011 年前后起步,以尼日利亚最为突出。网络零售商 Jumia 于 2012 年成立,业务范围已拓展到尼日利亚、喀麦隆、埃及、加纳、科特迪瓦、肯尼亚、摩洛哥、乌干达、坦桑尼亚和英国 10 个国家。除此之外, Konga、Dealdey、hotels. ng、Washist. com、Foodstantly 等电商也快速发展,改造着非洲落后的生产和生活方式。

当前,新一轮科技革命和产业变革正孕育兴起,互联网重构着传统的商业模式,改变着人们的生活方式。展望未来,电子商务将在此次大潮中继续引领发展,成为构建未来新型商业文明的重要基石。

第二节 全球主要国家和地区电商发展概况

一、美国电子商务发展现况及预测简要

Forrester 公司预计，2019 年美国网络零售额将达到 4 800 亿美元。随着数字商品变得成熟，实物将引领电子商务领域的增长。Forrester 的预测报告为电子商务和渠道战略专业人士提供了见解，即哪些品类的增长速度最快以及如何能够在竞争日益激烈的网上零售环境中获取更多市场份额。

（一）移动电子商务驱动电子商务发展

智能手机的快速普及仍然是电子商务的主要驱动力，因为上网时间更长的消费者更有可能参与网上交易。

（二）线下产品将引领电子商务领域的增长

大约 69％的美国网民经常在网上购买产品，这些人 16％的购物发生在网上。2014 年，网上销售最大的两个品类——服装及配饰（480 亿美元）和消费电子产品（300 亿美元）——共同占超 1/4 的电子商务销售额。虽然书籍和音乐等媒体商品之前驱动了网上销售的增长，但目前的增长驱动力是其他实物商品。Forrester 的预测强调了颠覆电子商务行业的以下几个趋势。

（1）热销品类随时间而变化。当电子商务在 2000 年开始增长时，热销商品是计算机和 PC 周边电子产品；而今天的热销品类是服装。随着网上销售持续增长，消费者正在购买各种品类的商品。

（2）后发品类增长速度更快。由于消费者习惯在网上调查一切，在网上购物也逐渐变得更加舒适。超过 1 万亿美元的线下销售受到了网上调查的影响。这给一度落后于其他品类的后发品类带来了机会，如家具和汽车零部件销售，这两者目前的增长速度快于电子商务的平均增速。

（3）数字商品的增长率最低。媒体品类不再是电子商务增长的主要推动力。为什么会这样呢？因为如今的许多大众媒体已逐渐转为数字发行。事实上，Forrester 预测到 2019 年，96％的音乐和 2％的软件销售额将来自网购。

（4）食品和家居建材两大品类仍专注于线下。能够触摸、感觉实物以及能够立即从临近地点购买对于食品和家居建材至关重要。此外，由于线下和线上食品店之间缺乏价格优势，消费者没有理由在走进商店之前在网上调查食品采购。

（三）网络零售日趋成熟，只有专注者才能生存

随着网络零售趋于成熟，许多零售商的增长速度显著地超过了行业平均增长速度，并从创新力不足和行动缓慢的网络零售商手中抢夺了市场份额。在 Forrester 每年发布的《网上零售现状》调查中，74％的受访零售商表示 2014 年网上销售额的增长率比 2013 年

至少高10%，而27%的受访者表示增长了25%以上。为了在未来几年保持竞争力，零售电子商务高管必须做到以下几点。

(1) 优化移动业务。越来越多的电子商务正转移到智能手机上。虽然商家，特别是小商家无法发现投资自己专有应用的价值，但是零售商却发现为移动浏览器优化网站对于应对来自移动设备的流量至为关键。也就是说，很少有一致的方法来为移动设备进行优化。一些公司发现自适应设计可以解决很多问题，但其他人发现该方法仅适用于一些特定环境中。为了解决这个问题，绝大多数受访零售商表示他们外包了移动开发并与第三方合作。

(2) 匹配积极的配送优惠。把产品配送到网购者手中只是电子商务的其中一项成本，继续把配送作为利润中心的公司将走向灭亡。配送一直是消费者选择网购的重要因素之一，企业需要积极地为此制定预算。也就是说，在任何时候都提供无门槛的免运费是不必要的。相反，零售商应该了解自己的竞争优势并采取相应的行动。例如，Target把配送门槛降至25美元，以更有效地与配送门槛更高的亚马逊和沃尔玛竞争。

(3) 谨防数据泄露的风险。对于零售商来说，数据泄露是可怕的。它不仅带来财务成本，还会带来名誉损失。由于商家存储、分析和数字化使用来自更多来源的更多购物者、供应商和产品数据，他们需要敏锐地意识到如何正确地保护数据。55%的网购者表示在网上购物时关心个人隐私和安全。许多零售商已经在努力地解决这些问题：零售CIO(chief information officer，首席信息官)把数据和支付安全性作为其优先事项之一，确保最高级的IT主管关注这个话题，并与他们一起使安全性成为共同技术议程的核心要素。

(4) 选择全渠道战略。所有拥有网站的零售商都需要一个全渠道战略以提高网店的效率和配送的成本效益。无尽的通道功能使零售商能够“拯救销售”，而相对于中央配送中心来说，分店配送计划可以更便宜、更快速地配送产品。事实上，全渠道战略是商家在2015年的优先事项之一，仅次于移动，但要注意糟糕的执行力：如果没有办法充分利用现有的联营店，单独配送很快就会变得非常昂贵。

二、俄罗斯电子商务市场现状简报

说到俄罗斯的电子和移动商务市场，其中蕴含的无限商机不禁让人垂涎不已，而要想充分挖掘这块市场的潜力，必须要知道俄罗斯顾客的消费心理，并且迎合他们的需求。下面将通过数据深入了解俄罗斯消费者购物心理和消费习惯。

(一) 俄罗斯电商市场未来商机

俄罗斯横跨亚欧大陆，在“一带一路”倡议的实施中占据着重要的国际地位，是一带一路地区最大的电商市场之一。据了解，俄罗斯2018年电子商务市场收入达到180亿美元，预计到2021年的市场交易量将达到至少230亿美元。俄罗斯2018年的电子商务用户渗透率达到了56.12%，预计到2020年将达到61.44%，具有较大的增长空间。

(二) 移动端业务发展乃重中之重

Planet Retail公司对俄罗斯消费者的调查结果显示，53%的消费者通过移动设备连接互联网,其中27%通过移动端购物,与英国的62%相比,这个数据相对少很多。从俄罗斯的网络购物开支的情况来看,77%是通过电脑下单,只有7%是用手机进行交易。

这些数据显示俄罗斯消费者还没有完全接受移动电商,不过未来会发生明显变化,因为调查发现39%的消费者认为他们今后会使用手机购物。所以商家要满足消费者的需求,而且消费者正迅速接受移动端购物。

鉴于消费者还未习惯于移动网络交易,应首先优化购物网站。这项调查发现如果有更多优化的移动购物网站可供选择,38%的俄罗斯消费者会更常上网购物,而且37%会更倾向于选择提供了移动端购物网站的零售商。

(三)俄罗斯电商物流发展缓慢、消费者信心不足

要吸引更多的俄罗斯消费者上网购物,零售商需要重点关注两个方面:付款和物流。调查数据显示,75%的受调查者称如果网上支付的安全性提高,他们会更多地进行网络购物。75%的受调查者表示如果有多种付款方式可供选择,如货到付款,他们也会提高上网购物的频率。61%的受调查者称他们会选择采用货到付款和现金支付方式的零售商。

关于物流方面,48%的俄罗斯消费者选择快递到家,英国是87%。56%的俄罗斯消费者更喜欢线上购买线下取货,52%会到固定地点取货。在英国,这两者的比例分别为35%和12%。

这样看来,俄罗斯消费者似乎对零售商的物流能力没有太多的信心,也不相信产品可以送到家门口,82%的消费者称如果物流更加方便,他们也更愿意网购。69%的消费者会选择提供便利取货点的零售商。67%的消费者表示更加灵活的快递时间和方式是影响他们选择零售商的重要因素。

(四)注意价格透明度

据Planet Retail的数据发现,57%的俄罗斯消费者希望可以利用手机方便快捷地比较价格,因此零售商需要注意价格透明度,解决价格不透明的问题。49%的消费者希望在手机上购物时可以获得购物积分或者返现,37%的消费者希望商家能实时满足自己的需求。移动渠道不仅是能产生销售额的工具,也是俄罗斯零售商培养客户忠诚度的途径。

零售商不仅仅是需要加强购物者的体验。调查发现42%的俄罗斯消费者期望可以用手机订购脱销产品并且送货上门。42%的消费者想把手机作为支付工具。因此在俄罗斯,手机不仅成为一种购物方式,它也将成为重要的支付手段。所以能对此作出应对措施的零售商将拔得头筹。

随着智能手机用户增多,越来越多的人把手机作为重要的上网工具。在开发俄罗斯网络零售市场中,移动端的重要性不言而喻。

所以总结来说,要获得俄罗斯消费者的青睐,必须解决移动端的相关问题,并且提供灵活多样、快速且物有所值的物流,让他们能够使用多种付款方式。

三、德国电子商务发展情况概述

无论是在欧洲市场还是在全球市场,德国电子商务都占有举足轻重的地位。电子商

务在德国发展比较成熟。德国为世界第三大出口国及欧洲第一大经济体,语言为德语,互联网覆盖率为83%,人均GDP(国内生产总值)接近5万美元,在线消费者高达5 200万,是欧洲网民数量最多的国家。德国电子商务成交额占欧洲电子商务市场的25%,在世界电子商务成交量中排名第五。同时,德国在跨境电子商务的发展方面也走在世界前列,仅次于美国和英国,成为世界上第三大跨境电子商务国家。2013年,欧洲主要国家和地区的电子商务平均增长率达到了17%。涨幅前三位分别是德国(33%)、俄罗斯(28%)、东欧地区(22%)。整个欧洲电子商务市场,英国占了将近1/3的份额,法国占1/6,德国也占将近1/6。这些数据显示了德国在电子商务市场的巨大潜力。

作为欧洲最大的电子商务市场之一,最多的人口和网络用户,以及高消费能力使德国的电子商务发展迅速。上网购物已经成了大部分德国人的日常习惯。

(一) 德国电子商务基本情况

1. 消费者特点

截至2017年,德国是欧洲拥有网络用户人口最多的国家。德国总人口8 315万人,德国网民占总人口的百分比达到84.4%。

研究数据显示年轻人更喜欢在网上进行购物。15岁到29岁年龄段的人,差不多100%会进行网上购物,是网上最活跃的消费者群体。但是,2012年,年龄在65岁以上的网上购物人群的增长率却是最快的(与2007年相比增长了27%)。55岁左右的人群正在成为越来越多零售商的目标人群。他们比他们的父母当时要更活跃以及更健康,并且他们具有更高水平的消费能力。

2. 网购商品品类

欧洲电子商务报告表明,服装鞋帽、图书、家电类产品的交易额最大。54%的德国网上购物者会购买服装鞋帽类商品,超过了欧洲其他任何一个国家,47%的消费者会购买图书类产品。报告中调查的网上购物者中只有5%的消费者打算增加他们在实体零售店的购买,43%的人表示他们会增加在网上的购买。电子商务在其他领域也有很快的增长。对于9/11的产品品类,德国的网上消费者更喜欢实体店销售方式。同时实体店零售也是多渠道销售战略的基础。对于电子产品、计算机、图书、音乐、电影和视频游戏等产品,相对于实体零售方式,网上销售更受消费者欢迎。1/3的实体店销售是消费者在网上进行搜索研究之后进行的购买,产生了920亿欧元的贸易额,相当于2/3的实体店零售总量。

(二) 消费者网络购物的影响因素

1. 商品价格

电子商务由于缩短了交易流程,因此相对于传统贸易,其交易成本大大降低,消费者从这种新的贸易模式中受益,电子商务商品相对于传统实体店商品价格偏低。这也成为消费者进行网络购物的很重要原因,同时极大地促进了电子商务的发展。德国作为比较成熟的电子商务市场,消费者的网络购物习惯已经形成,39%的德国在线消费者认为,其在进行网络购物时最重要的因素之一是商品是否低价。

2．物流服务

受到德国长期邮购业务的发展的影响，德国的物流发展比较完善。完善的物流服务提供了更好的购物体验，其中77%的消费者希望货物能在2～5天内送达，91%的消费者表示不能接受6天或者6天以上的送货时间。除配送时间外，大约有40%的消费者认为，在线购买的商品是否提供包邮服务是影响他们作出决定的重要因素。一般情况下，网上购物的退货率比较高，从电子产品的5%～10%，到时尚消费品的70%。而德国的退货率在欧洲是最高的。究其原因主要是德国消费者更加注重产品质量，对商品品质期望较高。此外，德国网上购物消费等方面的法律比较完善，有效地维护了消费者权益。同时德国消费者被认为是风险规避型的消费者，他们希望有较长时间的付款确认，德国良好的物流水平影响了消费者的购物习惯，德国人网络购物时偏爱的付款方式也提高了退货率（PayPal或凭账户）。

3．售后服务

在之后的售后环节，消费者有1～2年的保修时间。这跟其他市场的情况很不一样，其他地方的保修服务是需要单独购买的。德国拥有完善的消费者权益保障方面的法律。

（三）德国电子商务发展的新特点

消费者越来越希望他们能够在浏览、购买、退回商品，以及售前售后服务中有更多的选择以帮助他们更好地作出去哪消费，以及何时消费的决定。因此，为了零售业能够成功，整合不同的营销渠道变得越来越重要。

1．德国跨境电子商务发展情况

在欧洲各国消费者中在国外网站上购买过商品的消费者比例方面，德国46%的在线消费者拥有跨境网络购物的经历。从跨境网络购物消费者数量上来讲，德国拥有欧洲最多的跨境电子商务消费者，达到了3 380万人，在欧洲国家中位列第一。

欧洲消费者在亚洲国家中购买最多的是中国商品，大约有3 000万的欧洲消费者在中国的网站上进行过购物，其中英国消费者为830万，德国消费者为620万，西班牙消费者为500万，以及来自北欧国家的消费者为190万。

德国46%的消费者，即3 300万的德国消费者有过跨境网购的经历。这些消费者购买最多的产品分布是来自英国、美国和中国。在德国进行跨境网购的国家中，15.4%的消费者从英国网站购买过商品，贸易额为1 100万货币单位，是德国消费者进行跨境网购最受欢迎的国家，12%的消费者在美国的网站上购买过商品，贸易额为860万货币单位，排在第三位的是中国，德国消费者中有8.6%曾经在中国的网站上购买过商品，贸易额为620万货币单位。

德国消费者进行跨境网购最多的商品是衣服鞋帽类，占到消费者比例的19%。家电类产品在跨境网购中也比较受德国消费者欢迎，16%的消费者会购买家电类产品。接着是CD类商品。

2．移动电子商务

智能手机以及平板电脑的流行被看作德国电子商务快速发展的原因之一。德国消费者通过移动设备进行消费的增长迅速，成为德国电子商务发展的一个重要特点。2013

年，移动电子商务贸易额为49.7亿欧元，达到在线交易总量的10%。2015年，德国移动设备渗透率13.1%，平板电脑渗透24.9%，智能手机渗透率62%。

德国人网上购物的途径正在迅速从电脑到移动设备发生改变，2015年53%的网上购物的消费者通过移动设备进行网上购物(包括智能手机和平板电脑)，与2012年的使用率相比，增长了50%。

智能手机及平板电脑在人们网上购物的过程中具有重要作用。6%的智能手机使用者表示，他们的所有商品的购买都是通过手机进行的。智能手机能够使它们的使用者在任何时间、任何地点都可以接触到市场信息，这种需求为零售商及广告商带来了机遇，同时也带来了很大的挑战。

3. 物流模式不断创新

B2C的快速发展，导致物流配送成本的大量增加，因为B2C模式的商品特点为少量多频次。物流业之间的竞争也会加大各物流商的压力，物流服务提供商加大对物流网络及服务的投资也会增加物流业成本。各大零售商正在促进他们O2O的发展，服务名称为click and collect，即线上购物，然后去实体零售店提取货物。面对电子商务快速发展带来的压力，德国物流企业积极进行不同方面创新，提出了当日达等新服务模式。

(四) 德国电子商务发展情况对我国的启示

1. 加快物流基础设施建设

受到德国长期邮购业务的发展的影响，德国的物流发展比较完善。像Hermes Logistics和GLS提供到门的配送服务，有超过10 000个包裹收发服务点。物流领域的竞争使德国成为欧洲配送价格最低的国家，在德国，有很多物流公司可以提供可靠的SKU、拣选和包装服务。德国物流的发展情况无论是在欧洲还是在世界上都处于领先水平。德国的物流系统发展完善，对于提高企业物流效率、降低成本有重要作用。并且当德国的电子商务发展时，德国的物流能够提供很好的支撑，加快电子商务的发展。德国政府一直重视投资物流基础设施建设，并且不断加大对物流的基础设施建设，其物流成为对GDP贡献最大的几大产业之一。而我国的物流发展水平低，成为制约电子商务发展的重要原因之一。像京东等企业已斥巨资建设自己的物流，以改善消费者的体验。我国政府应继续引导物流发展，加大物流基础设施建设，提高物流效率，从而更好地降低企业运营成本，促进相关产业发展。

2. 完善相关法律

德国关于电子商务制定了多种多样比较完善的法律。德国关于电子商务、隐私权、数据保护等方面制定了不同的法律，在消费者权益保护、数字签名等方面也制定了法律。关于数据保护，德国制定了各种各样的不同层次的法律。在德国，关于电子商务方面消费者权益保护的法律多种多样。German Civil Code和Introductory Law to the Civil Code这两部法律是德国把European Directives中关于远距离销售的法律根据德国情况作出的适当的修改。在2014年6月13日开始实施的the Law implementing the Directive on Consumer Rights (2011/83/EC)，对上面这两部法律做了补充修订。the Unfair Competition Act包括关于广告方面的法律规定，the Regulation on Price Quotations对商品标签、价格标识等作出了规定。我国电子商务法律处在不断完善的过程中，政府应在借鉴国外经验的基础上加大对电子商务各方面的规范，从而有效促进电子商务发展，保护消费者权益。

四、东南亚国家跨境电子商务调查研究

（一）越南、马来西亚和泰国的跨境电子商务发展状况

Payvision和FSA研究项目联合开展的亚洲市场跨境电子商务研究报告指出，马来西亚全部子商务中大约40%为跨境电子商务，这一比例远高于日本（18%）和韩国（25%）的跨境电子商务。同时，马来西亚继日本和韩国之后，成为亚洲第三个与中国贸易额超过1 000亿美元的国家。不仅如此，这个贸易渠道不断在扩大，近年来，广西与马来西亚在经贸、投资、旅游、教育、文化等领域合作成效显著，双方经济互补性强，合作潜力大。中马钦州产业园、马中关丹产业园建设开创了“两国双园”国际合作新模式。2015年6月19日，马来西亚驻南宁总领事馆正式开馆，为广西与马来西亚的交流与合作增添了新的纽带。

1. 本土跨境电子商务平台较为缺乏

跨境电商平台目前呈维度多样化状态。进口零售类电商根据不同业态可以分为如下五大运营模式：海外代购模式；直发/直运平台模式；自营B2C模式；导购/返利平台模式；海外商品闪购模式。以出口为导向的跨境电子商务平台又可以依据不同的交易主体分为商对商、商对单、单对单三种。跨境电商B2B平台从广义上可分为“信息服务平台（以广告引流为主）”和“综合服务平台（以促进订单交易为主）”两种；B2C平台又可称为“跨境在线零售平台”，具有贸易量小、成交频繁的特点；C2C平台大多是附属于B2C平台下的海淘买手们的代购平台。

而由于越南、马来西亚和泰国本土电子商务发展比较落后，几乎都是来自国际电商企业。跨境零售平台的消费和应用在跨境贸易交易服务上，越南、马来西亚和泰国均没有对接国外的跨境电商平台，双边的跨境电子商务交易主要借助国际跨境电商平台得以实现；马来西亚无论是在交易还是服务平台上多依靠于进驻国内的国际企业资源，在跨境电商平台这一方面还未形成一定的规模。如物流多用DHL，支付多用PayPal，在线旅游票务多用亚航、Agoda，跨境电商平台多为阿里巴巴、亚马逊、ASOS；泰国本土大型跨境电商平台主要有泰国贸易网和JIB，其中泰国贸易网（THAITRADE. COM）是由泰国商务部国际贸易促进厅推出的，而JIB原本是一家经营电脑和IT相关商品的泰国公司，后来它上线了自己的垂直电子商务平台，现在已经成长为泰国领先的IT产品在线交易平台。越南电子商务网（ECVN）与泰国贸易网相似，是一种典型的B2B信息服务平台，商家在平台展示产品信息，吸引询盘，双方对接商讨交易细节。此类B2B跨境电子商务平台还停留在信息服务阶段，目前无法提供在线支付、国际物流服务。

2. 网购消费水平和商品品类参差不齐

根据泰国电子商务发展署（ETDA）发布的《2014年泰国互联网使用者行为报告》，25.5%的男性、32.7%的女性、39.1%的第三性别者会选择手机购物，49.1%的男性、

45.1%的女性、50.7%的第三性别者会在使用电脑上网的时候进行网购(网民中,男性占比为43.1%,女性占比为55.6%,第三性别占比为1.3%)。虽然泰国移动互联网发展迅猛,但是消费者更倾向于使用PC端进行购物,因为他们认为这样会更安全。

马来西亚人是疯狂的购物者,91%的马来西亚互联网用户都会进行网上购物,超过50%的网络用户每月至少购物一次,超过85%的用户每月网购消费低于500马币;2013年马来西亚的电商营业额达到3.8亿美元,网购年均消费达到2 000美元。马来西亚在网上支付与国际支付的发展较为完善;拥有很高的互联网普及率和移动手机普及率;当地居民喜欢物美价廉,追求实惠、便宜,热衷购物。加上面向东南亚市场的几大电商平台入驻马来西亚后获得的成功验证了其网购消费市场存在巨大的发展潜力,也是一个进行产品输出的良好市场。

越南电子商务协会2013年的统计资料显示,越南3 500万互联网用户中,有56%进行过网上购物,人均网购金额约120美元。购买服装、化妆品的人数占62%,购买电子产品的占35%,再次为家居用品,最后是机票。其中,越南本土化妆品产业薄弱,市场上的化妆品90%都是从国外进口,本土品牌仅占10%。随着越南中产阶级队伍的壮大,国外知名品牌的一些质量高、名气大的电子产品越来越受欢迎。另外,越南有狭长的海岸线及众多历史名城,南北气候、文化迥异,旅游业逐渐盛兴。

受物流条件和成本的制约,跨境电商的输出输入产品主要还集中在适合销售的商品,主要包括服饰、美容健康、珠宝手表、灯具、消费电子、电脑网络、手机通信、家居、汽车摩托车配件、首饰、工艺品、体育与户外用品等。

3. 跨境电子商务在线支付以银行卡为主

跨境支付是目前实现跨境电子商务快速发展的关键。马来西亚的网上支付平台已经形成一定的规模,其拥有500多万的信用卡活跃用户和十几万活跃的PayPal用户。在网上支付方式中,信用借记卡和网上银行成为主导方式。其中,2012年网上银行使用率占50%,信用卡和借记卡占37.5%,其他方式如PayPal或货到付款等占12.5%。同时,马来西亚政府也正在大力建设网上支付系统,目前当地所有银行都开设了网上银行服务。

泰国的在线支付服务提供商有很多,虽然有很多种在线支付方式可以选择,但是在线支付却并不是泰国电子商务的主流支付方式。在泰国主流支付方式为:购买预付费卡(pre-paid card),如True Money的现金卡,可以在7-11便利店以及莲花超市购买,十分便利,目前使用预付费卡的人数占支付市场的80%以上。市场第二大支付方式为运营商计费,如手机移动支付服务商"易付"、JMT,而这些服务商又依赖于电信运营商来进行流量收费。第三种和第四种才是互联网银行和ATM机支付,占据市场的比例较小,泰国市民普遍对互联网银行的接受度不高,质疑其安全性,而ATM机则是因为渗透率较低没能得到有效普及。泰国网络购物主流支付方式较为原始,他们甚至更喜欢货到付款,直接省去了在线支付这个环节。但是,True Money背后的正大集团,同时也是本土B2C平台We love shopping的股东,也许通过这个在线交易平台,会潜移默化地影响消费者,使其勇于尝试,最终接受第三方支付平台。

在线支付是越南电商市场的一大难题。据越南工贸部统计数据,进行订单网上在线支付的越南消费者比例只有19%,剩下网购消费者都选择的是货到付款。而过去发展过程中出现的一些网上零售欺诈事件和质量问题,也使不少消费者对在线支付存有疑虑。越南的在线支付系统在近年来有所发展,竞争也很激烈,包括越南游戏公司 VNC 研发的 123Pay 和 chodientu 平台的 NganLuong SmartLink、Mobivi、BaoKim、OnePay 等相对较大的支付平台,但是尚未形成在此行业中被广泛接受使用的支付系统,能够让用户始终在该平台上保持黏性。而越南消费者崇尚眼见为实、货到付款的消费心理也极大地影响消费者和电商平台对支付方式的选择。

4. 中国快递公司已经涉足东盟跨境物流服务

打通国际物流渠道,降低跨境电商物流成本,是未来跨境电子商务发展的重点。马来西亚拥有较好的物流条件,如巴生港这个位于全球前列的国际物流港口,是马来西亚规模最大的物流转运中心,中国的顺丰快递于 2011 年 8 月 1 日起开通了马来西亚快递服务;2013 年 10 月又进入泰国快递市场,开通中国至泰国的跨境配送专线,在泰国地区提供较平均市场价格低的六四折的快递服务,并保证快件可在 2~3 个工作日内送到用户手中。2013 年 12 月,顺丰快递正式推出“越南件”,即中国到越南全境的快件服务。

(二) 越南、马来西亚和泰国发展跨境电子商务存在的问题

1. 平台建设缺乏交易各方的政策支持

越南、马来西亚、泰国本土电子商务平台受到国际电子商务大平台的竞争压制,缺乏技术和经验,国内市场大部分被国外入驻的电商企业所占据。而中国出口跨境电子商务平台已呈现几家独大,并且阿里巴巴等企业已经在海外产生了较大的影响力,中马两国的跨境电子商务平台发展差距悬殊,跨境电子商务平台的板块、内容、推广需要根据相应国情进行调整。中国可以对越南、马来西亚和泰国电商网站建立跨境平台进行扶持或加强合作,以促进双边跨境电商联系。

2. 支付及物流需要理顺交易标准

跨境电子商务带来的额度小、频率高订单使得通关、结汇、退税等问题成为国际物流过程中最为显著的问题,由于各国海关条件和法律都存在差异,国际上也没有达成统一的过境标准,急需各国物流平台相互配合,为跨境电商打通过境绿色通道。

3. 与越南、马来西亚和泰国客户的语言交流极度困难

语言是一个能够增加跨境电子商务利润的强大的商业驱动力。大约 67%的被调查企业认为,有相同语言的合作伙伴以及销售团队更能够理解当地文化,并将为跨境电子商务带来更多的利润。欧美资本对越南、马来西亚和泰国的渗入采取了各个击破的深入渗透模式,它们在越南、马来西亚和泰国的主要市场建立了该国家语言的电子商务平台,再在各国设立品牌经销商,线上线下结合紧密,经过几年的发展,已成了比较稳固的基础,这样的非常方法值得借鉴。

(三) 面向东盟开展跨境电子商务的启示

1. 积极制定单边和多边的跨境电子商务政策

全球跨境电子商务的发展已成为必然趋势,中国政府应积极投入跨境电子商务交易全球性争议解决体系的构建中去,成为亚洲的代表以反映发展中国家的诉求。国家应该

做好引导和宣传工作,对跨境电子商务平台的运营商、供应商、消费者进行诸如信息安全、知识产权保护、通关流程等方面知识的普及,加大对打假、计算机网络中的违法犯罪、偷税漏税等行为的监管力度,以提高中国电子商务进出口外贸企业或者个体用户的整体素质,在国际上树立起良好形象。此外,中国可细化跨境电子商务的行业标准和相关专业监管职责。虽近年来中国海关已出台诸多相关政策,以便配合跨境电子商务行业的发展需求,但是还远远不足,完善的通关、结汇、退税体系有待建设,以及相关法律法规政策要不断完善并落实。

2. 充分利用第三方平台开展跨境电子商务

中国的外贸企业要了解东盟国家的相关法律政策,正常通关、结汇、退税;要加强知识产权意识,注重产品质量和产品创新,以及自身品牌建设;还要对交易的安全性提供可靠保障,用良好的服务和真诚打动国外消费者,赢取消费者的信任。同时,要加强与国际物流平台和支付平台的携手合作,或者利用提供综合服务的第三方跨境电子商务平台,增强企业可信度,以合作带来共赢。

另外,还应当注重了解越南、马来西亚、泰国等国家的文化风情,入乡随俗,做到电商本土化,注重采用社交平台营销、邮件营销和手机 App 软件平台营销来强化客户关系,采用当地居民习惯的通信方式,如使用邮件、手机短信、热门手机通信软件等。

中国外贸企业,特别是中小型企业,可利用马来西亚热门的电子商务平台进行产品零售出口,据调查,马来西亚排名靠前的电子商务平台主要有:Lelong. my、Lazada、Groupon、Zalora、eBay、Rakuten、Qoo10、Lamido、Youbeli、Mudah. my。越南排名前十的购物网站是 Lazada. vn、Amazon. com、Thegioididong. con、Xdeal. vn、Horde. vn、Muachungvn、Cure. vn、Cungmua. com、Zamora. vn、Nguyenkim. com。泰国流量最大的前五位电商平台是 weloveshoping. com、tarad. com 、lnwshop、shoppingline. bigc. co. th 以及 lazada. co. th。例如中国的华为、小米、OPPO、联想等手机就是通过马来西亚热门的电子商务平台进行出售,并打开了市场,对整个马来西亚手机行业产生了重要影响。

在物流建设方面,企业可以与国际物流快递公司合作,如联合包裹(UPS)、敦豪速递(DHL)等国际物流快递公司。当前跨境电子商务的物流模式主要包括海外建仓、跨境快递小包、外贸企业之间联合集货、第三方物流平台,以及外贸企业自行集货等。企业可以根据自身情况,选择适合的模式或者进行模式创新。

3. 大力培养小语种的跨境电子商务人才

有资料表明,跨境电子商务特别需要掌握熟练外语+外贸基础知识+熟悉跨境电子商务平台的综合型人才,而目前高校还没有形成专业的教学培养方向,通过整合国际经济与贸易、电子商务等专业资源,加强国际电子商务方面的校企合作,搭建实训实践平台。例如,广西民族大学商学院采用的“3+1”模式,学生在大一上学期选定方向(越南、马来西亚、泰国、印度尼西亚),从大一下学期开始学习方向语言(越南语、英语、泰语、印尼语),大三的时候学生到所选定的语言目标国留学,大四回国实习,学校组织学生到相关外贸电商企业工作。采用教学与实践操作相结合模式,进行模块化教学,这样也能使高校的人才培养方式与企业对人才的要求相符合,实现校企共赢。

五、巴西电子商务市场报告

（一）巴西电子商务的实际情况

据 Ebit Nielse 公布的数据显示，巴西 2018 年电商交易额为 532 亿雷亚尔，与 2017 年相比增加 12%。巴西电子商务市场是拉丁美洲最大的电子商务市场，同时也是巴西国内增长最为活跃的领域之一。

速卖通：巴西超越了俄罗斯、美国等国家，占 13.80% 份额。兰亭集势：巴西仅次于美国的 14.91%，仅少 0.45 个百分点。

（二）巴西互联网购物情况

巴西网络购物人数：2017 年共计 2 240 万巴西消费者进行跨境网购，2018 年巴西网购人数上涨了 1 000 万。

根据巴西地理与统计研究所（IBGE）的数据，尽管巴西只有 61% 的人口能够使用互联网，但其中大约一半是活跃的电子商务用户，这些用户至少进行过一次网上购物行为。2013 年以来，电商活跃用户增长 76.36%，2017 年达到 5 515 万。

巴西人跨境网购：突破 50 亿雷亚尔。

巴西网购用户分布比例：东南部 65%、东北部 13%、南部 13%、中部 6%、北部 3%。

巴西用户网购最看重的因素及其比例：价格实惠 59%、选品丰富 44%、打折促销 40%、免运费 36%。

（三）巴西互联网用户分析

巴西网民花费时间最长的网络应用，其网民数量高达 9 000 万人，男女比例为 49∶51，15～44 岁的网民占比达到七成。巴西买家的购物特点：在品类方面，主要有服饰配饰、运动、鞋包、美容美发、玩具、家居用品等；在风格方面，多休闲大气、配饰夸张、颜色丰富且紧跟潮流；在尺码方面，裤子尺码较大；在物流方面，更偏重免费的物流，时间可为 20～40 天；在购买习惯方面，喜欢和其他买家沟通并查阅其他买家的购买评价。

（四）巴西本土化

巴西人节日：圣诞节、狂欢节、嘉年华节日、母亲节、父亲节、儿童节。巴西物流：巴西邮政、DHL、UPS。寄往巴西的包裹：如果估价超过 50 美元，那么所征收的关税最高达 60%。巴西本地征税：大件产品或者是重量大的，选择使用海外仓，亦可避免征税。

（五）巴西人支付方式

巴西人首选支付方式：Boleto。巴西其他支付方式：信用卡、网银转账，其中信用卡与众不同地分为国内信用卡（包括带 VISA、MasterCard 标和本地卡组织，Amex，所有信用卡都国际通用）和国际信用卡 Boleto 支付方式。

BOLETO 是巴西本土 Bar Code 识别码的一种支付方式，目前在巴西依然占据主导地位，可以到任何一家银行或使用网上银行授权银行转账，具体支付流程如下：

消费者提交并申请支付 Boleto 后，整个支付过程要持续 1～3 个工作日，因为在任何巴西银行进行支付，在确认交易之前各个银行之间需要彼此交流进行数据交换。消费者在商户网站申请付款后，会收到相关单据，一旦消费者申请成功，消费者需要在付款有效期内去银行支付，或通过网上银行、ATM、指定超市或彩票网点支付。

如果用户在规定期限内到相应网点支付成功，相应的合作银行就会收到信息并通知商户，商户一般会在 1～3 个工作日内收到银行 Boleto 支付信息的通知，并在下一天收到银行资金清算信息。

银行需要 1～3 个工作日的时间完成支付，但具体根据银行和地区的不同，支付完成的时间会有差异，但一般情况下是两个工作日内可以收到支付通知，最长不会超过一个星期。商户在收到银行通知的 Boleto 支付成功信息之后，就可以安排发货，而不需要等到资金清算（这个主要与 Boleto 这样的支付方式不存在拒付等行为有关）。（注：买家即使申请了 Boleto 支付，也未必会去进行转账。）

Boleto 退款：Boleto 退款跟原始的支付没有关联，需通过签发支票或银行汇款等方式手动转给消费者，Boleto 会在每次结算的时候扣除退款的金额。（目前为止 Boleto 退款是一件非常麻烦的事情，由于这个过程存在大量的人工操作行为，可以改善的点非常多。）

（六）巴西跨境电子商务多元化

突破语言障碍：小语种网站建设翻译成本较高，可以建立多语言服务，这样会节省很多运营人员成本，推广、优化成本。

支付通道多样化：巴西在线支付的使用率非常高，尽管现在货到付款是巴西电子商务的大挑战，但是人们的习惯并不是那么容易被改变的，结合多元化支付通道，扩大成交量。

推广手段多样化：巴西人喜欢登山户外活动、橄榄球、哑铃、跑步机等，结合这些喜好，同时也要迎合季节、活动时期做推广。

随着物流解决方案的发展，本来就极受欢迎的中国商品必然会加快涌入巴西，未来几年，巴西必然成为电商们的金饭碗，不仅如此，跨境电商企业的竞争将非常激烈。所以，大家一定要找准自己的市场定位，才能更好地赢得市场。

第三节　国内跨境电商政策环境综述

一、阐述 2012—2018 年跨境电商相关政策

近年来，庞大的市场需求为我国跨境电商带来前所未有的发展机遇。国内各大电商巨头依托其已有优势在跨境电商领域快速崛起。国家针对跨境电商出台了众多配套政策及措施，而跨境电商的快速发展离不开政策的到位支持。对此，中国电子商务研究中心发布 2012—2018 年我国跨境电商政策汇总，如表 4-2 所示。

表 4-2　跨境电商相关政策汇总表

出台时间	发布部门	政策名称
2012 年 3 月	商务部	《关于利用电子商务平台开展对外贸易的若干意见》
2012 年 5 月	发改委	《关于组织开展国家电子商务示范城市电子商务试点专项的通知》
2013 年 2 月	外管局	《关于开展支付机构跨境电子商务外汇支付业务试点的通知》
2013 年 7 月	国务院	《关于促进进出口稳增长、调结构的若干意见》
2013 年 8 月	国务院	《关于实施支持跨境电子商务零售出口有关政策的意见》
2013 年 9 月	外汇管理局	《外汇管理局关于支付机构跨境电子商务外汇支付业务试点指导意见》
2013 年 11 月	质检总局	《关于支持跨境电子商务零售出口税收政策的通知》
2014 年 1 月	海关总署	《关于增列海关监管方式代码“9610”的公告》
2014 年 3 月	海关总署	《关于跨境贸易电子商务服务试点网购保税进口模式有关问题的通知》
2014 年 5 月	国务院	《关于支持外贸稳定增长的若干意见》
2014 年 6 月	海关总署	《关于支持外贸稳定增长的若干措施》
2014 年 7 月	海关总署	《关于跨境贸易电子商务进出境货物、物品有关监管事宜的公告》
2014 年 7 月	海关总署	《关于增列海关监管方式代码的公告》
2015 年 1 月	外管局	《支付机构跨境外汇支付业务试点指导意见》
2015 年 5 月	国务院	《关于大力发展电子商务加快培育经济新动力的意见》
2015 年 5 月	质检总局	《质检总局关于进一步发挥检验检疫职能作用促进跨境电子商务发展的意见》
2015 年 6 月	国务院	《关于促进跨境电子商务健康快速发展的指导意见》
2015 年 7 月	质检总局	《质检总局关于加强跨境电子商务进出口消费品检验监管工作的指导意见》
2015 年 9 月	海关总署	《关于加强跨境电子商务网购保税进口监管工作的函》
2016 年 1 月	国务院	《关于实施支持跨境电子商务零售出口有关政策意见的通知》
2016 年 1 月	国务院	《国务院关于同意在天津等 12 个城市设立跨境电子商务综合试验区的批复》
2016 年 2 月	税务总局	《税务总局等五部门关于口岸进境免税店政策的公告》
2016 年 3 月	财政部	《财政部等关于跨境电子商务零售进口税收政策的通知》
2016 年 4 月	发改委等 11 个部委	《发改委等 11 部门关于公布跨境电子商务零售进口商品清单的公告》
2016 年 5 月	国务院	《国务院关于促进外贸回稳向好的若干意见》
2016 年 5 月	质检总局	《质检总局关于跨境电商零售进口通关单政策的说明》

续表

出台时间	发布部门	政策名称
2016 年 10 月	海关总署	《关于跨境电子商务进口统一版信息化系统企业接入事宜公告》
2017 年 8 月	质检总局	《质检总局关于跨境电商零售进出口检验检疫信息化管理系统数据接入规范的公告》
2017 年 11 月	国务院	《国务院关税税则委员会关于调整部分消费品进口关税的通知》
2017 年 11 月	商务部等 14 个部委	《商务部等 14 部门关于复制推广跨境电子商务综合试验区探索形成的成熟经验做法的函》
2018 年 3 月	海关总署	《中华人民共和国海关企业信用管理办法》
2018 年 7 月	商务部等 20 个部委	《关于扩大进口促进对外贸易平衡发展的意见》
2018 年 7 月	国务院	《国务院决定在北京等 22 个城市新设跨境电商综合试验区》
2018 年 9 月	财政部	《关于跨境电子商务综合试验区零售出口货物税收政策的通知》
2018 年 10 月	国务院	《李克强主持召开国务院常务会议，确定完善出口退税政策加快退税进度的措施等》
2018 年 10 月	国务院	《优化口岸营商环境促进跨境贸易便利化工作方案》
2018 年 11 月	海关总署	《关于实时获取跨境电子商务平台企业支付相关原始数据有关事宜的公告》
2018 年 11 月	财政部	《跨境电子商务零售进口商品清单(2018 年版)》
2018 年 11 月	商务部、发改委、财政部等 6 个部委	《关于完善跨境电子商务零售进口监管有关工作的通知》
2018 年 11 月	财政部	《关于完善跨境电子商务零售进口税收政策的通知》
2018 年 12 月	财政部	《关于跨境电子商务零售进出口商品有关监管事宜的公告》

从这些文件可以看出，在国务院办公厅的要求及商务部、发改委的协调下，外汇局展开了跨境支付的试点，海关总署明确了对跨境电商的监管流程，质检总局提出了对出口跨境电商的指导意见，财政部/税务总局制定了出口跨境电商的退税政策。然而，一些部门仅出台了对出口跨境电商的政策，并不涉及进口。另外，有些政策还不够“接地气”，没有真正考虑到跨境电商行业的实际困难。下面，根据各个政府部门，依次解读相关政策文件。

（一）国务院办公厅

出口是拉动经济增长的“三驾马车”之一，进口是平衡国际贸易、提升国民生活质量的重要方式。然而，前几年全球经济的衰退，使得我国对外贸易面临严峻挑战。因此，国务院办公厅分别在 2013 年 7 月和 2014 年 5 月下发了《关于促进进出口稳增长、调结构的若干意见》和《关于支持外贸稳定增长的若干意见》指导文件，以提升对外贸易。其中，跨境电商作为一种新兴的贸易方式，在这两份文件中都有提及。也即，跨境电商已成为国务院对外贸易文件中的常态事项。

在《关于促进进出口稳增长、调结构的若干意见》中，特别强调完善多种贸易方式，要求“积极研究以跨境电子商务方式出口货物(B2C、B2B 等方式)所遇到的海关监管、退税、检验、外汇收支、统计等问题，完善相关政策，抓紧在有条件的地方先行试点，推动跨境电子商务的发展”。可见，国务院希望先大力推动出口跨境电商，通过扫除出口电商中遇到的政策阻碍，提升零售出口额。

在《关于支持外贸稳定增长的若干意见》中，国务院再次重申“出台跨境电子商务贸易便利化措施”，并明确商务部、发改委、财政部、海关总署、税务总局、质检总局、外汇局为相关负责单位。该文中提及的不再仅仅是出口跨境电商，而是包含进口、出口两方面的跨境电子商务贸易，其传递的信号是：出口跨境电商需要先行试点，但各部委也要制定进口跨境电商的便利化措施。

对于出口跨境电商，最具标志性意义的文件是国务院办公厅转发的《关于实施支持跨境电子商务零售出口有关政策的意见》(89 号文)。这个文件由商务部、发改委、财政部、人民银行、海关总署、税务总局、工商总局、质检总局、外汇局九部委联合起草，并于 2013 年 8 月由国务院转发至各级政府、各部委和各直属机构。根据该文，国家层面对出口跨境电商的政策支持主要有以下六项。

1. 通关便利化

通过“清单核放、汇总申报”的新型海关监管模式，出口电商企业只需在网上递交相关电子文件，并在货物实际出境后，再申请报关单。

2. 检验检疫便利化

整体上，还是实行全申报制度，但以检疫监管为主，一般工业制成品不再实行法检。此外，出口电商企业可以集中申报、集中办理相关检验检疫手续。

3. 收汇结汇便利化

此前外汇局颁布了 5 号文，在相关省市进行跨境电商收汇结汇试点，出口电商企业凭海关报关信息即可正常收汇结汇。

4. 跨境支付便利化

鼓励银行机构和获得批准的第三方支付机构提供跨境支付服务，使出口电商企业可以通过国内的银行和支付机构进行收汇结汇。

5. 出口退税便利化

财政部和税务总局将为出口跨境电商制定相关的税收政策，让出口电商企业也能和传统贸易企业一样，享受国家的退税补贴。

6. 电子商务出口信用体系建设

出口电商中，部分企业的商业行为侵犯了他人知识产权，有的企业甚至销售假冒伪劣产品，严重损害了国家产品形象。因此，工商总局建设电子商务信用体系，有助于规范行业秩序，保护守法企业的商业利益，促进跨境电商行业健康持久发展。

在国务院颁布 89 号文之前，人民银行、外汇局已组织了相关试点省市和试点支付机构进行跨境电商收汇结汇的探索，也即第 3、4 项已经开展了。对于第 6 项内容，一方面现有的法规足以覆盖出口企业的侵害知识产权及其他违法问题，另一方面 2019 年 1 月 1 日起《中华人民共和国电子商务法》正式施行，从法律层面构建电商信用体系。

在 89 号文发布之后，针对第 1 项，海关总署发布了《关于跨境贸易电子商务进出境货物、物品有关监管事宜的公告》(56 号文)，并增列了 9610、1210 海关监管代码。针对第 2 项，国家质检总局制定了《关于支持跨境电子商务零售出口的指导意见》。针对第 5 项，财政部、国家税务总局联合发布了《关于跨境电子商务零售出口税收政策的通知》。

从以上分析可以看出，作为国家最高行政机关，国务院非常重视跨境电商，尤其是出口跨境电商，然而，这并不代表国家不支持进口跨境电商。2014 年 9 月 30 日，国务院总理李克强主持召开国务院常务会议，确定了加强进口的 5 条政策措施，其中包括"搭建进口贸易平台，在公平竞争原则下，利用跨境电子商务等新模式增加进口"。截至 2014 年 10 月，国家已经批准了郑州、上海、杭州、宁波、重庆、广州、深圳 7 个城市进行进口跨境电商的试点。因此，从国家政策层面来看，国务院既鼓励出口跨境电商，也开放进口跨境电商。

（二）发改委

2012 年 5 月，国家发改委下发了《关于组织开展国家电子商务示范城市电子务试点专项的通知》。在该通知中，发改委委托海关总署组织有关示范城市开展跨境电商服务试点工作，以解决快件或邮件通关中的快速通关、规范结汇及退税等问题。

根据各地跨境电子商务的现实情况，从东、南、西、北、中的布局考虑，发改委和海关总署最后批准了郑州、上海、杭州、宁波、重庆 5 个城市作为首批试点区域。2012 年 12 月 19 日，由发改委和海关总署联合推出的中国跨境贸易电子商务服务试点工作部署会在郑州召开，标志着中国跨境贸易电子商务服务试点工作全面启动。按照发改委要求，试点工作的重点是"支持电子口岸建设机构完善跨境贸易电子商务综合服务系统，外贸电子商务企业建立在线通关、结汇、退税申报等应用系统"。此后，各试点城市依次推出了相应的跨境电商服务平台。例如，郑州的"E 贸易"、宁波的"跨境购"等。

发改委组织的跨境贸易电子商务服务试点项目，一方面通过专项资金支持，对相关项目进行补助；另一方面鼓励有条件的城市先行先试，进而摸索出一套跨境电商相关基础信息标准规范、管理制度，以提高管理和服务水平。目前，有越来越多的城市被列为国家电子商务示范城市，并开展跨境电商服务试点。虽然整个试点工作具体由海关总署负责，但发改委却在背后起到了积极的推动作用。

（三）商务部

促进对外贸易一直是商务部的重点工作内容。跨境电商的兴起，早就引起了商务部的重视。从 2010 年下半年起，商务部启动了重点推荐对外贸易电子商务平台的工作。2011 年 4 月，商务部公示了 2011—2012 年重点推荐的外贸第三方电子商务平台(简称"重点平台")，分别为阿里巴巴速卖通、敦煌网、中国制造网和中国诚商网。

2012 年 3 月，商务部下发了《关于利用电子商务平台开展对外贸易的若干意见》，该文件明确了对出口跨境电商的两项政策支持：①资金支持。文件要求各级商务主管部门充分利用中小企业国际市场开拓资金等，支持重点平台对企业开展人员培训、品牌培育、宣传推介等服务;鼓励企业成为重点平台会员,各地结合实际情况,给予资金支持。②服务支持。根据文件,商务部将把重点平台作为重点联系企业,重点平台所在地商务主管部门要将重点平台作为重点服务企业,协调解决其在开展对外贸易业务中遇到的重大问题。此外,各级商务主管部门要会同相关部门积极推动解决利用电子商务平台开展对外贸易过程中的通关、退税、融资、信保等政策性问题。

2013 年 8 月,国务院办公厅转发了九部委起草的《关于实施支持跨境电子商务零售出口有关政策的意见》(89 号文)。其中,商务部牵头负责政策制定、实施指导、效果评估及政策宣讲等工作。

可以看出,商务部在推动中国跨境电商发展中,不仅协调海关、商检、外汇、税务等跨部门的政策活动,也通过政策宣传及资金补助等手段,让广大企业能够从这些政策中真正受惠。

(四) 海关总署

在出口跨境电商中,企业将商品通过邮件/快件方式寄送到国外,虽绕过了海关的监管,但也因缺乏报关单而无法正常结汇退税;在进口跨境电商中,商品通过邮件/快件方式寄送到国内,虽逃避了海关监管,但却有逃避关税甚至走私的嫌疑。企业希望阳光化经营,然而,现有的海关政策无法满足跨境电商批量小、频率高的业态模式。因此,海关的政策调整成为这个行业发展的关键。这也是为什么在整个跨境电商试点过程中,海关总署承担的工作最多,肩负的责任最大。

整体来看,海关的工作分为两块:①建立跨境电商新型海关监管模式并进行专项统计。②牵头负责跨境电商通关试点建设。其中,前者可以给予跨境电商一个合法的身份,提供一个阳光化通道。后者则通过试点,逐步优化新型监管流程,以吸引企业利用阳光化通道来从事跨境电商活动。

自从国家开始部署研究针对跨境电商的政策,海关总署便参与其中。2012 年,海关总署联合发改委启动了跨境电商服务试点;2013 年,海关总署密切关注试点城市情况,并逐步扩大了试点范围。2014 年,海关总署颁布了一系列政策文件,建立了“9610”和“1210”两种新型监管模式,并通过 56 号文明确了跨境电商进出境货物、物品的海关监管流程。

从 2012 年的服务试点启动,到 2013 年的试点城市探索,海关总署基本确定了一般出口、特殊区域出口、直购进口和网购保税四种跨境电商试点业务模式,简介如下:

1. 一般出口

出口卖家以邮件/快件方式,将商品寄送给海外消费者。在通关方面,企业将三单信息通过服务平台传输给海关,海关审核电子清单后放行,后期企业再汇总清单进行报关。

2. 特殊区域出口

出口卖家将货物放入国内的保税区,实现退税。国外消费者下单后,货物从国内的保税区发货。从目前的试点情况来看,这种模式优势不明显,实操性不强。

3. 直购进口

直购进口即进口 B2C,也称“集货模式”。消费者网购后,商品从境外运输入境,并以个人物品方式海关申报，缴纳行邮税后，再经国内快递发到消费者手中。

4. 网购保税

网购保税即进口 B2B2C，也称“备货模式”。消费者网购后，商品以个人物品方式申报，直接从境内保税区快递到消费者手中。此前，企业已经把商品以货物形式报关，存放于保税区。

从实际运作来看，一般出口、直购进口和网购保税都得到了试点城市操作层面的验证，效果基本令人满意。特殊区域出口则还停留在理论阶段。例如，重庆的特殊区域出口方案虽获得海关总署批准，但目前还没有试验出具体的操作流程；深圳前海虽正在试行特殊区域出口，但依旧按照“9610”方式监管，与一般出口模式没有显著的差异。

海关总署一直在努力推动中国的跨境电商发展，通过信息系统建设，对接跨境电商企业、仓储企业、物流企业和支付企业的信息数据，以实现高效通关管理。虽然这项工作需要相关企业进行一定的投入，但长期来看，海关总署的政策将疏通跨境电商的出入境通道，进而所有相关企业都将从中受益。

（五）质检总局

国际贸易进出境商品的通关，不仅需要接受海关的审核，还受到各地检验检疫机构的监管。跨境电商作为一种新型贸易方式，一直以来游离在检验检疫局（现为国家市场监督管理总局）的监管之外。2013 年 11 月，质检总局首次下发了《关于支持跨境电子商务零售出口的指导意见》，以支持出口跨境电商的发展。

在该文件中，质检总局提出了以下三个关键要求。

(1) 企业与产品备案管理制度。跨境电商企业和产品的备案实际上也是海关要求的，这是部门实施高效监管的基础。实际上，提前备案有助于通关过程中更快速地放行。

(2) 出口产品全申报制度。这意味着跨境电商企业需要将订单、支付单、运单等主单信息传输给检验检疫局。

(3) 检疫监管为主。检验检疫局对进出境商品的监管主要包括卫生检疫、动植物检疫和商品检验。检疫是必不可少的，这涉及最基本的安全性。检验是针对产品质量的，实际上在出厂时已经有所把控。因此，以检疫监管为主的政策，将降低跨境电商企业负担，有利于促进出口增长。

质检总局（现为国家市场监督管理总局）于 2016 年 5 月 15 日发布了《关于跨境电商零售进口通关单政策的说明》，该说明主要提出了以下四点要求：①按照检验检疫法律法规规定，进口法检货物应凭检验检疫机构签发的通关单办理海关通关手续。跨境电商零售进口新政明确了跨境电商商品的货物属性，检验检疫应依法签发通关单。②按照检验检疫法律法规规定，进口法检货物应凭检验检疫机构签发的通关单办理海关通关手续。跨境电商零售进口新政明确了跨境电商商品的货物属性，检验检疫应依法签发通关单。③按照检验检疫法律法规规定，进口法检货物应凭检验检疫机构签发的通关单办理海关通关手续。跨境电商零售进口新政明确了跨境电商商品的货物属性，检验检疫应依法签发通关单。④清单内仅有约 36％的编码在“法检目录”内，需要凭通关单验放，其余都不需要通关单即可办理海关通关手续。

（六）人民银行/外汇局

一直以来，跨境电商都是通过邮件/快件的方式入境或者出境，并没有向海关正常申报，也即没有取得报关单。根据以往的外汇管理政策，正常贸易项目下没有报关单是无法结汇付汇的。因此，跨境电商企业通常采取个人境内身份证、汇丰银行ATM取现甚至地下钱庄等方式结汇付汇，这些非正常结付汇方式要么手续费高、操作麻烦，要么存在法律风险。

2013年2月，国家外汇管理局下发了《支付机构跨境电子商务外汇支付业务试点指导意见》在上海、北京、重庆、浙江、深圳等地区开展试点，允许参加试点的支付机构集中为电子商务客户办理跨境收付汇和结售汇业务。2015年1月，国家外汇管理局发布通知，该试点业务扩张至全国范围内；同时，任何满足基本条件的支付机构都能申请跨境支付试点。文件有两个突破点：①无报关单也能办理贸易结售汇业务。对于跨境电商小额的结售汇业务，只需要提供真实的交易信息而不需要报关单，就可以得到银行的受理。②跨境电商企业通过第三方支付机构向银行办理结售汇业务。在传统的国际贸易中，企业直接向银行办理外汇业务。然而，跨境电商的交易是通过互联网完成，而且存在批量小、频率高的特点，银行还不具备应对这种新型贸易方式的技术和经验。因此，通过第三方支付机构集中跨境电商企业的结售汇需求，既能解决银行的不足，也能更好地服务电商企业。

结售汇业务属于外汇局的监管范围，然而，从事结售汇业务的银行和支付机构却是受人民银行监管。因此，在跨境电商支付方面，外汇局和人民银行是相互配合的，正如商务部的解释文件所称："外汇局会同人民银行负责支持电子商务出口企业正常收结汇。人民银行会同外汇局负责鼓励银行机构和支付机构为跨境电子商务提供支付服务。"

此外，人民银行一直在努力推行人民币跨境结算，其中与货物贸易相关的两个重要文件是《中国人民银行上海总部关于支持中国(上海)自由贸易试验区扩大人民币跨境使用的通知》和2014年的《落实〈国务院办公厅关于支持外贸稳定增长的若干意见〉的指导意见》。人民银行在多个文件中都鼓励货物贸易交易双方使用人民币结算。尽管人民币的国际地位在不断提升，但其在国际贸易中作为计价币种的比例还是很低。

从以上可以看出，在解决跨境电商结售汇问题上，人民银行通过鼓励银行和支付机构参与，积极配合了外汇局的试点政策。在试点政策成熟之后，外汇局将全面推广，以使更多的跨境电商企业能享受阳光化的外汇结算。

（七）财政部/税务总局

在跨境电商中，除了以上谈到的通关、商检、结售汇问题，还有一个税收问题，也即跨境电商出口企业无法享受国家的退税补贴。在传统的国际贸易中，企业要享受出口退税，必须有海关报关单、增值税发票和消费税缴款书。显然，出口跨境电商企业无法满足这个条件。2013年12月，财政部、税务总局联合下发了《关于跨境电子商务零售出口税收政策的通知》，明确了跨境电子商务零售出口的出口退税政策。

关于跨境电子商务零售出口税收政策的通知

一、电子商务出口企业出口货物(财政部、国家税务总局明确不予出口退(免)税或免税的货物除外,下同),同时符合下列条件的,适用增值税、消费税退(免)税政策:

1. 电子商务出口企业属于增值税一般纳税人并已向主管税务机关办理出口退(免)税资格认定;

2. 出口货物取得海关出口货物报关单(出口退税专用),且与海关出口货物报关单电子信息一致;

3. 出口货物在退(免)税申报期截止之日内收汇;

4. 电子商务出口企业属于外贸企业的,购进出口货物取得相应的增值税专用发票、消费税用缴款书(分割单)或海关进口增值税、消费税专用缴款书,且上述凭证有关内容与出口货物报关单(出口退税专用)有关内容相匹配。

二、电子商务出口企业出口货物,不符合本通知第一条规定条件,但同时符合下列条件的,适用增值税、消费税免税政策:

1. 电子商务出口企业已办理税务登记;

2. 出口货物取得海关签发的出口货物报关单;

3. 购进出口货物取得合法有效的进货凭证。

以上两条内容,一条关于退(免)税,也即出口不但不征增值税/消费税,而且退还此前商品流通中征收的这些税;另一条关于免税,也即出口不征增值税/消费税,但不退回此前商品流通中征收的这些税。从这两条规定可以看出,要享受出口税收政策,都必须有海关签发的报关单;此外,要享受退税,还得有增值税发票(或消费税缴款书)。由此可见,这个文件并没有很大的突陂。随着后续海关总署"9610"监管方式和 56 号文件的出台,电子商务出口企业能够拿到海关签发的报关单;但是,对于以批发市场采购为主的出口跨境电商,依旧会有大部分产品因缺乏增值税发票而无法享受退税待遇。

2018 年 11 月 30 日,商务部、发展改革委、财政部、海关总署、税务总局、市场监管总局六部门联合印发了《关于完善跨境电子商务零售进口监管有关工作的通知》,该跨境电商零售进口监管政策于 2019 年 1 月 1 日正式实施,在对跨境电商零售进口清单内商品实行限额内零关税、进口环节增值税和消费税按法定应纳税额 70%征收基础上,进一步扩大享受优惠政策的商品范围,新增群众需求量大的 63 个税目商品,享受税收优惠政策的商品单次交易限值由 2 000 元提高至 5 000 元,年度交易限值由每人每年 2 万元提高至 2.6 万元。

二、深度解读海关总署 5 份跨境电商文件

前文简要阐述过海关总署从 2012 年至 2014 年对跨境电商的政策性试点工作。可以说,2014 年是海关总署展示试点成果的一年。在这一年,海关总署合计下发了 5 份跨境电商相关的文件,其中 4 份是专门针对跨境电商而制定的。接下来,对这 5 份文件进行深度解读。

2012 年服务试点启动。

2013 年试点城市探索。

201 年政策文件发布如下：

2014 年 1 月《关于增列海关监管方式代码的公告》(12 号文)增列海关监管方式代码"9610",全称"跨境贸易电子商务"。

2014 年 3 月《关于跨境贸易电子商务服务试点网购保税进口模式有关问题的通知》明确了网购保税进口模式中的商品范围、购买金额/数量、征税、企业管理等问题。

2014 年 6 月《关于支持外贸稳定增长的若干措施》支持以跨境电商为代表的新型贸易平台发展。

2014 年 7 尸《关于跨境贸易电子商务进出境货物、物品有关监管事宜的公告》(56 号文)明确了跨境电商进出境货物、物品的海关监管流程。

2014 年 7 月《关于增列海关监管方式代码的公告》(57 号文)增列海关监管方式代码"1210",全称"保税跨境贸易电子商务"。

(一)《关于增列海关监管方式代码的公告》(12 号文)和《关于增列海关监管方式代码的公告》(57 号文)

这两份文件的发布标志着海关正式承认跨境电商的合法身份,并开始将跨境电商纳入专项统计。表 4-3 阐述了两份文件内容。

表 4-3　两份文件汇总表

增列代码	代码名称	使用范围	说明
9610	跨境贸易电子商务(简称"电子商务")	境内个人或电子商务企业通过电子商务交易平台实现交易,并采用"清单核放、汇总申报"模式办理通关手续的电子商务零售进出口商品	通过海关特殊监管区域或保税监管场所一线的电子商务零售进出口商品除外
1210	保税跨境贸易电子商务(简称"保税电商")	境内个人或电子商务企业在经过海关认可的电子商务平台实现跨境交易,并通过海关特殊监管区域或保税监管场所进出的电子商务零售进出境商品	海关特殊监管区域、保税监管场所与境内区外之间通过电子商务平台交易的零售进出口商品不适用该监管方式

为了满足对不同监管方式下进出口货物的监管、征税、统计作业要求,海关设置了监管方式代码。例如,一般贸易对应的代码为"0110",保税区仓储转口对应的代码为"1234",代码采用四位数字结构,其中前两位是按海关监管要求和计算机管理需要划分的分类代码,后两位为海关统计代码,因此,"96"和"12"是海关分类代码,"96"应该是代表"跨境电商","12"代表"保税";"10"是海关统计代码,说明新增的这两个跨境电商监管方式和"一般贸易"(0110)的统计一致。

海关监管方式代码的全称是"进出口货物海关监管方式代码"。也就是说,监管方式是对"货物"的管理方式,而不是"物品"。"物品"是没有监管方式的,也不需要监管方式代码。我国的海关法和国务院颁布的海关统计条例规定，个人自用的商品在自用合理数量范围内实行建议报关的制度，不纳入海关的统计。因此，“9610”和“1210”代表的是“货物”管理方式，与个人物品、行邮税等无关。

根据当前试点情况，跨境电商模式分为一般出口、特殊区城出口、直购进口和网购保税，如表 4-4 所示。其中直购进口涉及的是“物品”而不是“货物”，因此不需要监管方式代码。根据文件，“9610”适用于“清单核放、汇总申报”模式，通过海关特殊监管区域或保税监管场所一线的电子商务零售进出口商品除外。因此，“9610”仅适用于一般出口。然而，“特殊区域出口”模式还不成熟，目前与“一般出口”无异，也是使用“9610”。文件规定，“1210”不适用于海关特殊监管区域、保税监管场所与境内区外（场所外）之间通过电子商务平台交易的零售进出口商品，因此特殊区域出口不适用“1210”。从目前来看，只有进口的网购保税模式适用“1210”。要说明的是，网购保税只有在一线进区的时候申报“1210”，出区一般都以为物品申报，不需要海关监管方式代码。

表 4-4　跨境电商不同模式对比表

跨境电商模式	商品性质	商品存放地	监管方式代码
一般出口	货物	境内区外	9610
特殊区域出口	货物	海关特殊监管区域/保税监管场所	9610
直购进口	物品	境外	无
网购保税	入区为货物，出去为物品	海关特殊监管区域/保税监管场所	1210

关于“1210”，文件还特别规定，该监管方式用于进口时仅限经批准开展跨境贸易电子商务进口试点的海关特殊监管区域和保税物流中心（B 型）。海关特殊监管区域包括保税区、出口加工区、保税物流园区、跨境工业园区、保税港区和综合保税区，当然更包括新成立的上海自贸区。截至 2014 年 10 月，海关总署共批准了 7 个城市开展跨境电商进口试点，详情如下：郑州：新郑综合保税区、河南保税物流中心（B 型）；宁波：宁波保税区；杭州：杭州出口加工区；上海：上海自贸区；重庆：两路寸滩保税港区；广州：南沙保税港区、白云机场综合保税区；深圳：前海湾保税港区。

（二）《关于跨境贸易电子商务服务试点网购保税进口模式有关问题的通知》

2014 年 3 月 4 日，海关总署以“加急文件”的形式向上海、杭州、宁波、郑州、广州、重庆海关下发了这个通知。为什么只发给这几个城市呢？因为当时只有这 6 个城市是跨境电商进口试点城市（深圳在 2014 年 7 月才获得进口试点许可）. 而这个通知就是专门针对进口试点的网购保税模式。

从内容上来看，这个通知是对此前提出的“四限”进行重申，并对试点城市实际运作过程中的一些问题进行了明确，以统一各地的管理要求和验放标准。

在刚开始试点的时候，海关总署等部门提出了“限企业、限品种、限金额、限数量”的要求，以确保试点工作健康有序开展。这“四限”要求如下：

限企业：试点企业需在特殊区域内注册，具有独立法人资格，具备电子商务运营资质，在区内完成跨境电子商务操作流程。

限品种：严格筛选试点商品的种类，视实际运行情况逐步扩大范围。一是选取同品种商品货物税和行邮税相差较小的商品；二是选取国内需求量较大的商品；三是不允许经营二手商品。

限金额：参照海关总署2010年第43号公告，个人单次购买物品，每次限值为1 000元人民币，单次仅有一件商品，且该商品是不可分割的，经海关审核确属个人合理自用的，可不受上述金额限制。同时，试点初期，限制个人年度总金额为2万元人民币，该标准将根据试点推进情况由海关总署统一实施调整。同时设置风险防控参数，对一定时间内消费总额超过一定金额的消费者分等级进行监管，所下订单采取人工审单机制。

限数量：由于总体金额和单次金额已经限制，除特殊情况外，不再设置数量限制。但在进境商品的数量不符合正常交易秩序等特殊情况下，海关认为必要时可以加以限制。

在加急文件中，海关总署用三个"关于"来强调并明确以上"四限"。在商品上，明确规定为"个人生活消费品"，以防止一些工业用品通过"化整为零"蒙混进来。对于企业，除了注册备案等要求，还必须实现与海关的信息系统互联互通。从当时的试点来看，很多参与试点企业并没有做到这点，导致通关管理的混乱。对于金额和数量，以"个人自用、合理数量"为原则，且参照2010年7月下发的《海关总署公告2010年第43号(关于调整进出境个人邮递物品管理措施有关事宜)》。

除了三个"关于"，海关总署的这个文件还特别明确了税收问题和海关统计问题。关于税收，在试点过程中，有的试点城市按照商品采购小票上的价格来征税，有的则按照到岸价格征税。为了规范管理，海关总署在文件中明确："以电子订单的实际销售价格作为完税价格，参照行邮税税率计征税款。应征进口税税额在人民币50元(含50元)以下的，海关予以免征。"其中，电子订单的实际销售价格应包括国外采购价格和国际物流费用。因此，试点城市在征税时，都必须按照到岸价格征税。至于海关统计，文件要求各地海关在"试点网购商品从境外进入海关特殊监管区域或保税监管场所运往境内区外"时，实施海关单项统计。

由此可见，从商品种类、金额和数量上来看，网购保税模式没有突破原有的政策法规。网购税的优势还是在于其本身模式的创新：允许企业在特定的保税区域备货，并以行邮税出区，从而解决海淘物流时间长等问题，提高消费者体验。

海关总署这次加急文件的出台，也是为了规范各个跨境电商进口试点城市的通关操作，防止试点城市因"步子太快"而失去管控。

(三)《关于支持外贸稳定增长的若干措施》

这个文件不是专门针对跨境电商的。2014年5月，国务院办公厅下发了《关于支持外贸稳定增长的若干意见》，其中特别提到了海关总署需要负责的若干项目。2014年6月，海关总署发布了《关于支持外贸稳定增长的若干措施》，以将国务院文件中涉及海关工作的政策举措进一步细化。

这份文件的第十五条重申了对跨境电商的支持，并对外公布了出口和进口的试点情况。

出口方面：已建立"清单核放、汇总申报"监管模式，解决电商零售出口退税、结汇、专项统计等问题。截至2015年，全国共有20多个城市提出需求，杭州、郑州、广州、重庆、深圳、苏州等城市已开展零售出口业务。

进口方面：积极支持和指导地方开展进口试点，扩大进口业务，建立阳光渠道，实现便民惠民。上海、重庆、杭州、郑州、宁波等城市已经开展了首批试点。

显然，海关总署的重心放在出口方面，并正将首批试点城市的经验推广到其他城市。由海关总署研发的统一版本跨境电商通关管理系统的推出，更能加快出口跨境电商"清单核放、汇总申报"监管模式的大范围推广。进口方面，由于涉及进口商品关税的征收，预计海关总署近期不会大范围放开。

(四)《关于跨境贸易电子商务进出境货物、物品有关监管事宜的公告》(56号文)

2014年7月底，海关总署下发了这则公告，首次明确了对跨境电商进出境货物、物品的监管流程。

报告出来之后，媒体报道了各界人士对该文件的解读。然而，因为对公告内容理解的偏差，出现了不少误读，如"海淘代购将被定义为走私"等。要正确理解56号文，最重要的一点是明确公告的使用范围。根据文件第一部分第一条："电子商务企业或个人通过经海关认可并且与海关联网的电子商务交易平台实现跨境交易进出境货物、物品的，按照本公告接受海关监管。"显然，并不是所有从事跨境电商的企业及个人都得按照这个公告接受海关监管。根据海关总署的官方解读，适用该公告的跨境电商活动应该满足三个条件。

56号文海关总署官方解读

同时满足以下三个条件的纳入公告调整范围：

一是主体上，主要包括境内通过互联网进行跨境交易的消费者、开展跨境贸易电子商务业务的境内企业、为交易提供服务的跨境贸易电子商务第三方平台；

二是渠道上，仅指通过已与海关联网的电子商务平台进行的交易；

三是性质上，应为跨境交易。

其中需要特别强调的是"渠道"，仅指通过已与海关联网的电子商务平台进行的交易。例如，上海的跨境通就经海关认可并且已与海关联网，其平台上的交易就需要完全按照56号文件接受监管。而如果美国亚马逊没有与中国海关联网，那么消费者从该平台上海淘购物，就不在56号文监管范围内。一般而言，海淘代购都是在国外的电商平台上进行交易，而且这些国外电商平台都没有与海关联网。因此，海淘代购不适用于56号文。实际上，海淘活动如果没有产生二次销售，而且是"个人自用、合理数量"，那么可根据个人邮递物品入境，并不违法。然而，代购一般都涉及二次销售，即甲从国外网站购买商品，再销售给国内的乙，这种存在二次销售的代购行为，实际上是一种贸易活动，需要正常报关进行，并缴纳关税、增值税；否则，就涉嫌违背《中华人民共和国海关法》。

虽然56号文件受到进口跨境电商从业者的大量关注，但该文件实际上也会影响出口跨境电商。在海关总署的官方解读里，也明确谈到了文件对跨境电商出口结汇和退税的影响。

56号文海关总署官方解读

对于企业出口退税和结汇问题，公告明确：

海关对电子商务出口商品采取“清单核放、汇总申报”的方式办理通关手续。电子商务企业可以向海关提交电子《中华人民共和国海关跨境贸易电子商务进出境货物申报清单》，逐票办理商品通关手续。在此基础上，电子商务企业每月定期将上月结关清单所涉货物的数量、金额、件数等相加，汇总形成《进出口货物报关单》向海关申报，海关据此签发报关单证明联，从而有效解决跨境贸易电子商务出境商品出口退税和结汇问题。

也就是说，56号文有助于出口企业拿到海关出具的报关单，进而可以去办理结汇和退税。然而，为什么出口跨境电商从业者依旧对56号文不是很感兴趣呢？答案是：在当前情况下，对于大部分出口电商企业来说，即使有报关单也无法退税，即使没有报关单也能够结汇。根据财政部、税务总局2013年12月联合下发的《关于跨境电子商务零售出口税收政策的通知》，要享受出口退税，除了报关单，电商企业还得有增值税发票。然而，出口电商企业绝大部分是市场采购，并没有增值税发票，因此即使有报关单也无法退税。至于结汇，根据2013年2月外汇局下发的《关于开展支付机构跨境电子商务外汇支付业务试点的通知》(5号文)，只要出口电商企业能够向支付机构证明交易的真实性，即使没有海关报关单，也能正常结汇。所以，56号文件在退税和结汇方面对出口跨境电商企业的影响有限。从以上可以看出，56号文件跟海淘代购无关，对出口电商企业的影响也有限。那么，该文件真正的意义在哪里呢？笔者认为，其最大的意义在于海关总署明确了对跨境电商这种新兴贸易方式的监管思路。这个监管思路的核心是“信息数据匹配下的清单核放/汇总申报”。

1. 信息数据匹配

海关监管场所应将电子仓储管理系统的底账数据与海关联网对接，电商交易平台也应将平台交易电子底账数据与海关联网对接，电商企业/个人、支付企业、物流企业则分别把订单信息、支付单信息、运单信息发送给海关。当然，所有这些数据都是通过电子商务通关服务平台与海关对接的。只有这些信息数据相互匹配并且符合海关规定，海关才会放行，如图4-1所示。

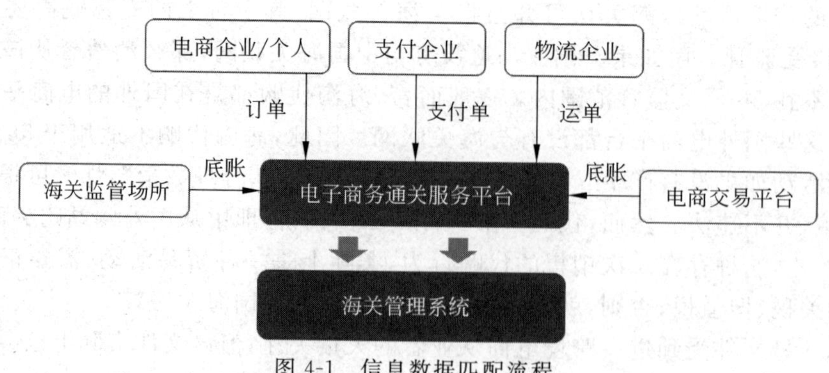

图4-1 信息数据匹配流程

2. 清单核放/汇总申报

在实现清单核放之前，电商企业必须在海关办理注册登记，且进出境货物、物品需要在海关备案。当跨境电商交易产生后，电商企业/个人、支付企业、物流企业要在清单申报前，将订单信息、支付单信息、运单信息传输给海关。之后，按照海关规定的时间期限，电商企业(或代理人)填写《货物清单》申报，个人(或代理人)填写《物品清单》申报。海关接到三单信息和货物/物品清单后，会进行自动匹配，并进行一定的风险布控，对某些订单进行人工查验，最后，对没有异常的货物/物品通关放行。如果是货物，则还需要企业后期进行汇总申报，即将《货物清单》汇总形成《进出口货物报关单》，如图 4-2 所示。

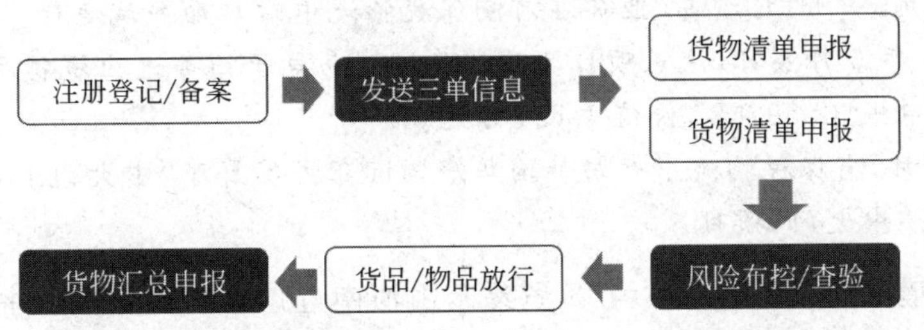

图 4-2　清单核放/汇总申报流程

不难看出，这样的监管思路有两大特点：其一，“信息数据匹配”符合电商交易形式；其二，“清单核放/汇总申报”有助于快速通关。因此，56 号文件规定的监管流程将有助于推动跨境电商行业的发展。

第四节　国内跨境电商试点城市运作情况盘点

2012 年 5 月，为了推动电子商务发展，国家发改委办公厅下发了《关于组织开展国家电子商务示范城市电子商务试点专项的通知》(发改办高技〔2012〕1137 号)，其中一项重要内容便是跨境贸易电子商务服务试点。文件内容如下：

> ……开展跨境贸易电子商务服务试点工作。重点支持电子口岸建设机构完善跨境贸易电子商务综合服务系统，外贸电子商务企业建立在线通关、结汇、退税申报等应用系统。研究跨境电子商务相关基础信息标准规范、管理制度，提高通关管理和服务水平。
>
> ——摘自国家发改委《关于组织开展国家电子商务示范城市电子商务试点专项的通知》

同年 12 月，国家发改委、海关总署在郑州正式启动了国家跨境贸易电子商务服务试点，首批试点城市分别是郑州、上海、重庆、杭州和宁波。此后，广州、深圳、苏州、青岛、长沙等城市相继获得试点资格。然而，截至 2014 年 10 月，仅有首批 5 个城市和后续的广州、深圳获得进出口双向试点资格。在本节中，重点分析这 5+2 进出口双向试点城市的运作情况。

一、郑州

海关总署对于试点城市的工作计划分为实施方案编制审批、平台建设、试运行、初验、终验五个阶段。2013 年 5 月，郑州市试点实施方案(E 贸易)率先得到海关总署批复同意，成为所有试点区域中最早开始探索跨境电商政策的城市。此外，郑州试点区域设在新郑综合保税区和河南保税物流中心(B型)，通过利用该特殊区域的政策优惠，可为发展跨境电商带来更大的便利。因此，相对而言，郑州具有一定的政策优势。

郑州跨境电商试点时间轴

2012年8月，国家发展改革委同意郑州市跨境贸易电子商务服务试点项目列为国家电子商务试点。该项目由河南省进口物资公共保税中心有限公司申报。

2013年5月，海关总署批复同意郑州市试点实施方案(E贸易)。

2013年7月，郑州“E贸易”业务在河南保税物流中心启动并试运行。

截至2014年6月8日，试点项目共验放跨境贸易电子商务进出境物品总值1 607万元。其中进口申报32 592票，价值1 179万元。

2014年8月，省保税物流中心与韩国华唐国际正式签署了“中大门电商合作平台”协议，将共同运营“中大门”项目。

郑州的跨境电商服务平台称为“E贸易”，由河南进口物资公共保税中心有限公司建设。从当前的运作来看，虽然郑州试点是进口、出口同时启动，但进口的规模远超过出口。毕竟，河南本地的跨境电商出口企业不多，当地的制造业远不如长三角和珠三角等地区发达。在进口方面，截至2015年，入驻的进口跨境电商企业多达几十家，但缺少巨头入驻，导致进口申报量不高。例如，郑州试点近1年，进口申报价值合计才1 000多万元；杭州进口试点3个月，申报价值就超过了2 000万元。

位于中部的郑州，拥有辐射全国的国内区位优势。然而，发展跨境电商的关键是国际区位优势。从这点来看，郑州劣势非常明显：①非港口城市，无法开展海运业务；②不与他国接壤，陆运也无优势；③机场航空的国际货运量不大，郑州机场的国际货运航线仅24条(2014年8月)。因此，郑州需要“单点突破”。例如，依靠郑州机场与韩国仁川机场的直通优势，与入驻的聚美优品形成韩货“聚集效应”，主推韩国产品，成为有特色的跨境电商服务试点城市。

二、上海

2013年9月，上海可谓“双喜临门”：一方面国务院批准了《中国(上海)自由贸易试验区总体方案》，允许上海先行试点贸易投资便利化等开放政策；另一方面海关总署批复同意了上海市跨境电商项目实施方案，上海正式踏入方案执行阶段。上海将跨境电商试点项目落户于自贸区，通过跨境电商政策和自贸区政策结合，可创造政策“叠加”优势。

上海跨境电商试点时间轴

2012年8月，国家发改委同意上海市跨境贸易电子商务服务试点项目列为国家电子商务试点。该项目由东方电子支付有限公司申报。

2013年9月，国务院批准《中国(上海)自由贸易试验区总体方案》；海关总署批复同意上海市跨境电商服务试点项目实施方案。

2013年11月，跨境电子商务平台“跨境通”网站试运行。

2014 年 8 月，上海自贸区管委会、上海市信息投资股份有限公司与美国亚马逊公司签署了关于开展跨境电子商务合作的备忘录。

2014 年 9 月，上海海关正式批准上海松江出口加工区开展跨境电商业务试点。

根据上海市外贸产业一般贸易好于加工贸易、进口好于出口、保税区域进出口额全国领先的显著特点，上海申请的综合试点方案包括一般出口、直购进口、网购保税三种业务模式。在实际操作方面，先推行进口，再实施出口。进口方面的关键项目是 2013 年 11 月开通的“跨境通”网站。然而，这个导购性质的进口跨境电商平台并不被外界看好。虽然保证正品并提供一定的售后服务，但粗糙的网站设计、过于简单的商品描述及较高的价格均影响了消费者的购物体验。在出口方面上海已建设 3 个平台来支撑跨境贸易电子商务的一般出口模式，分别是上海跨境贸易电子商务服务平台、上海海关跨境贸易电子商务通关管理系统和海关 H2010 系统。

相对于其他几个试点城市，上海拥有很大的区位优势：①世界级港口。上海拥有洋山、外高桥和吴淞港区等码头，年吞吐量超过 7 亿吨，属世界第一集装箱大港。②世界级航空货运机场。上海浦东机场货运年吞吐量在 300 万吨左右，已连续多年位列世界第三。这样的区位优势无论是对于进口跨境电商还是出口跨境电商，都拥有非常大的吸引力。此外，作为一个国际大都市，上海本地对进口商品就有较大的需求，身处长三角生态圈，上海的制造业也具有很强的竞争力。因此，从长期来看，上海的跨境电商试点非常值得期待。

三、宁波

作为一个港口城市，宁波具有深厚的传统国际贸易基础。2013 年，宁波实现外贸进出口总额 1 003.3 亿美元，成为浙江省首个外贸总额过千亿美元的城市。依靠港口优势和传统外贸基础，宁波也开始了跨境电商服务试点的探索。

宁波跨境电商试点时间轴

2012 年 8 月，国家发展改革委同意宁波市跨境贸易电子商务服务试点项目列为国家电子商务试点。该项目由宁波国际物流发展股份有限公司申报。

2013 年 9 月，海关总署批复同意宁波市试点实施方案。

2013 年 11 月，宁波跨境贸易电子商务进口业务在宁波保税区试运行。

截至 2014 年 7 月 22 日，试点项目共验放跨境贸易电子商务进口申报单超过 10 万票，总值 2 858 万元。

宁波的进出口跨境电商试点分别落户于宁波保税区和海曙区。其中，宁波保税区旨在打造电子商务进口商品分销基地，利用电子商务模式的创新，推进进口食品、消费品跨境贸易便利化。海曙区则打造跨境贸易电子商务出口基地，实现电子商务企业办公、仓储和物流的集中运作。与上海一样，宁波也是进口先行，由宁波国际物流发展股份有限公司负责建设了跨境电商服务平台——“跨境购”。跨境购拥有和上海“跨境通”一样的导购功能，但对电商功能进行了弱化，其功能以信息发布为主。显然，这种模式更轻，也更符合政府类项目的操作方式。宁波进口跨境电商试点是想打造一个进口商品集散地，并以“1+1

＋N”的实体市场为基础。“1＋1＋N”指的是1个宁波市场保税区进口商品市场、1个宁波进口商品展示交易中心、N个分布在全国各地的区域直销中心。确实，宁波拥有一定的港口优势和物流仓储优势，但面临来自上海的激烈竞争。毕竟，上海拥有宁波无法企及的国内国际货源分拨能力。

四、杭州

与郑州一样，杭州的试点方案也很早通过了海关总署的批复同意。但与其他城市不一样的是，杭州先推出口试点。

杭州跨境电商试点时间轴

2012年8月，国家发展改革委同意杭州市跨境贸易电子商务服务试点项目列为国家电子商务试点。该项目由浙江电子口岸有限公司申报。

2013年7月，全国首个跨境电商产业集聚区——中国(杭州)跨境贸易电子商务产业园举行开园发布会。

2014年5月，杭州经济技术开发区出口加工区正式运行跨境电商进口试点业务。

截至2014年8月8日，试点项目共验放跨境贸易电子商务出口申报单超过33万票，总值570多万美元；进口申报单超过10万票，总值达2 465万元。

杭州既没有港口优势，也没有强大的国际航空货运吞吐量，但依靠天猫国际这样的巨型跨境电商平台，杭州的进口电商申报量很快就跻身前列。根据杭州跨境电商服务平台——“跨境一步达”的统计，杭州进口试点短短3个月内便突破10万票，交易额超过2 400万元。

对于跨境电商试点，杭州的优势不在于区位，而在于其辖区内的跨境电商企业。只要服务好了这些企业，杭州的跨境电商试点工作就能领先于其他城市。当然，前提是这些政策能解决跨境电商企业的实际需求。

五、重庆

在首批试点的5个城市中，重庆的试点实施方案是最晚得到海关总署批复同意的。然而，重庆的方案最为全面，覆盖一般出口、直购进口、特殊区域出口、网购保税进口四种模式。

重庆跨境电商试点时间轴

2012年8月，国家发展改革委同意重庆市跨境贸易电子商务服务试点项目列为国家电子商务试点。该项目由重庆国际电子商务交易认证中心申报。

2013年10月，海关总署批复同意重庆市试点实施方案。

2014年6月，重庆跨境贸易电子商务公共服务平台优化升级后正式上线。

2014年9月，由重庆市外经贸委、重庆海关和中国移动重庆公司联合开发推出的移动手机网上跨境购平台正式上线。

按照重庆的规划，渝中区负责出口跨境电商试点，两路寸滩保税港区负责进口跨境电商试点。在出口方面，重庆拥有大龙网这样的跨境电商龙头企业，可通过渝新欧铁路通道，重点开发俄罗斯等欧洲市场。在进口方面，依靠两路寸滩保税港区的水港和空港优势，重点培育“爱购保税”进口电商平台。

和郑州一样，重庆的区位劣势是其发展跨境电商的重大阻碍。区位劣势意味着国际综合物流资源的缺乏。尽管大龙网有聚集国内货源的能力，但如果没有配套的国际物流支持，这些中国货从重庆发往世界各地的成本会很高；尽管保税港区功能齐全，政策上也有不少优惠，但要真正成为进口商品的集散地，同样需要充足的航空货运及港口海运资源。因此，重庆发展跨境电商，任重而道远。

六、广州

2013 年 10 月 15 日，正值第 114 届广交会开幕之日，广州启动了跨境电商服务试点，成为华南地区首个跨境贸易电子商务试点城市。一年两度的广交会是中国产品走出去的重要通道，也体现了广州在中国外贸领域的重要地位。随着跨境电商试点服务的启动，广州的传统外贸将进一步向跨境电商这种新型贸易方式转型。

广州跨境电商试点时间轴

2013 年 10 月，广州正式启动跨境电商试点服务，成为华南地区首个国家电子商务示范城市和跨境贸易电子 2013 年 12 个商务试点城市之一。

2013 年 12 月，由广东邮政主导的跨境电商服务平台——“跨境易”上线。

2014 年 4 月，广州南沙保税港区启动“网购保税”业务。

2014 年 9 月，广州白云机场启动跨境贸易电商“直购进口”平台，国内消费者可从与海关联网的购物网站上购买从海外直接发货的商品。

与杭州一样，广州也是先试点出口，再试点进口。从某种程度上来看，杭州和广州很像：杭州拥有强大的出口产品制造基础，进口方面则可依靠天猫国际这个超级大平台；广州的制造业也非常有竞争力，进口方面同样拥有唯品会这样的著名电商。然而，广州的区位更胜一筹：①港口城市，海运物流强大；②白云机场综合保税区不仅国际货运航线充足，而且具有综保区政策优势；③靠近香港，可充分利用香港的自由港优势发展跨境电商。广州的这些区位优势甚至可以跟上海自贸区媲美。因此，广州虽然没有成为首批试点城市，但后劲十足，进出口双向跨境试点都发展得非常快。

七、深圳

作为中国改革开放设立的第一个特区，深圳的外贸一直居于全国前列。其中，出口贸易连续 20 多年名列第一位。如此发达的传统外贸，催生了深圳高度活跃的跨境电商产业。据统计，深圳拥有独立 B2C 企业和大卖家超过 5 000 家，占据了全国出口跨境电商的半壁江山。因此，深圳是跨境电商试点需求最强烈的城市。

深圳跨境电商试点时间轴

2013 年，深圳前海湾保税港区率先开展跨境贸易电子商务特殊区域出口试点，实现实单运行并取得快速发展。

2014 年，深圳市获批跨境贸易电子商务服务试点城市资格。同年，在深圳海关隶属蛇口海关开展网购保税进口试点。

2016 年，深圳市获批跨境电子商务综合试验区。深圳跨境电商发展进入快车道，业态规模迅速扩大。

2017 年，深圳海关关区网购保税进口零售总值达 19.2 亿元人民币，较 2016 年增长了 19.1%。

目前，在深圳海关备案的跨境电商企业近 500 家，知名企业有小红书、京东、菜鸟、大疆科技、大象通讯等。

或许是因为体量太大的缘故，深圳遗憾错失首批跨境电商试点。直到 2013 年底，深圳才启动第一批跨境电商出口试点业务，进口试点则是在 2014 年 9 月正式启动。深圳将试点区域设在前海和深圳机场，以前海为主。前海可以说是一个政策高地，拥有深港现代服务业合作区和前海湾保税港区。前者作为国际级战略平台，其配套政策与跨境电商产业定位高度吻合；后者属于海关特殊监管区域，具有高效便捷的通关、结算环境，非常适合发展跨境电商。此外，深圳毗邻香港，可利用香港区位优势从事跨境电商的转运模式，使得跨境电商试点变得更加多样化。与上海、广州一样，在政策优势和区位优势的驱动下，深圳跨境电商产业将迎来黄金发展期。

八、综合案例分析

海外跨境电商热点国家政策变化

依托中国制造优势，靠邮政小包出境的中国出口跨境电商在过去几年取得了爆发性增长。

然而，对于进口国来说，大量涌入的邮政小包却带来了不少负面影响：①占用邮政通道资源。在绝大部分国家，邮政都是亏损经营的，靠接受政府的财政补贴维持。这意味着，中国卖家发出的邮政小包越多，进口国为此补贴的就越多。②增加海关负担。大量的包裹快件涌入，势必要求进口国海关增派更多的人员进行检查、验放。③冲击进口国关税。很多包裹入境时，为了逃避关税都会低报货值，这显然会减少进口国的关税收入。④影响进口国本土电商发展。电商行业在很多国家还是新兴产业，如果国内消费者都热衷于上国外网站购物，这将使本土电商很难成长起来。

基于以上负面影响，很多国家都开始加强对入境包裹的管控。其中，俄罗斯、巴西和阿根廷都出台了相关政策，以降低大量包裹入境带来的影响。

（一）俄罗斯对跨境电商政策的变化情况

由于俄罗斯国内的普通消费品物价很高，很多俄罗斯人都很乐意通过速卖通、eBay 等网站海淘中国的便宜货。俄罗斯联邦海关统计，2013 年俄罗斯入境包裹达到 700 万个，总金额超过 28 亿欧元，这其中来自中国的包裹占 60%以上。2015 年，通过中国电子商务平台向俄罗斯发送的货物总额每天不少于 400 万美元，包裹数量将近 30 万个。

面对中国跨境电商的冲击，2014 年俄罗斯相关部门出台了两项应对政策：

1. 俄罗斯财政部

自 2014 年 7 月下旬起，可以免税入境的跨境网购包裹从价格小于 1 000 欧元且每月不超过31千克，调整为对150欧元以上或10千克以上的包裹入境收取其价值30%的关税。

2. 俄罗斯邮政

2014年9月，俄罗斯邮政部门表示，不再收寄平邮小包，将在近期内实施。

俄财政部的规定从税收入手，通过扩大征税范围，以增加中国产品的入境成本；俄邮政则拿物流“开刀”，通过禁止收寄平邮小包，逼迫中国的商家转向挂号小包，整个物流成本将提高10%～15%。显然，俄罗斯是想通过增加中国产品的成本来削弱中国跨境电商的竞争力，从而保护本土电商。我们有理由相信，如果这两项措施未能奏效，俄罗斯还会继续出台政策来遏制中国跨境电商的冲击。因此，未来要想在俄罗斯市场立足，中国卖家或许应该从低价思维转向品牌化思维。

（二）巴西跨境电商政策的变化

从跨境网购消费总额增速来看，巴西以平均每年增长45%的速度名列全球第一。2013年，进入巴西的邮件高达2 080万件(其中有信件、商品及其他邮寄物)，比2012年增长44%，跟俄罗斯人一样，巴西人也非常热衷中国产品。

目前，大部分中国包裹通过邮政渠道进入巴西。按照巴西法规，只有低于50美元并由自然人寄送的商品及书籍、带有处方的药品才能免税。然而，大量涌入巴西的商业包裹实际上是通过低报货值进行避税的。为了应对这一情况，巴西相关部门的措施如下：

巴西联邦税务局和邮局

巴西通过开发一套信息整合系统，追溯从国外进入巴西的邮件来源，以征收相应的联邦税。整合系统建成后，联邦税务局可对产品从购买开始的全程进行查看。相关企业需要进行配合，注明销售价格和其他信息。

巴西的这个政策确实有助于打击外国包裹的逃税行为，然而，其真正的意图并不在于增加关税收入。毕竟，巴西关税仅占该国全部税收的10%。按照巴西海关高层的说法，打击包裹逃税行为是“关系到经济管理和市场保护的重要事项”。也就是说，外国无税商品和巴西商品直接竞争是不公平的。此举意在保护巴西的市场环境和经济发展。此外，有消息称巴西邮政将对每一件海外包裹征收7里尔(约合人民币17元)的税费。从以上可以看出，为了保护国内产业，巴西对于海外包裹的政策会越来越严。显然，这将不利于中国出口跨境电商的发展。

（三）阿根廷跨境电商政策变化

价格低廉的中国产品同样受到阿根廷人的热爱，而跨境电商的发展更是为阿根廷人提供了一个购买中国货的便捷途径。在阿根廷的不少网站和论坛上，很容易就能找到“如何在中国网站购物”的教学帖。疯狂的跨境网购使得大量中国包裹涌入，甚至一度让阿根廷邮局的物流系统瘫痪。然而，真正令阿根廷政府担忧的是外汇外流。2012年底，阿根廷外汇储备为433亿美元；2013年该储备急剧下降至308.2亿美元，跌了近三成。因此，为了减少外汇外流，阿根廷出台了非常严厉的政策：

1. 阿根廷税收征管机构

2013年底，特定外汇支付的税率从20%提升到35%，这些应税项目包括海外信用卡支付，以及民众向政府购汇支付旅游费用的行为。

2. 阿根廷海关

自2014年初起，民众通过海外电商平台购买的商品入境后，将不再享有邮政递送上门服务。这些商品将统一汇总到海关办公室，由消费者自行领取。此外，消费者在海关领取时必须签署一张申报书，以方便进口税收统计。

每人每年最多进行2次境外网上购物，每年购物金额若超过25美元，则应对超出部分缴50%的关税。

显然，相对于俄罗斯、巴西，阿根廷对于跨境网购的限制要严格得多：不仅超出免税额要缴纳50%的关税，而且汇出的外汇还得再缴纳35%的税费；更要命的是，消费者需要到海关自提商品。新规出来后，不少跨境电商卖家直接屏蔽了阿根廷的客户。可见，这些政策对中国跨境电商在阿根廷的发展影响巨大。

（四）其他国家跨境电商政策变化情况

除了以上3个国家，澳大利亚也在酝酿对跨境网购征税的问题。一旦政策出台，澳大利亚的跨境网购者将支付一定比例的货品服务税。这最终将影响到海外卖家，特别是中国的跨境电商卖家。2015年4月，澳大利亚税务总局启动了一项“2014年在线销售数据审查计划”，对网络零售商的逃税情况进行大规模、大范围的详细核查，以确保网络零售商依法纳税。根据这个要求，eBay等电子商务平台需要提交澳大利亚卖家的资料，包括卖家姓名、账号、邮件地址、交易次数、交易金额等，这将涉及近4万个账号记录，含15 000名个体卖家和20 000名企业卖家，销售金额均超过10 000元。也就是说，如果中国的eBay卖家将注册地设在澳大利亚，或者在澳大利亚有海外仓，都必须接受税务总局的核查。一旦发现销售金额和申报税金不符，将被勒令补缴税金甚至被处以罚款。虽然澳大利亚税务总局这项计划并不是专门针对跨境电商，但对本土化运作的中国跨境电商企业具有一定的影响。

复习思考题

1. 你认为跨境电商市场发展的方向有哪些？
2. 简要说明俄罗斯、美国、巴西及一些欧洲国家的跨境电商市场环境。
3. 最近几年，全球主要跨境电商市场国家跨境电商政策的变化有哪些？政策的发展趋势如何？
4. 我国鼓励跨境电商发展的政策有哪些？卖家如何享受国家跨境电商政策红利？
5. 什么是国内跨境电商试点城市？
6. 国内跨境电商试点城市发展措施及可享受的政策主要有哪些？

练　习　题

第五章

跨境电商产品及货源策略

【教学目的和要求】

跨境电子商务产品策略的本质就是结合国内的产业基础和企业自身的条件(优势产业)和海外买家的需求,决定卖什么的问题,因此选品策略是整个跨境电商运营策略的基石。本章对跨境电商选品问题进行了简要的探析,分析跨境电商选品的策略。采购货源是跨境电子商务产品策略的又一重要内容,找到一个可靠并有竞争力的货源是跨境电商运营的关键,对跨境电商卖家而言,淘宝、天猫分销、阿里批发、整合分销、专业市场、代理商或产家等,都是常见的采购货源。

【关键概念】

跨境电商选品　　长尾产品　　专利权

跨境电商采购　　整合分销　　当地专业商品交易市场

传统线下代理商或批发商

敦煌网作为中小额 B2B 海外电子商务的创新者,是为国外众多的中小采购商提供采购服务的国际网上批发交易平台。敦煌网新品类助推计划中主要包括食品、家电和母婴三大门类。通过 Google Trends 分析,国外采购食品需求属于常规需求,每年的数据都很平稳并且在年底呈上升的趋势。但是,食品类在跨境电商出口平台中必须严格按照食品安全法的规定,卖家必须具备通过实名认证的企业资质;营业执照必须为食品类和相关品类;生产型企业须提供相应证明与其相关授权及进货证明文件才能进入平台进行食品饮料类的销售。家电方面,随着"一带一路"倡议的加快实施,互联互通项目建设、贸易和投资便利化、企业合作机制等项目的不断推进,中国家用电器出口规模也明显有所加快。敦煌网数据表明,预计到 2023 年,全球孕产妇护理市场将达到 90 亿美元,从 2017 年到 2023 年的复合年增长率为 2.15%。

结合敦煌网案例,试分析跨境电商选品有哪些特征。

第一节　跨境电商选品问题探析

跨境电子商务产品策略的本质就是结合国内的产业基础和企业自身的条件(优势产业)和海外买家的需求,决定卖什么的问题。而跨境电商的货源策略,则是跨境电商卖家根据各地的优势产业，根据产品的销量情况的预测，构建产品的供应链和采购方式等。

初创跨境电商卖家可能通过平台的搜索及销售情况，通过“跟卖”或“试错”等方法，逐步明确自身的选品方向。在跨境电商平台上，以什么样的方式展示包括产品属性、图片、标题、详细说明等方面的全貌，也是跨境电商产品策略的重要内容。

在不久前，跨境电商卖家沉浸在跨境电商的“狂欢”，似乎在批发市场随便进一批货，甚至在国内电商渠道“搬家”，上架产品至第三方电商平台后就可以获得较大的销售，而且利润还不错。但很快，这种粗放的选品方式似乎难以为继，具体表现为大量新入行的中小卖家卖不动产品，或者是还有一大批老卖家库存积压和利润下降。

实际上，跨境电商品类选择是一个内容广泛的话题。站在跨境电商出口卖家或是进口卖家、第三方平台卖家或是独立垂直网站卖家、同一平台的不同卖家等角度，针对不同市场区域和买家群体，跨境电商的品类选择问题都会有一个不同的视角。然而，对于大部分跨境电商卖家来说，品类选择问题存在一定的共性。实际上，品类选择问题也是卖家的市场定位问题，即决定在跨境电商市场卖什么的问题。接下来就以第三方跨境电商平台为例，来阐述跨境电商出口的品类选择问题。

一、目标市场国家的产业比较

传统国际贸易理论认为，国际贸易得以发生的前提是国与国之间存在的产业差异，即国际贸易产品所在的行业，出口国相比进口国具有产业比较优势。因此，发现目标市场国家相比国内弱势的产业，可以为国内出口电商卖家提供一个更大范围的品类选择方向。如俄罗斯作为军事强国，重工业发达，但轻工业、纺织品及食品产业相对较弱，这为国内纺织品、日用品、玩具及食品等相关行业的卖家提供了广阔的市场前景。另一跨境电商主要市场国巴西，和我国具有较为明显产业差异，巴西的比较优势的产品主要是食品、烟草、饮料、原材料(非矿物燃料)、动植物油、脂和蜡，而中国的优势产品是机器交通设备、房屋装饰用品、家具寝具、箱包容器、服装、鞋帽、各种仪器和自动化设备等各种制成品①。由此证明，中国和目标市场国之间产业比较差异及互补性，也对跨境电商交易进一步发展是十分有利的。

关于国际间的产业差异及比较研究，从传统外贸企业或研究机构等不同途径获取的资料很大程度上可以为国内跨境电商卖家提供参考，在此也不再深入阐述。

二、关注海外买家的需求

(一) 平台热卖产品

如果目标市场国家的产业比较研究，可以为国内跨境电商卖家提供经营品类选择的大方向，那么不同出口电商平台针对特定市场国家发布的热卖产品的报告，则可以为国内卖家提供一个具体的视野。

事实上，各大跨境电商平台均会不定期发布一段时间内全球各大城市区域的热卖产品情况。国内卖家如果能充分利用这些平台的热卖产品报告进行产品类目的选择，则不

① “金砖四国”中的巴西及中国——巴西双边贸易分析。

失为一种良策。以国内某热门跨境零售平台为例，该平台在2013年和2014年的巴西一级类目销量TOP10比例及变化情况如表5-1所示。

表5-1　国内某跨境零售平台巴西一级类目销量TOP10比例及变化

2013年TOP10一级类目及比例/%		2014年TOP10一级类目及比例/%	
服装服饰	30.68	服装服饰	34.46
运动娱乐	7.59	运动娱乐	8.42
电话通信	7.29	母婴	6.99
消费类电子产品	6.37	珠宝手表	6.01
珠宝手表	6.29	电话通信	5.92
母婴	6.20	消费类电子产品	4.69
美容与健康	5.58	家居与园艺	4.66
箱包	4.51	箱包	4.55
计算机及办公	4.10	玩具与爱好	4.45
汽车和摩托车	3.93	美容与健康	4.42
其他	17.45	其他	15.61

从表5-1可以看出，国内卖家在巴西的跨境电商销量在行业分布上发生了一定程度的变化，但排名前十的行业主要以体现我国相比巴西具有产业优势的时尚类行业（快速消费品）为主，"服装服饰"及"运动娱乐"两类热卖产品占TOP10总销量的50%左右。另外，一些行业（如母婴用品）销量增长高于该平台的平均增长水平，这背后无非是基于供需两方面的原因，即一方面巴西市场对这类产品需求的上升，另一方面国内相关行业卖家数量的增长及其在选品策略方面的调整。

（二）平台搜索数据和结果

以上平台热卖产品类目，往往是跨境电商的"红海"行业，"红海"行业的特点就是行业竞争非常激烈，总体销量虽大，但利润率并不高。这是参考以上平台热卖产品进行品类选择所不足的地方。如果可以撇开当前的销量不谈，那么各大跨境电商平台的"关键词"搜索情况则可以很大程度上反映海外买家的潜在需求。

还是以刚才的国内某热门跨境零售平台为例，在其卖家用户的后台操作平台，可以利用"数据纵横"的"搜索词分析"功能，下载特定行业及特定区域近30天的平台热搜词报表。现以"运动娱乐"行业在全球市场为例，下载热搜词报表，截取TOP10搜索词，如表5-2所示。

表5-2中排名前三的"hoverboard""nike air max"和"рыбалка"平台热搜词，恰好一定程度上代表了"运动娱乐"行业潮流产品、品牌产品及功能性消耗品三种不同发展阶段的产品类别，以上三种产品的共同特点是都具有较大的海外市场需求，但平台销量或竞争程度方面却存在很大的差异。

表 5-2 某平台"运动娱乐"行业 TOP10 搜索词

排名	搜索词	是否品牌原词	搜索人气	搜索指数	点击率/%	转化率/%	竞争指数
1	hoverboard	否	467 364	1 191 700	57.83	0.18	7
2	nike air max	否	350 897	779 004	37.43	0.18	4
3	рыбалка	否	82 965	758 133	31.33	0.60	80
4	fishing	否	86 148	702 678	39.94	0.89	141
5	nike shoes	是	222 293	502 094	26.89	0.09	12
6	nike air max 90	是	227 409	444 024	31.72	0.16	2
7	kpoccobkn	否	110 502	436 451	23.67	0.03	16
8	fitness	否	113 851	407 306	24.85	0.38	34
9	basketball jersey	否	118 464	405207	52.27	1.33	18
10	keлbI	否	129 514	362 622	12.71	0.01	10

1. 潮流产品搜索词"hoverboard"

在表 5-2 中,在"hoverboard"的搜索指数为最高。从字面上来看,我们并不能完全了解海外卖家究竟想通过这个关键词在平台上搜索什么产品。但我们可能利用该平台的搜索引擎用"hoverboard"搜索后了解到,这其实是一款电动二轮滑板车,如图 5-1 所示。

在表 5-2 中,"hoverboard"不但具有最高的搜索指数,还有 57.83%的点击率和 0.18%的订单转化率,更为重要的是,其竞争指数只有 7,处于相对较低的水平。因此可以初步判断,如果国内卖家能找到类似的产品投置该平台,将会在该产品热搜的国家,如排名前三的美国、俄罗斯和荷兰有不错的市场前景。

2. "品牌+功能"潮流产品搜索词 "nike air max"

另一个搜索指数较高的词是"nike air max",从字面上不难理解,平台买家是想通过这个词找到耐克的特定款式(气垫)的运动鞋。通过实际搜索"nike air max",一款典型产品如图 5-2 所示。

图 5-1 某平台搜索词"hoverboard"搜索结果产品示例

图 5-2 其平台搜索词"nike air max"搜索结果产品示例

尽管具有较高的搜索指数和点击率,但该搜索词的竞争指数只有 4,并且从实际搜索结果来看只有 23 条提供相关产品的销售链接,销量很少。这说明:一是"nike"作为著名品牌,海外需求潜力巨大;二是品牌持有方及平台方对该品牌产品在该平台的严格限制和管控;还有就是海外买家对该平台少数几家出售该品牌产品的卖家缺少信任。上述现象表明,该品牌产品在跨境电商平台具有较大的市场潜力。通过该搜索词,还可以发现一个有趣的现象,“nike air max”从字面上并没有“shoes”,这种“品牌+功能”的搜索方式说明,一个品牌在具有一定的国际影响力之后,其品牌形象和品牌价值已深入人心。

3. 功能性消耗品俄文搜索词“рыбалка”

在俄罗斯,白俄罗斯和美国俄语搜索词“рыбалка”,其字面意思是“钓鱼”,但通过该词的字面意思,我们同样不能完全了解海外买家具体需要哪款钓鱼产品。随后用该平台的搜索引擎用“рыбалка”搜索后发现,这其实是一种“路亚”钓鱼方法所用的“路亚拟饵”,如图 5-3 所示。

图 5-3 某平台搜索词“рыбалка”搜索结果产品示例

通过上述搜索结果发现,“路亚”产品在该平台具有很大的销量,表 5-2 中 0.60%订单转化率也很好地表明了这一点。事实上,“路亚”钓法在相关国家非常流行,而各种“路亚拟饵”正是该种钓鱼方法的消耗品,因此该种产品的热搜和热卖似乎不足为奇。但该搜索词的竞争指数高达 80,搜索结果中的销售链接多达 91 219 条,说明该类产品平台内卖家间的竞争非常激烈。另外值得关注的是,海外卖家对该类产品似乎以注重功能实用为主,在品牌方面并没有太多的关注。因此如果不是具有非常明显的功能、成本或价格优势,国内一般卖家很难获利。

(三) 搜索引擎搜索情况

如果说以上某平台的搜索结果具有一定的局限性(或者说不同平台的搜索结果之间存在差异),那谷歌趋势(Google Trends)和 Baidu 指数等搜索日志分析的应用产品就可以帮助我们分析全球以数亿计算的搜索中,某一搜索关键词各个时期的搜索变化趋势及该关键词被搜索的频率和相关统计数据等。这样就可以以相关网络搜索事件及搜索统计,来了解产品市场需求变化趋势。

现以 Google Trends(http://www.google.cn/trends/)为例,来尝试查看上述“运动娱乐”行业的关键词“hoverboard”搜索趋势统计情况。Google Trends 获得的关键词“hoverboard”相关的搜索热度随时间变化趋势及相关搜索分别如图 5-4、图 5-5 所示。

从图 5-4 可以看出,关键词“hoverboard”的搜索量从 2015 年 7 月才开始有快速的增

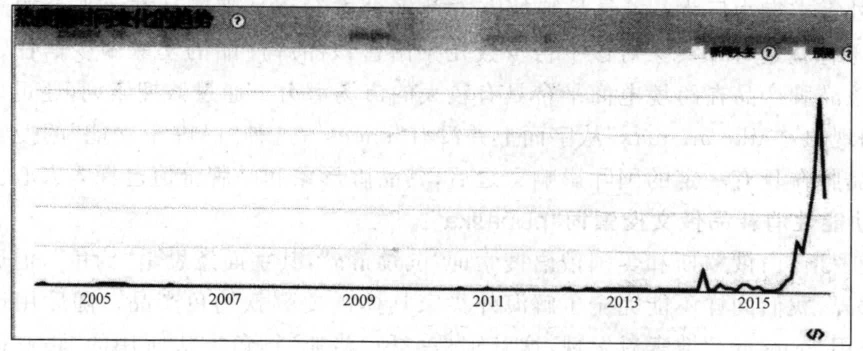

图 5-4 “hoverboard”搜索热度随时间变化趋势

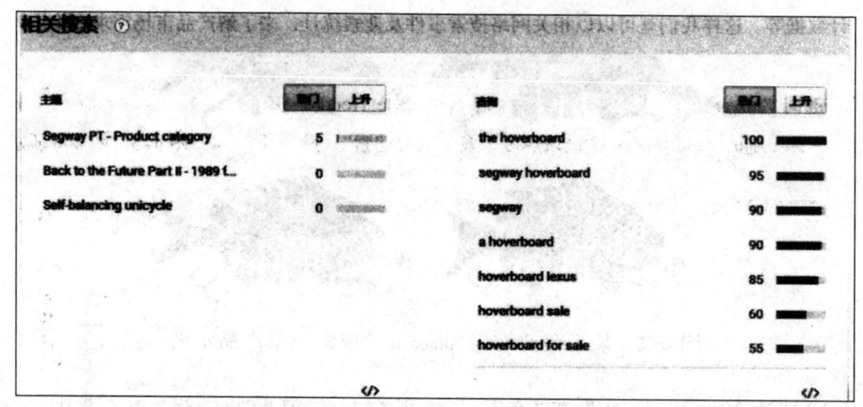

图 5-5 “hoverboard”的相关搜索

长，搜索热度不减，说明“hoverboard”是一个货真价实的新兴潮流行业或产品。

在国内某跨境电商平台，“hoverboard”区域搜索量前三的是美国、俄罗斯和荷兰，而Google Trends 则显示该关键词区域热度依次是美国、菲律宾和澳大利亚等，其原因很有可能是该电商平台在海外不同区域市场影响力并不均衡，同时 Google 搜索引擎在不同区域用户数量也存在差异。

“hoverboard”相关搜索的标题主要有“Segway”和“Self-balancing unicycle”，即摄位车（一种电力驱动、具有自我平衡能力的个人用运输载具）和自平衡独轮车。看来“hoverboard”用户需求的并不是普通的滑板车，而是具有电力驱动和自动平衡功能的，能作为一种交通工具用于个人通勤的，类似独轮车那样便于携带和使用的高科技产品。

（四）关注浩瀚的“长尾”产品

在以上海外目标市场国的产业分析、平台热卖产品、平台搜索词分析及搜索引擎趋势分析工具等的运用中，实际上试图把注意力集中在海外市场需求大、当前销量高或具有较大发展潜力的产品类目上。在当前跨境电商竞争日趋激烈的情况下，这些产品类目大多属于“红海”。

如在表 5-1 中，除了 TOP10 行业类目，还有由诸多行业类目组成的“其他”在 2013 年销量累计高达17.45%，仅次于“服装服饰”类目，另外在TOP10行业类目内，还有诸多销量并不起眼的二级类目和三级类目。而长尾产品正是这些单品销量并不起眼的诸多产品，它们的总销量累计却可以达到一个惊人的程度，这个总销量甚至超过了任何一个TOP10的一级类目。

1. 长尾产品的特点

长尾产品的特点是需求少、种类数量多、销量规模庞大及利润高。

(1) 某种长尾产品的需求往往是针对特定市场区域而言的。这里的需求少是指虽然存在需求，但由于市场容量很小，不足以支撑传统市场营销规模化的要求，因此不被传统营销所重视。

(2) 种类数量多是指长尾产品在各行各业广泛存在，如快速消费品行业的一些极具个性化的产品、特殊行业的特殊产品等。

(3) 销量规模庞大是指所有长尾产品的销量可以达到一个很高的水平。特别是在跨境电子商务环境下，信息传递范围更广，可以汇集来自全球的订单，单个产品的销量实际上还是比较可观的，甚至有的产品由于电子商务的运用，不再是长尾产品。再加上各行各业长尾种类众多，总销量大也就更不足为奇了。

(4) 少量特定买家对特定长尾产品需求往往比较迫切，提供长尾产品的卖家往往可以避免大宗商品卖家间存在的激烈价格竞争，因此单个长尾产品的销售利润率往往可以达到较高的水平。

2. 长尾产品的种类

下面通过几个例子来说明在跨境电子商务环境下，长尾产品的广泛存在。

(1) 行业内的非标品。在某个成熟行业，往往会有一些主打产品，其需求量和销量大，产商也多，一些实力较强的产商往往采用品牌化运作手段，产品的种类、规格及性能趋于统一。而行业内往往同时会有大量非标品正好和主打产品相反，形成该行业的长尾产品。

如以户外露营用品行业为例，帐篷是主打产品，大量相关产品则可以认为是长尾产品，如帐篷垫、帐篷灯、地钉、防风绳及户外挂钩等，如图5-6所示。

图5-6 “帐篷”及其长尾产品示例

(2) 行业内的极具个性化产品。个性化产品在服装行业最为突出。除了西装、衬衫、T恤及裙子等细分类目外，也有一些极具个性化的产品，如图5-7所示。

图 5-7 服装行业个性化产品示例

如果说以上个性化服装甚至一度还很流行，销量还很好，因此算不上什么长尾产品，那么种类繁多大量存在于服装行业典型的“奇装异服”就一定算得上是长尾产品了。这类服装产品，强调的是奇特，用户似乎并不关注品牌或品质，虽然销量不多，但也几乎可以说“只要你敢卖，就会有人买”。该类产品如图 5-8 所示。

图 5-8 服装行业极具个性化产品示例

(3) 行业内特殊用途的产品。在某行业内部，除规格化的通用产品外，还有一些在功能上符合特殊用途的产品。如服装行业的婚纱、礼服、演出服、舞台服、芭蕾舞服及马戏服，如图 5-9 所示。由于这类服装需求量相对较少，一定程度上也可以被认为是服装行业的长尾产品。

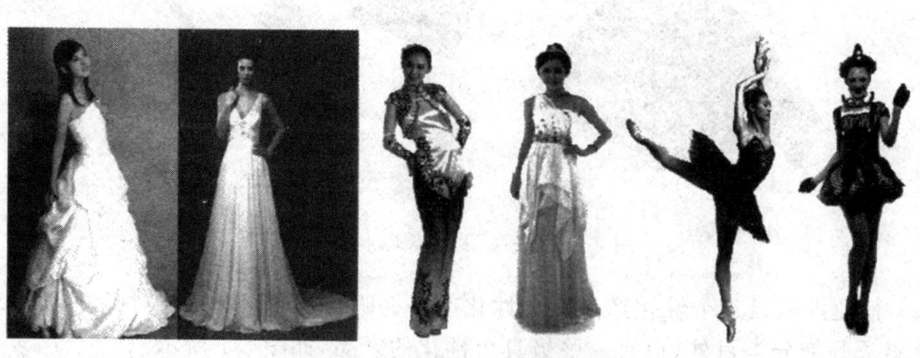

图 5-9 服装行业特殊用途的产品示例

（五）综合案例分析

2016年最受国外“剁手党”追捧的这8款产品

（摘自雨果网：http：//www.cifnews.com/article/23620？origin＝pc-share）

双十一、黑五、感恩节、网络星期一、圣诞节……每到年末，各种节日和节日促销就蜂拥而至；网络的发展，催生出一批靠电商赚得盆满钵满的先行者。如今越来越多的人对电商这个行业有兴趣，也想进入这个蓝海分一杯羹。

今天我们为您编译的是营销专家 Rafi Chowdhury 的分析文章，从 2016 年第三方电商平台上的 8 款畅销产品着手，力求能为跨境电商卖家指明方向。

不可否认，如今是电商销售和联盟营销的时代，电商巨头的规模日趋增大，给平台卖家提供了诸多盈利的机会，此时也是利用平台销售、联盟营销或 dropshipping 等销售策略的最佳时期，因为现在平台上有一些产品利润非常高。

但卖家不能一下子就跳进跨境电商海洋中，你还需要有“救生圈”。所谓“救生圈”，就是要知道什么产品能卖、什么产品不能卖。如果你打算进入跨境电商行业，并准备开始在社交媒体上推广产品，下文介绍的这 8 种第三方电商平台上的热销且高利润产品，应该会对你有所帮助。

一、LED 臂环安全指示灯

LED 臂环安全指示灯如图 5-10 所示。

是的，你没有看错，这种小型 LED 臂环安全指示灯是平台上最畅销的产品之一，人们买这玩意儿就跟买热蛋糕一样，不仅有职业骑手和最专业跑步运动员，连业余运动爱好者都觉得该产品很好用。

就美国而言，健身行业的消费金额增长幅度非常大，而且未来看似还将继续增长，因此销售这种臂环及其他类似产品的卖家很可能发家致富。

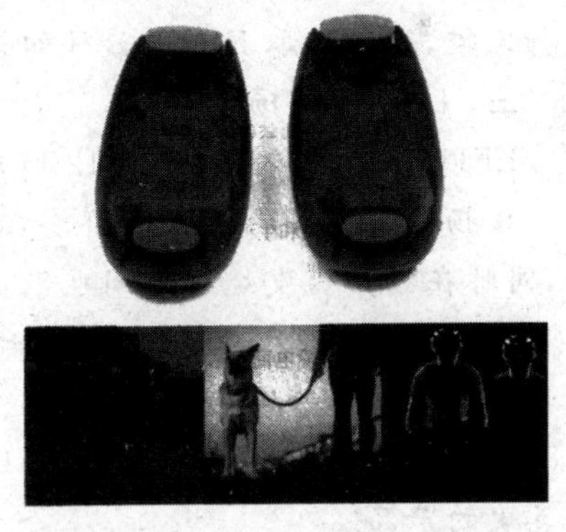

图 5-10　LED 臂环安全指示灯

专门为骑手、跑步运动员和日常运动爱好者推出的 LED 运动配件能很快吸引目标受众。这些产品是健身专家的选择，而最终非专业健身人员也会买，因为毕竟健身专家都买了，非专业健身人员有什么理由不买一个？如果卖家想让自己的初创企业营收增长，这就是一种很适合投资销售的产品。

有趣的是，平台上此类产品售价为 9～17 美元。如果卖家想提高利润，可以低价从批发采购平台上购进产品，然后放到大型电商平台上卖。

二、液晶显示 USB 桌面水族箱

液晶显示 USB 桌面水族箱如图 5-11 所示。

如果卖家觉得只有一些人会对这种小水族箱感兴趣，那你就可能低估了它的受欢迎程度。

图 5-11 液晶显示 USB 桌面水族箱

对买家来说，此类产品物超所值，它带有免费的 USB 线、闹钟，通常还有鹅卵石或植物等，不仅可以放在家里做装饰，同时也可以在餐馆和办公室摆设。人们可能没办法花大钱建一个真正的水族馆，所以既漂亮、价格又不贵的 USB 桌面水族箱就是他们的选择。

该产品在平台上好评很多，同时价格指数也高(售价至少是 34 美元)，批发采购平台售价为 10～22 美元，因此从批发采购平台购买，再放到平台上卖也是个不错的想法。

还有卖家必须停止没有比价就慌忙采购的行为，因为有很多进货渠道，卖家可以从中进行比较，从而选取利润的最佳组合。

三、LED 蓝牙扬声器

LED 蓝牙扬声器如图 5-12 所示。

该扬声器同其他产品一样势必会成为平台最畅销的产品之一。它在平台上评价很高，同时在扬声器发烧友之间也很抢手，特别是年轻人，他们是该产品的主要消费者。此品类大部分高质量的产品都带有台灯、夜灯、免提麦克风、免提听筒等功能，还支持存储卡，和所有智能手机兼容。

而且它不一定要在室内使用，还适用于那些经常跑户外的人，是自驾游客和背包客特别喜欢的产品。

平台上该产品售价为 19～35 美元，市场竞争不大，卖家可以选择向价格更低的供应商采购产品，再通过平台销售，可利用联盟营销甚至是代发货。

四、手机/钥匙定位追踪器

手机/钥匙定位追踪器如图 5-13 所示。

该产品在平台上评论超过 500 条，似乎人们记性越来越不好，他们发现这种钥匙追踪器或 App 越来越能派上用场。事实上，它能追踪所有产品，这也是它非常受欢迎的原因。

它能通过让手机发出响声追踪所在位置，同时也能追踪钥匙、钱包、相机、背包、行李和宠物等物品。任何能连接追踪器的东西都可以追踪，只需要在 App 上标记东西丢失，该蓝牙钥匙追踪器就能找到 App 与追踪器最后一次连接的所在地，同时找到失物后，你也会收到通知。

图 5-12 LED 蓝牙扬声器

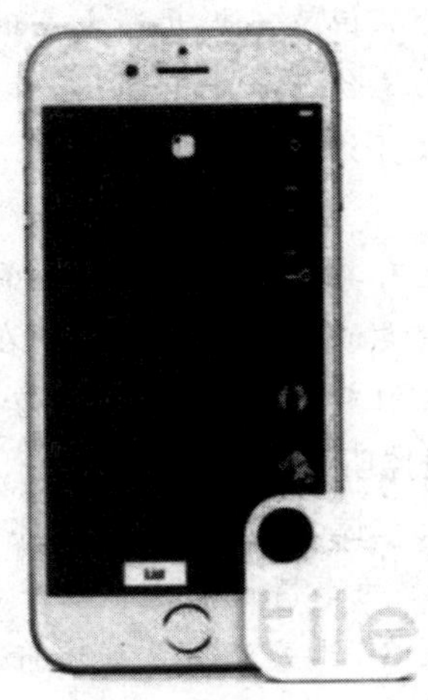

图 5-13 手机/钥匙定位追踪器

简单来说，产品将手机追踪器、GPS 定位器、宠物分离报警器、蓝牙钥匙追踪器合为一体，因此这种产品的需求不太可能会降低。

有趣的是，平台上产品的价格差异非常大！在批发采购平台上，该钥匙追踪器售价为 3～6 美元。

五、蓝牙 LED 鞋子

蓝牙 LED 鞋子如图 5-14 所示。

图 5-14 蓝牙 LED 鞋子

该产品似乎看起来很花哨，但年轻人、青少年都很喜欢。该发光鞋穿起来和看起来一样舒服，这就是它的热度一直在上升的原因。它操作方便，可以变换多种灯光模式，而且可以在固定时间间隔内变换灯光，消费者也不必担心充电问题，任何手机充电器都适用。

它不仅穿起来舒服，而且不贵。社交聚会常客和时尚达人都喜欢该产品。

如果有卖家对销售该产品感兴趣，就请注意，在平台上它的售价为 30～36 美元，而在批发采购平台上最低售价仅 22.3 美元，因此销售这种产品也是个不错的想法。

六、便携搅拌机

该产品对运动和健身爱好者很有用，它能用来搅拌果汁、牛奶、咖啡、鸡尾酒和热巧克力，不一会儿就能好。只需要一个按钮就能触发搅拌机自动搅拌，非常简单。适合那些想购买健康的产品但又不想开销太高的人。

该产品还适合在旅途中使用，特别是对那些长期待在户外的人。此类产品卖得很好，市场上几乎没有竞争对手。但是还有待优化，稍微改进一下能让卖家的市场份额有所提高。

平台上也有其他迎合健康行业需求的产品，而这些产品目前或是未来都将卖得很好。该产品及其他类似产品平台上定价在18.99美元左右，卖家也可以从其他电商网站上购买到更多类似但更便宜的货源(价值从1美元到4美元)，产品利润就在那里。

七、无线监听耳机

确实很让人惊讶，平台上竟有那么多用户喜欢扮演侦探，但此类产品真的卖得非常非常非常好，重要的事情说三遍。该产品好评如潮，但销售这种产品的卖家需要好好处理社交媒体营销策略，让该产品更加流行，增加业务利润。

当然这种产品在电商平台上和批发采购平台上价格差异仍然很大，分别是8.57美元和1美元。

八、橡皮泥

橡皮泥如图5-15所示。

图5-15 橡皮泥

父母认为橡皮泥是给孩子最好的玩物，该产品有各种颜色、味道和造型，有的还带模具和工具。大部分品牌橡皮泥安全、无害。但该品类竞争很大，每个品牌需要提供更多创新性的东西。平台上普通橡皮泥售价7美元起，而有做创新性改造的产品售价近24美元。

批发采购平台上橡皮泥的售价从0.5美元到4美元的产品种类有很多。因此卖家在平台上销售这种产品也是个不错的选择。(编译/方小玲)

1. 请简要分析，为什么本案例所涉8款产品会在跨境电商平台热销。
2. 从跨境电商产品策略的角度来看，这8款热销产品有什么共同的特点?

对全国各地的优势行业和产品的了解，不但有助于卖家进行合理的选品，还可以为卖家在构建产品货源及供应链整合方面提供必要的决策基础。对产品属性、图片、标题、详细说明等方面进行全面合理的展示，也是跨境电商产品策略的重要内容。而对店铺进行必要的装修，关系到卖家的整体形象。

跨境电商的货源策略，则是跨境电商卖家根据各地的优势产业，根据产品的销量情况的预测，构建产品的供应链和采购方式等。构建可靠的产品货源，是进一步提高跨境电商卖家竞争力的重要方式。在构建产品货源的过程中，应当关注国内各地的优势行业，并通过淘宝、天猫分销、阿里批发、整合分销、专业市场、代理商或产家等渠道进行合理的采购。

三、跨境电商具体选品策略

实际上，完全根据海外市场调研，以在精准地了解海外卖家潜在需求后进行选品具有非常大的难度。首先，开展专门海外市场调研具有一定的难度，其实施成本也非常高；其次，即便是深入专业的海外市场调研，也只能掌握海外买家需求的大致情况，很难锁定海外买家对具体产品的需求；最后，就算精准地掌握了海外买家的需求，也很难快速在国内找到或开发出相应的产品。因此海外需求推动的选品方法是相对的，也就是说在选品时要根据现有的或较容易获得的海外买家需求信息，进行相对准确的选品。而第五章第一节“关注海外买家的需求”中，实际上已经较为充分地阐述了相应的选品方法。

在大致了解了海外买家的需求之后，接下来卖家则是要在国内市场找到并选择相应的产品上传跨境电商平台，这就是跨境电商品类选择。选品的正确与否，直接影响国内卖家后续的经营表现。但事实上，对大量中小卖家而言，相比前期事无巨细的市场调研，快速地完成选品以抓住潜在的市场机会似乎显得更为重要。因此接下来阐述适用于中小卖家的几种快速和相对准确的跨境电子商务品类选择方法。

（一）直接从国内优势行业中选品

无须前期的充分的海外市场调研，卖家在了解了国内的或当地的优势产业后，直接和国内或当地的相关厂商取得联系，把相应的优势产品上传至跨境电商平台。大部分早期成长起来的跨境电商卖家实际上就是采取了这种选品方法。

特别是在通用性较强的产品领域，这种选品方法非常有效。因为对通用性较强的产品而言，国内外买家的需求差别不大，将国内具有产业优势的这类产品上传到跨境电商平台后，应当也会有不错的销量。但这种选品的方法有一个明显的缺点，那就是容易形成跨境电商卖家间激烈的竞争，在经营过程中相互压价，导致利润的下降。

（二）跟卖式的选品策略

跨境电商的一个特点是，如果选品得当，那么该产品上传后稍加推广手段，就可以快速获得良好的销售效果。因此可以利用跨境电商平台的这一特征，来进行选品的测试。

在亚马逊平台上，亚马逊统一管控所有卖家上传的产品链接，并允许多个卖家共用一个产品链接。这样，某一卖家在上传产品后，其他卖家也可以在此基础上填写一些价格信息，一起销售同样的商品。这就是亚马逊跟卖。当然，对于有品牌商标的商品，跟卖是不允许的。对于新卖家来说，跟卖平台上热销的中性商品，很容易提高成交量。

然而，此处谈及的跟卖并不局限于亚马逊平台的跟卖，更多的是指一种模仿竞争对手的跟随策略。简单来说就是，人家什么产品卖得好，我们也跟着卖类似产品。就像在中国的饮料行业娃哈哈凭借跟随策略一举成为饮料霸主；在中国的互联网行业，腾讯也是不断模仿竞争对手的运营模式,屡获成功。

在跟卖之前,需要找到销量好的商品。不管是在亚马逊,还是在 eBay、速卖通,都很容易就能发现那些爆款。接下来就是比对自有商品类目,如果有相同的或接近的,在不侵权的情况下就应该主推这些产品;如果没有,则在产品开发方面下功夫,向上游寻找相关产品。在自主开发产品的过程中,一定要贴上自己的商标,以在知识产权方面占得先机。对于销量很好的品牌商产品,要主动去联系品牌商,获得相应授权进行分销。要知道,在对价格有一定管控的基础上,品牌商是非常愿意更多的商家来帮其分销商品的。

(三) 试错式选品策略

著名心理学家桑代克提出了"试误说"(try and error),也即学习的过程就是一个不断试错的过程。实际上,"试误说"也能很好地运用于品类管控。

从很多大型外贸电商企业的发展中,都能找到运用试错策略的痕迹。例如,FocalPrice 从 3C 数码起家,后来发展很快,上线了很多非 3C 类产品;然而,在 2014 年 5 月,FocalPrice 砍掉了其他不重要的品类,专注于 3C 数码等。又如,DX 早期定位于游戏机和配件,后来品类延伸至 3C 数码及配件,再后来拓展到婚纱礼服、箱包等;2014 年 9 月,DX 关闭了子站 DX Mall,对品类进行了大幅缩减。

显然,品类管控中的试错策略就是一个品类扩展再收缩的动态过程。对于独立网站来说,这跟网站的目标人群定位也有很大的关系。对于平台卖家,通过试错策略,能够从大量的商品中发现精品,进而将其打造成爆款甚至有品牌的商品。或许在 eBay 和速卖通,通过海量产品来提高曝光率依旧是主流模式,但是在亚马逊,打造精品才是制胜之道。

另外,从企业发展的角度来看,任何一个卖家在发展过程中都会受到规模扩张的诱惑,这个时候上线更多的产品 SKU 能有助于提升销售额;然而,受制于资源限制(如编辑人员的不足、营销精力有限等),必然要对 SKU 进行缩减。这其实也充分体现了试错策略在外贸电商企业中的运用。

(四) 产品组合策略

店铺 SKU 似乎是每个大卖家的必经之路。面对浩瀚的产品,必须要做到轻重缓急。也即,在整个产品线中,要有核心产品和补充性产品的组合。这就是产品组合策略。

那么,如何判断核心产品和补充性产品呢?在不考虑品牌因素的情况下,对于一件产品,往往可以从两个维度来分析:搜索量和利润率,如图 5-16 所示。

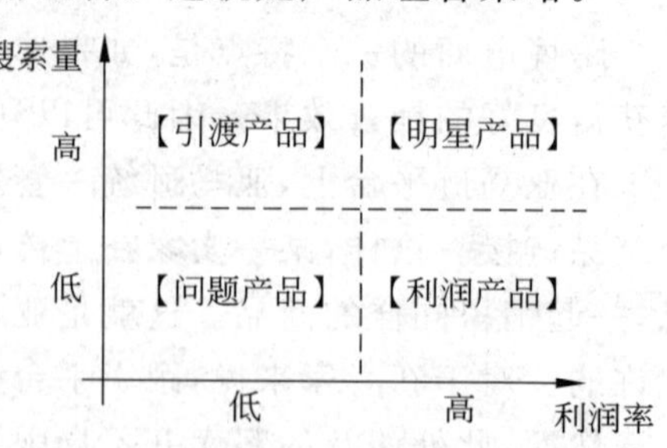

图 5-16 引流产品、问题产品、明星产品及利润产品划分

根据搜索量的高低和利润率的高低,把产品分为四种:①明星产品。毋庸置疑,如果有这类产品,那么肯定是处在蓝海市场中。从当前外贸电商的竞争程度来看,这类产品几乎绝迹了。当然,如果把品牌因素考虑进去,那么还是有不少

明星产品。例如，Anker在美国市场拥有不错的知名度，那么Anker很有可能就是一个高搜索量并且高利润率的明星产品。因此，对于广大卖家来说，要打造明星产品，应该从品牌入手，或者自建品牌，或者代销知名品牌。②引流产品。这类产品的搜索量很高，但在激烈的市场竞争下，整体利润率偏低。实际上，这类产品非常适合充当引流产品：依靠其高搜索量，辅以非常低的价格，吸引消费者光顾店铺，进而带动店铺其他产品的销售。例如，苹果手机壳的搜索量很大，卖家可以尝试平价(零利润)销售该产品，在招来顾客后，向其推荐数据线等周边产品。③利润产品。这类产品的搜索量虽然不大，但却拥有较高的利润率，刚刚提到的苹果手机壳的例子中，如果把苹果手机壳作为引流产品，那么周边产品就可以作为利润产品来主推。④问题产品。这类产品不仅比较冷门，而且利润率很低。通常这样的产品很少见，如果发现，应在品类管控中及时清除，避免占用资源。

在产品组合中，毫无疑问，明星产品应该作为核心产品，而且越多越好。引流产品虽然不能带来利润，但却能带来流量，因此也应该作为核心产品。至于利润产品，如果其跟引流产品高度相关，则可作为核心产品；如果相关度不高甚至不相关，那就划为补充性产品。一般来说，一个店铺80%的销量都是来自那20%的核心产品，符合二八定律。

以上四种策略对于绝大多数商家都适用。此外，在品类管控中，还应该重视产品风险控制。在外贸电商中，主要的产品风险有三种：①国别区域的政策风险。例如，电子烟是一种特殊商品，不同国家有不同的管制政策，因此开发这类产品时一定要先了解清楚目标国家的相关政策。②知识产权风险。知识产权包括商标权、专利权等。做仿品的商家，很可能因商标权的侵犯遭到投诉，导致资金冻结甚至账号永久性被关闭。对于做正品的商家，也应该防范产品中涉及的专利问题，对于未授权的专利产品要谨慎销售。③认证风险。各国政府为了规范市场，对某些产品有强制性认证要求，如欧盟的CE认证。如果没有相关认证，产品将面临召回销毁的风险。

品类管控是一个非常繁杂的工程，对于那些拥有上千上万个SKU的大卖家尤其如此。然而，通过高效的品类管控策略来优化上游供应链，是每一个卖家构筑竞争壁垒的关键。只有理顺了上游的产品供应，才有可能在下游的销售中获得突破性的发展。

四、盘点国内优势产业

可喜的是，改革开放以来，我国国内产业结构日益发展完善，特别是“中国制造”在国际上声名大振，各国采购商纷至沓来。国内日益形成的制造业产业优势资源及巨大的海外需求，为国内跨境电商创业者提供了丰富的货源。从当前实际情况来看，具有较大全球影响力，并可以和跨境电商发展紧密相联系的国内优势区域产业主要有义乌的小商品等。

(一) 深圳的通信电子产品

深圳是全国乃至全球重要的通信设备、电子元器件和软件研发、生产、出口基地，产业规模全球领先。它是全球最大的移动终端制造基地，每年手机出货量居全球首位。

深圳通信产业链条完整，产业配套率达99%以上，程控交换机设备、光网络设备、移动通信设备、DSL设备等产品产量和性能均位居全国前列。从事通信产品生产研发的企业超过 1 000 家，其中，华为、中兴 2 家本土企业是全球最先进的通信设备生产商和电信设备供应商，自主创新能力极强，国内外专利申请量屡登榜首，成功跻身全球通信企业专利产出大户之列。

（二）义乌的小商品

义乌是目前全球最大的小商品集散中心、日用商品批发市场、展示中心和我国重要的商品出口基地，已被联合国、世界银行等权威机构确定为世界第一大市场，享誉海内外。

历经 30 多年发展，义乌形成了以 2 个国际商贸城为核心，12 个专业市场和 28 个农村集贸市场为依托的完善的市场体系，总面积多达 430 万平方米，商位 6.2 万个，拥有 16 个大类、4 202 个种类、170 多万种单品，日均客流量达 20 多万人次，并联结着 10 万余家生产企业。义乌市场外向度达 65%以上，商品出口到全世界 215 个国家和地区，来自 100 多个国家和地区的近 1 万名境外客商常驻义乌，不仅是国内出口商品的集散地，也成为国外商品的集散地。由商务部主持编制的“义乌・中国小商品指数”被誉为全球小商品生产贸易价格变动的“风向标”和“晴雨表”，截至 2018 年底，中国小商品城的市场成交额已达 1 358.4 亿元。

（三）东莞 IT 制造业

东莞是制造业全球化的典型代表。在全球 IT 产业巨大的产业链中，东莞聚焦在“配套加工制造”这一环节，跃升为全球最大的 IT 产业加工制造基地，电脑配套设备产量居世界第一位，配套率近 100%。

东莞市共集聚 IT 制造企业 3 300 多家，其中包括三星、日立等为代表的全球 500 强 IT 企业。从全球市场份额来看，东莞生产的电脑资讯产品占有率超过 10%的有 10 余种，其中电脑磁头、电脑机箱及半成品占 40%，敷铜板、电脑驱动占 30%，高级电流电容器、行输出变压器占 25%，电脑扫描仪、微型马达占 20%，电脑主板及键盘分别占到 15%以上，是全球主要电脑制造商的零部件采购基地之一。

（四）全国主要服装产业集聚地

近年来，我国服装产业日益向集群化发展，以长江三角洲、珠江三角洲、环渤海三角洲三大经济圈为辐射中心，在服装主产区广东省、浙江省、江苏省、山东省、福建省等地，围绕着专业市场、出口优势、龙头企业形成了众多以生产某类产品为主的区域产业集群。

如河北容城的衬衫；山东诸城的男装，即墨的针织服装；江苏金坛的服装出口加工，常熟的羽绒服；浙江杭州的女装，宁波、温州的男装，嵊州的领带，织里镇的童装，枫桥的衬衫，平湖的服装出口加工；福建晋江、石狮的休闲服；广东中山的休闲服，南海的女士内衣，虎门、深圳的女装，大朗的毛衣，均安、增城、开平的牛仔服，潮州的婚纱晚礼服；江西共青的羽绒服；等等。这些服装产业集聚地产业链完善，呈现良好发展势头，已成为当地经济发展的主体，人口、企业和产业的集聚促进了区域经济迅速发展，对当地经济发展的贡献率日益增长。

（五）国内三大家电产业集聚地

家电产业在我国经过30多年的发展，已经成为一个成熟的行业，一些家电企业经过激烈的市场竞争，已经成为家电行业的领导者，在这些家电企业周围，已经形成了强大的产业集群。我国主要的家电生产基地有3个：第一个是以广州顺德为代表的珠江三角洲基地，主要生产空调、小家电和微波炉；第二个是以浙江慈溪为代表的长江三角洲基地，主要生产洗衣机、厨房电器和空调；第三个是以山东青岛为代表的环渤海经济圈基地，主要生产空调、冰箱和冷柜。

（六）国内玩具产业发展及分布

我国玩具企业具有显著的区域分布特征，主要集中在最早对外开放的广东、山东、江苏、浙江等沿海地区，这些地区也是我国玩具产业发展比较成熟的地区。广东是我国最大的玩具生产和出口基地，而汕头市是广东玩具生产企业最为集中、科技创新能力和产品科技含量最高的地区之一，形成了较成熟和完整的产业链，产业集群效应明显。

国内玩具企业数量众多、规模较小，外销为主，自主品牌少。目前，我国是全球最大的玩具生产国和出口国，拥有各类玩具企业2万余家，以出口贸易为主，截至2012年底规模以上玩具企业有1 231家。20世纪90年代初，国内大部分玩具厂商缺乏清晰完整的产品战略，仅从事简单的代工生产或贴牌生产，欠缺根据市场需求以及产品趋势进行设计的能力，产品缺乏特色和针对性；在销售环节上，也很少有专业的销售人员对消费者进行产品介绍，缺乏持续销售意识。因此，我国大部分玩具产品缺少创新、品种单调、经济附加值低，玩具市场缺乏自主品牌产品，同质化严重，竞争激烈，虽然国产玩具价格偏低，在中低端市场具有较强竞争力，基本垄断了小规模的批发市场和小商小贩等销售渠道，但国内高端玩具市场被国外品牌主导。香港贸易发展局的调查显示，在国内玩具消费市场上，国外品牌占主导地位，消费者认知品牌也以国外品牌为主，对国内自主生产的玩具品牌认知度较低。

（七）中国五大家具产业集群

中国有五大家具产业集群，它们分别是华南家具产业区、华东家具产业区、华北家具产业区、东北家具产业区、西部家具产业区，这五者集中了中国90%的家具产能。

以广东珠江三角洲为中心的华南家具产业区，具有产业集群、产业供应链和品牌优势。

以长江三角洲为中心的华东家具产业区，具有产品质量和经营管理的优势。

以环渤海地区为中心的华北家具产业区，具有企业规模和市场需求优势。

以东北老工业基地为中心的东北家具产业区，具有实木家具生产和木材资源优势。

以成都为中心的西部家具产业区，具有供应三级市场产品的优势。

前4个家具产业区在我国东部沿海地区由南向北分布，家具出口生产企业和大型生产企业集中，是供应我国市场和家具出口的主要地区。西部地区家具产业区主要面向国内市场。

在这5个家具产业区中，华南和华东产业区是产量最大、出口额最高的两个主要产业区，广东省和浙江省是我国家具的生产大省和出口大省。广东省家具企业有6 000余家，从业人数100多万。广东省东莞市改革开放以来形成了家具生产、配套、销售的重要基地，东莞市厚街镇有家具之都的美誉，东莞市大岭山镇是我国家具出口第一大镇。佛山市顺德区的乐从镇、龙江镇是全国知名的家具产销集散地。浙江省有家具企业2 600余家，雇员人数25万人，近年来涌现出一批大型家具企业，在国内外都有广泛的影响。

不管是大宗消费品还是行业长尾产品，在理解了海外买家的需求之后，还需在国内找到具有竞争力的供应商，以提供相应的产品，才能解决卖什么的问题。

第二节 高质量网络产品及店铺展示

一、产品图片的拍摄和处理

网上购物，买家对商品的第一印象就是图片。图片的好坏，往往直接影响买家决定是否点击查看产品，同时也是影响买家判断产品价值的一个重要因素。要拍摄一张优秀的商品图片，主要有两个方面的因素：拍摄技巧和图片处理。

（一）拍摄技巧

(1) 对产品拍摄环境进行适当的布光，让商品画面整体亮度协调无暗角，并且整个产品有足够的亮度。

(2) 合理设置相机的分辨率、曝光、白平衡和其他参数，以利于所有产品照片的明亮、色彩及层次感等趋于协调统一。必要时采用三脚架拍摄，以确保画面清晰。

(3) 尽量选择单一色彩背景以突出产品主体内容。通常纯白色背景可以为深色或黑色物品带来很强烈的对比效果。而黑色或深色背景较难以掌控，但运用恰当则可以为某些珠宝首饰类产品营造沉稳高档的氛围。

(4) 恰当合理地使用道具进行拍摄，注意避免杂乱的背景和拍摄主题无关的物品进入拍摄画面，避免买家的注意力的转移，甚至产生混淆或误解。

(5) 拍摄几张多角度的体现产品整体的图片作为商品销售页面的主图。

(6) 对体现产品功能、材质、性能及结构等方面的重要细节，应当进行近距离、多角度的拍摄，必要时可以拍摄产品细部特写(如服装的面料纹理和质地)，以供买家全面地了解物品的实际情况。

（二）图片处理

图片拍摄完成后，上传到本地电脑，并用Photoshop等图片编辑软件进行处理和优化。

(1) 裁剪图片，删除画面中不必要的杂物，突出主题。

(2) 调整画面的对比度及亮度等，必要时进行锐化处理。

(3) 根据对图片的展示要求及最佳展示效果，调整图片大小。

(4) 必要时可以在产品图片上添加 LOGO 及水印等。

(5) 根据图片的展示顺序及位置等,进行合理编号命名并保存。

二、有关产品的信息及详细描述

在当前技术条件下,文字比图片还多了一项重要的功能,那就是"搜索",即海外买家可以通过搜索引擎文字搜索功能,找到和搜索条件相符合的产品销售页面或链接。一般来说,一个完整的产品销售页面文字,应当包含以下内容。

(一) 产品标题

合理的产品标题应当有助于该产品取得靠前的搜索排名和方便买家对该产品进行快速的理解,因此卖家必须对产品的"名称""性能""规格""用途""款式""品牌"及"型号"等重要关键词进行适当的排列组合,形成完整的标题,如某平台销售的 T 恤产品图片及标题如图 5-17 所示。

Naturehike Women's Outdoor Leisure Sports quick dry T-shirt short sleeve zipper stand collar fast drying fabric shirt BD02-W

图 5-17 某平台销售的 T 恤产品图片及标题

以该标题为例,一个完整合理的产品标题应当具有以下内容。

(1) 产品的主关键词,如本产品"T 恤 T-shirt"。

(2) 体现该产品用途和性能的关键词,如本产品的"女性 Women's""户外 Outdoor""速干 quick dry"和"面料 fabric"。

(3) 体现该产品风格和款式的关键词,如本产品的"休闲运动 Leisure Sports""短袖 short sleeve"和"拉链立领 zipper stand collar"。

(4) 其他相关内容,如体现该产品品牌和型号的"Naturehike"和"BD02-W"等。

(二) 产品属性

针对特定行业品类的商品,有的跨境电商平台会要求卖家提供产品的重要信息,并在产品的上传过程中自动产生下拉选项菜单方便卖家输入。一般来说,这些选项主要包括产品的规格、用途、款式、材料、风格、结构、品牌及型号等。

(三) 产品的详细说明

一般来说,跨境电商平台都会在卖家的后台提供产品详细说明编辑功能,卖家在编辑时可以同时上传图片和文字说明。在此，我们可以按之前设定的产品图片编号，依次上传图片，并配以相应的文字说明，以做到图文并茂的效果。但这里在输入文字时，有以下几点事项需要卖家注意。

(1) 尽可能地多次强调产品的主要信息，如上述产品标题中体现出来的那些关键词。必要时可以在文本的开始处复制一遍该产品的标题(这样做一方面有利于产品的搜索排名，另一方面可以增强买家对产品重要信息的印象)。

(2) 利用产品详细描述突出产品的优势与特点，写清楚该产品的所有详细参数，以便买家详细了解，以利于买家消除顾虑决定下单，避免误解产生纠纷等。

(3) 使用合适的字体、大小及颜色，确保描述文本整齐有序、清晰易读。避免多种杂乱的字体和颜色，在需要强调的地方，可进行适当的加粗或用突出的颜色处理。

(4) 注意文字的拼写和语法，确保用词准确，文本使用简单的陈述句，易于理解。

(四) 其他注意事项

在以上产品展示和信息制作过程中，还应注意以下事项。

(1) 不管在产品信息的哪个部分，都要做到如实描述，避免标题的夸大其词、产品属性的填写错误及产品详细描述的虚构等。

(2) 和图片相应的文字信息，注意不要画蛇添足将这些文字 PS 进图片中，因为这样可能破坏图片的整体效果。另外，如果文字单独以文本的方式放置在图片下面，可以通过自动翻译将其译成各个国家的文字，便于更多不同国家买家的理解。

(3) 在平台支持多语种输入的情况下，如果卖家能够熟练运用小语种，则可以有效提高相应语种买家的购买率。

三、产品相关的知识产权问题

相比国内电子商务，跨境电子商务对产品知识产权问题更为敏感。大部分跨境电商平台均设置了较为严格的知识产权规则，并对违反知识产权规则的卖家予以处罚。因此国内跨境电子商务卖家应当充分重视产品相关的一系列知识产权问题，以避免不必要的风险和纠纷。

(一) 盗用他人图片

盗图是指不经图片创作人允许而使用他人图片作品的行为。在跨境电子商务平台上，一些中小卖家往往未经图片著作权人允许，擅自使用来自其他网站(如其他电商平台产品销售页面或产品的官方网站等)的图片。这种盗图行为一旦被图片创作权人发现，卖家就有可能被投诉而承担侵权责任。

(二) 侵犯他人品牌权利

在跨境电商平台上，侵犯他人品牌权利有以下几种常见的情况。

(1) 未经品牌持有人授权，卖家擅自在平台上出售该品牌的产品。

(2) 未经品牌持有人授权，卖家擅自在其产品销售网站、产品销售页面、产品标题、图片及文字说明中使用其品牌文字、LOGO及图片标识。

(3) 销售仿冒的品牌产品。即出售非品牌商品,并声称是品牌商品。或虽未声称是品牌商品,但在出售的产品实物及包装上具有品牌产品标识。

(三) 侵犯他人图案著作权

侵犯他人图案著作权的情况中以下两种方式最为常见。

(1) 出售产品上的图案,未经权利人授权。如产品上印刷的Kitty猫等具有一定影响力的卡通形象或动漫影视作品。

(2) 出售产品的外观形状,侵犯他人著作权或外观专利。如一些玩具外形照抄或酷似具有一定影响力的卡通形象或动漫影视作品。

(四) 侵犯他人专利权

专利权有两种:一种是外观专利,另一种是发明专利。跨境电商卖家有意或无意地侵犯人专利权的现象有以下两种。

(1) 卖家所出售的产品,使用了未经授权的外观专利。

(2) 卖家所出售的产品或构成产品的部件、材料,包含未经授权的发明专利。

四、产品相关的服务

现代营销理论认为,服务是产品本身应当包含的一项重要内容。因此做好相关服务,也是跨境电商产品策略的一项重要内容。买家如果可以感受到卖家优质的产品服务,将会大大提高购买率。

(一) 合理设定服务基本选项

一些基本的服务内容,平台方会有所限制地让卖家自由设定,如发货期限、配送方式、在途期限及退货方式等。

(二) 及时沟通

一是卖家保持在线状态,随时和买家沟通;二是如果经常不在线的,可以在产品的销售页面说明,注明卖家不在线时可以发邮件或留言,并及时回复(一般应在24小时以内)买家的邮件或留言。

(三) 产品相关的提示性内容

这些内容一方面可以增加买家对产品及相关服务的全面了解,减少卖家的工作量;另一方面也可以增强买家的信任,增加购买量。

(1) 用户需知之类提示内容。在某个商品或某类产品的销售页面,针对该种产品的特征,进行使用、保养及安全等方面的说明及提示。

(2) 常见问题集锦。在所有的销售页面,罗列产品及购买相关的常见问题集锦往往是必要的。如对有关付款方式、发货方式、退换货及缺货等问题的解决方法及相关政策进行更为详细的说明。

除此之外,卖家应切忌在商品描述页面添加语气强烈的排斥性内容,如“本店概不接受退款、退货”及“不接受差评”等。

五、装修你的店铺

一般来说,网络产品是放在卖家的网络店铺中出售的。事实上,其他卖家的店铺也会出售同样的商品。如果两家店铺对同一种商品的售价相同,那么买家会选择哪家店铺下单,一个重要的因素当然就是上述产品描述的详细程度及相关服务的完善程度,另一个重要的因素则是店铺总体状况之间的差异,如店铺的信用、好评率及装修等。而店铺的装修是卖家在开店之初便可以完成的内容。

其实店铺装修并不复杂,一些花里胡哨的装修实际上也没有必要。一般来说,店铺装修做到以下几点就可以了。

(1) 店铺首页整体美观整洁,无繁杂、多余或残缺的内容,店铺的整体风格和色系基本上符合店铺主打商品的特点等。

(2) 店铺主要内容模块布局合理,分类导航、产品分类及主推产品等模块布局合理,方便买家查看和点击。

(3) 店铺应内容合理,如店铺名称、店铺使用的图片大小形状合适,内容符合店铺的整体定位等。

第三节 跨境电商货源和采购

构建可靠的产品货源,是进一步提高跨境电商卖家竞争力的重要方式。在构建产品货源的过程中,应当关注国内各地的优势行业,并通过淘宝、天猫分销、阿里批发、整合分销、专业市场、代理商或产家等渠道进行合理的采购。

选品和上传完成后,只要这个前期工作做得好、价格合理,一般来说稍加推广,就可以获得订单。对于大多数卖家来说,一般情况下是先有订单、后备货。那么卖家一旦有了订单,如何采购及备货成了又一个重要的问题。接下则来谈谈货源和采购。

一、产品线上采购方法

不管是零售或批发,当前国内电子商务都比较发达。而国内较为发达的电子商务平台则为跨境电子商务卖家提供了方便的采购渠道。

(一) 淘宝采购策略

淘宝是国内最大的网上零售市场,其出售的产品五花八门。一般来说,国内卖家在跨境电商平台上出售的产品,淘宝上都能找到。但淘宝以零售为主,淘宝卖家需要一定比例的利润,所以采购价格比较高。因此,采用淘宝采购应当注意以下几点。

(1) 对于中小卖家来说,如果对后期的销量不确定,在不愿准备产品库存的情况下,淘宝不失为一种合理的采购途径。

（2）为了完善产品线和产品组合，一些大卖家的店铺内往往有一批非主打的产品，对于此类产品，如果不愿意做库存，也可以考虑采用淘宝采购。

（3）对比多家淘宝店铺，往往在价格方面有较大的差距，卖家应当选择价格和服务都相对较优的淘宝店铺采购。

（4）在某淘宝店铺进行多次采购后，可以适当地在价格及服务方面进行进一步的协商，但注意不要一味地压价，在价格相对合理的情况下和淘宝店主在多种类似产品的采购方面达成较为稳定的合作关系。

（二）天猫分销平台

天猫分销平台是天猫一些大卖家（生产企业或实力较强的批发商）为更多淘宝卖家开通的在线批发平台。这些天猫大卖家在自己销售产品的同时，在线设置一定的批零差价，以吸引更多的淘宝卖家代销其产品，并提供一件代发服务。跨境电商卖家有时也可以利用天猫分销平台进行产品采购，但应注意以下几点。

（1）天猫分销平台的下家是淘宝卖家，必须开设淘宝店铺才能使用天猫分销平台的功能。

（2）天猫分销平台的供货商往往对淘宝卖家在信用、注册日期及主营行业等方面具有一定的资质要求。在不能完全满足相关资质要求的情况下，可以和供货商取得联系，要求其开通分销功能。

（3）天猫分销平台的商品往往是国内网络品牌商品，相比无品牌的同类商品价格较高，在当前的跨境电商市场环境下，跨境电商卖家有必要考虑这类产品的市场潜力。

（三）阿里巴巴国内批发平台

阿里巴巴国内批发平台1688是国内最大的商品批发网店，其特点是交易方便，产品门类也较齐全。采用1688采购应当注意以下几点。

（1）1688对进货批量往往会有一个最小数量的要求，进货量越大，价格折扣也越大。因而1688适合那些有一定销量但销量不大的产品。

（2）对于商品货值较高的产品，很多1688卖家也提供一件起批，但注意其一件起批的商品往往和淘宝零售价格相差不多。这时需要进一步了解1688卖家的真实情况，以便在多次合作后，获得更为合理的价格条件。

（3）一批1688卖家实际上是传统线下批发商转变而来，另一批1688卖家实际上是批零兼营的以零售为主的网络卖家，当然还有一批1688卖家是直接由生产企业在网上设的一个销售窗口，因此跨境电商卖家可针对自身的销量情况和不同类型的1688卖家取得合作。

二、利用整合分销平台

整合分销实际上也是一种线上产品采购方式。但整合分销平台是随着跨境电子商务的发展而最近发展起来的产物，其目的就是为跨境电商中小卖家提供货源，其实质就是一个连接平台中小卖家及国内供货商的中间桥梁。从2014年下半年开始，各种整合分销平台纷纷上线，如为深圳中小卖家提供货源及融资服务的中国好东西网、以俄罗斯为主要市场的俄优选、专注于服装外贸分销的中国好服饰网、一体化分销平台赢立方 essdc 及 ERP 服务商赛兔推出的云仓分销等。选择此类整合分销平台进货，跨境电商卖家必须综合考虑以下几个方面的问题。

（一）整合分销平台的优势

从可整合营销分销平台进货，跨境电商卖家可以获得以下方面的优势。

(1) 整合分销平台直接和国内生产企业对接，可为跨境电商卖家提供一手货源。

(2) 整合分销可为跨境电商中小卖家提供一站式的物流服务，具体包括产品的仓储（包括海外仓储）、分拣、包装及配送服务。

(3) 中小卖家取得海外订单时，如果没有足够的资金采购，整合分销平台可以方便地为中小卖家提供供应商融资。

（二）整合分销平台的劣势

但同样，当前实际运用整合分销进货也具有其明显的劣势。

(1) 大多数整合营销分销平台还在起步阶段，其对跨境中小卖家的服务还不够完善。

(2) 由于整合营销分销平台实力限制，国内生产企业对入驻整合分销平台存在运营风险方面的顾虑或对整合分销平台没有足够的信任，因此整合分销平台可提供的货源有限。

(3) 对于大量从事长尾产品销售的跨境电商中小卖家而言，其利润来源主要是经过他们自己“精挑细选”的特色产品。而整合分销平台提供的规格款式较为统一的商品，由于会导致大量中小卖家之间的同质化价格竞争，实际上并不是他们看重的产品。

(4) 跨境电商大卖家完全有能力在自己的产业领域将供应链做得更好，而具有成长潜力的中小卖家也往往会专注于自己完整产品供应链的精细化运作。

(5) 整合分销平台往往“整合”的是特定市场区域的热销产品，如俄优选，或专注于特定行业的商品，如中国好服饰网，再或是国内特定产业区块的商品，因此当前整合分销平台可提供的货源的产品种类较为有限。

三、产品线下采购方法

除了以上线上采购方式，跨境电商卖家同时还应积极地对各种传统线下采购渠道进行考察，以找到更具竞争力的产品货源。

（一）当地专业商品交易市场

一般来说，在国内的某个城市，往往会基于当地的产业特色设立相应的专业性较强的商品交易市场。如义乌的小商品市场、深圳华强北的电子产品交易市场、杭州四季青的服装交易市场、福建石狮的服装交易市场及上海东方汽配城等。从当地专业商品交易市场采购，跨境电商卖家需要考虑的综合因素有以下几点。

(1) 当地专业商品交易市场货源充沛，在进货量大时，价格具有明显的竞争优势，甚至还可以在产品款式、功能及包装等方面提供定制化的服务。

(2) 大多当地专业商品交易市场经营者一般不提供单件或小批量的批发，即便是提供，也很难提供单件或小批量的物流服务，需要采购商上门提货，为开展跨境电商带来诸多不便。

(3) 很多当地专业商品交易市场的经营者实际上往往也是二手批发商，其提供的批发价格相比网络批发(甚至淘宝零售)并没有明显的竞争力。

(4) 相比网络在线采购，线下采购要求采购商具有丰富的专业知识，加上很多当地专业商品交易市场鱼龙混杂，产品质量良莠不齐，价格不透明，增加了采购难度。

(二) 传统线下代理商或批发商

对于一些优质品牌产品，国内生产商往往会在国内建立多级分销体系，有的产品还具有较大的批零差价，因此跨境电商卖家可以从当地此类产品的传统线下代理商或批发商处进货，但需要考虑的因素有以下几点。

(1) 传统线下品牌批发商对跨境电商卖家的态度。一方面，传统品牌产品线下批发商由于其上游产家的授权限制，不能将产品流入网络渠道。另一方面，很多传统线下品牌产品越来越多地受到网络品牌的冲击，传统线下品牌转战网络市场是一个总体的趋势。因此，在品牌产家授权不是非常严格的情况下，跨境电商卖家往往可以从当地传统线下代理商或批发商那儿采购商品。

(2) 国内传统线下品牌产品主要受到两个方面的竞争：一是类似非品牌商品，二是近年来风生水起的网络品牌商品。但在跨境电商市场，国内传统线下品牌产品在海外市场的影响力暂时有限。因此在价格偏高的情况下，国内品牌产品的后期销量值得跨境电商中小卖家考虑。

(3) 为了扩大产品在海外市场的影响力，也有一批国内品牌商品的厂商，对跨境电商卖家经营其产品并不反对。但如何和国内品牌产品产商建立长期的合作是值得跨境电商卖家考虑的关键问题。事实上，在当前海外市场影响力有限的情况下，国内品牌产品在跨境电商市场的销量实属有限，而一旦扩大影响力，销量增加，跨境电商卖家则会面临品牌授权问题。

(三) 直接和生产商的合作

如果跨境电商卖家的销量足够大，那么直接和生产商合作生产则是最佳的选择。但直接和生产商合作，跨境电商卖家也有相应的问题需要考量。

(1) 库存的压力问题。一般来说，和生产企业一次合作生产产品的数量相对比较多，而产品的销售则是细水长流式的日积月累，如果跨境电商卖家对产品销量没有一个准确的判断和预期，由此引发的库存积压风险将是致命的。

(2) 事实上，当前热销的产品，并不一定代表将来一段时期内也会持续热销，因为很多网络上热销的产品往往具有一过性的特点。更何况，网络热销产品马上会有人跟风，甚至会很快超过海外市场的饱和需求，这样一来，残酷的价格竞争及长期的去库存化就很有可能出现。

(3) 跨境电商卖家要在国内找到合格生产企业生产出合格的产品本身并不是一件容易的事情，另外直接和生产商合作生产，需要跨境电商卖家对产品的生产工艺、原材料及生产成本等方面进行深入的了解，并对产品生产质量具有一定的把关能力。

复习思考题

1. 什么是平台热卖产品？
2. 平台的搜索数据和结果，对卖家选品有哪些参考作用？
3. 你所在的当地有哪些优势的行业或产品？这些产品符合海外消费者需求吗？
4. 跟卖或试错是如何进行的？有什么优缺点？
5. 什么是线下采购和线上采购？各有哪些优势？
6. 为了满足较大规模的跨境电商运营需求，你认为应当在哪些方面入手构建产品的供应链体系？

练 习 题

第六章

跨境电商价格策略

【教学目的和要求】

跨境电商产品定价，关系到产品的销量，也关系到卖家的利润水平，因而跨境电商定价是跨境电商运营策略的重要组成部分。本章将主要介绍跨境电商的价格策略，使学生了解基本的定价方法。

【关键概念】

跨境电商定价目标　“量本利”分析法　“差异化”定价

招徕定价　尾数定价

知名跨境自营平台京东全球购和网易考拉正式上线时间均为 2015 年，其单个品牌快消品单款销量都在万笔以上，发货模式多采用保税区发货。京东自营德国爱他美 600 克规格普通配方奶粉加税后，常售价为 129 元左右，网易考拉同款奶粉正常标价同为 129 元左右，但是网易考拉通常实际售价为包税包邮价在 109 元左右，两平台的此款奶粉正常售价都不算贵。网易考拉为什么能再便宜 20 元左右？交易平台数据显示它是从香港海外仓发货的，利用它海外仓的地理位置优势、地处香港的免税政策而获得成本优惠，而京东主要是从内地的保税仓发货，京东虽然也有促销品，但相对网易考拉少。其他的爱他美和喜宝系列奶粉完税后的价格，网易考拉比京东便宜 15 元左右，如荷兰牛栏 800 克规格的奶粉京东自营价格为 166 元左右，网易考拉价格为 149 元左右，同款荷兰牛栏奶粉的差价在 17 元左右；花王尿不湿系列两平台价格相差不大，京东反而比网易考拉便宜 2～5 元。但从主流的品牌奶粉销量来看，平台从成立以来的数据显示，京东全球购的销量基本上都比网易考拉多，而目前的数据显示网易考拉在 2017 年的销量增加迅速。

结合案例，试分析跨境电商平台定价与线下定价的区别，以及各平台之间的差异。

第一节　跨境电商产品定价目标

跨境电商市场的竞争日益激烈，在维持生存的前提下，业务扩张，追求更高的市场定位，最终达到利润最大化，是跨境电商卖家产品定价的主要目标。

而跨境电商卖家定价目标，必须根据卖家自身的条件及跨境电商市场的竞争环境，在充分了解影响跨境电商产品定价的主要因素的基础上，通过一系列跨境电商产品定价方法的运用以及合适的定价策略的选择来实现。

跨境电商产品价格制定必须和卖家的发展战略相结合。因为不同的跨境电商卖家所处的发展阶段、市场的竞争程度以及自身的竞争能力上的差别，不同的跨境电商卖家可能有不同的定价目标。

一、维持生存

对于一些处在初创期、转型期或具有较大库存压力的跨境电商卖家而言，争取一定的销量，保持生存或减少亏损也是需要考虑的重要问题，这时取得大规模的利润是次要的问题。这时只要销售收入可弥补跨境电商运营的可变成本，卖家的生存就可以继续。

二、业务扩张

很多跨境电商卖家开始关注某个产品的销量排名以及该产品在某跨境电商平台的市场占有率，并以该产品来带动店铺其他产品的销售。产品销量大规模的增长所引发的业务扩张，给跨境电商卖家带来了规模优势，并使其在产品的平台销售及上游的供应链整合方面取得一定的主导地位。在这种情况下，跨境电商卖家往往以较低的价格来压制同平台的竞争对手，并以较高的销量来取得产品采购上的价格折扣。

三、利润最大化

对于一些提供全新产品或新奇特产品的跨境电商卖家，或在某产品领域具有一定市场影响力的卖家，利润的最大化往往是产品定价的主要目标。利润最大化的定价要在产品成本、价格、销量及利润等方面综合考虑，卖家需要就跨境电商买家对价格的敏感程度制定一个合理的价格，以达到利润最大化的目的。

四、市场定位

还有一大部分卖家则考虑自身产品及店铺的整体定位，将跨境电商系列产品的定价维持在一个相对固定的水平。这样的产品定价往往是结合产品品牌、产品质量等方面来综合考虑的。

第二节 影响跨境电商产品定价的主要因素

跨境电商卖家的定价目标包括维持生存、业务扩张、利润最大化及市场定位等。影响跨境电商产品定价的主要因素则主要有产品的采购成本、跨境电商的运营成本、产品销量、利润水平、市场的竞争状况和买家的需求等。

在定价策略的运用上，跨境电商卖家可以结合其价格制定的导向，灵活运用。在合适的跨境电商交易环境中，综合运用价格折扣、国别定价及心理定价等策略，往往可以使交易量和利润同时上升。

明确了跨境电商产品定价的目标，就可以利用“量本利”的定价方法来对产品进行定价。但在跨境电商产品定价之初，销量只是一个预测值，因此在可变成本可控的情况下，可以根据直接影响跨境电商产品定价的因素来对产品进行定价。而直接影响跨境电商定价的主要因素有以下几个方面。

一、产品的采购成本

很多跨境电商卖家通过相对的产品供货渠道，根据自身的销量情况向供应商采购。在采购周期和采购批量相对固定的情况下，产品的采购价格（成本）也是相对固定的。

对于一些垂直一体化运营的跨境电商卖家，出售的往往是自己生产的产品，在某一个时期内卖家也可以根据产品的产销量估算出产品的制造成本。

二、跨境电商的运营成本

跨境电商的运营成本大体上有两种：一种是固定成本，另一种是可变成本。固定成本是短期内和跨境电商销量无关的成本，而可变成本则是随着跨境电商销量变化而变化的成本。

（一）人力成本

跨境电商卖家往往会组建一个运营团队，那么所需支付的薪酬往往是运营成本的最大支出部分。对于按固定时间支付的固定工资部分，可以认为是运营固定成本，而根据交易业绩计算的激励性报酬，则是运营可变成本。

（二）办公成本

包括跨境电商运营所需办公场所、设施、仓储及展示等方面的支出，是跨境电商运营中的另一块重要成本。这一块成本往往是固定投入的成本。

（三）平台佣金

不同的平台，会根据每笔订单的交易额，收取一定比例的佣金。佣金比例为5%～30%。跨境电商卖家必须根据不同平台的佣金政策，知晓所售产品的交易佣金比例。

（四）平台推广费用

对于单个跨境电商平台出售的产品而言，平台推广费用有可能属于可变成本，也有可能属于固定成本。如速卖通平台的促销折扣有联盟营销可认为是可变成本，而直通车费用根据买家的点击付费，往往属于固定成本。

（五）平台使用费用

大多数跨境电商平台，往往会在一个年度内，向卖家收取一定的使用费用，这笔费用的金额往往在数千元到数万元。这笔平台的使用费用往往是跨境电商卖家的固定投入成本。

三、产品的销量

一般来说,产品的销量增长,产品的采购成本或制造成本可以得到明显的下降,在价格不变的情况下,也就可以取得更多的利润。

跨境电商产品销量总体增长,可很大程度上摊薄跨境电商卖家在运营过程中支付的上述人力成本、办公成本、平台佣金、平台推广费用及平台使用费用中的固定成本部分,从而取得更大的产品定价空间和更多的利润。

四、利润水平

显然,在其他情况不变的情况下,价格越高,利润水平也越高。但利润水平往往是根据"量本利"预测和计算得出的一个合理的总体利润水平。

在价格下降时,如果跨境电商买家对价格非常敏感,销量往往会有明显的增长,跨境电商卖家反而可以取得更高利润水平。

五、市场的竞争状况

在产品生命周期初期,由于同质卖家相对较少,跨境电商卖家可以有更大的定价空间。随着更多跨境电商卖家的加入,市场竞争日趋激烈,为了取得足够的销量,跨境电商卖家则必须考虑适当降价。

另外一种情况则是由于在专利、技术或款式等方面,跨境电商卖家对某款产品获得了垄断性的地位,那么跨境电商卖家就可以获得更大的自主定价空间。

六、买家的需求

买家的需求大,而卖家数量没有相应地增多的情况下,跨境电商产品的价格一般可以适当地上调。相反,如果买家的需求处于萎缩的情况,则不可避免地引起价格的下降。

值得一提的是,跨境电商目标市场消费者的收入水平及对价格的可承受能力是市场需求的重要内容。在目标市场国家消费者的收入水平及对价格可承受能力高的情况下,可以适当地提高产品的定价,此时的高价往往是以更高的产品定位(品牌或质量等)为前提。

第三节 跨境电商产品定价的一般方法

为了对产品设定一个合理的价格,跨境电商卖家必须考虑以上影响跨境电商产品定价的主要因素,根据"量本利"的计算方法,得出一个合理的价格。

但是在实际的跨境电商运营过程中,跨境电商的定价往往重点考虑以上影响因素的某些方面,以某个方面需重点考虑的因素为导向,形成不同的定价方法。

在产品跨境电商的产品定价方法上,"量本利"分析法是基础原理,具体运用则是以成本导向、竞争导向或需求导向的几种定价方法为主。

一、"量本利"定价综合分析法

"量本利"定价综合分析法实际上体现的是产品定价的一般原理，其基本公式如下：

$$(P - C_1) \times Q - C_2 = S$$

其中，P 是产品价格；C_1 是可变成本；Q 是销量；C_2 是固定成本；S 是总利润。

但在跨境电商实际定价过程中，通过上面这个公式很难计算出产品的价格。

首先，根据市场对价格的反应，销量 Q 实际上是一个变化值。如果设定了价格，对销量进行预测，往往是基于乐观或悲观的预测，销量 Q 的预测很难有一个足够准确的范围。

其次，总利润 S 也是一个卖家的期望值。如果盲目设定一个较高的利润不平，市场却不认可。

最后，以上公式只针对一款产品，如果有很多款产品同时出售，固定成本 C_2 的认定就显得非常困难。

因此，在销量 Q、固定成本 C_2 及利润 S 无法明确的情况下，产品价格 P 也很难确定。

二、成本导向的定价方法

成本导向的定价方法是将产品的各项成本作为产品定价的主要依据。

（一）成本毛利定价法

在实际跨境电商运营中，往往会采用简化的成本毛利定价法，该方法是在"量本利"定价分析方法的基础上简化而来，其基本公式如下：

$$P = [C_1 \times (1 + S\%)] \div (1 - C_2\%) \div (1 - C_3\%) / T$$

式中，P 是产品的定价；C_1 是产品的所有可变成本，主要包括采购价格、运费等，这些成本一般情况下是已知的；$S\%$是跨境电商卖家期望和毛利水平，卖家可能根据自身的需要和对市场的把握情况，合理设定一个毛利水平；$C_2\%$是平台佣金比例，一般在选定平台及产品类目的情况下，平台佣金比例是确定的；$C_3\%$是各项固定成本分摊比例，主要包括人力成本、办公成本、平台费用及推广费用等固定成本，通过对固定成本的总量控制，结合以往卖家的销量情况，也可以大致计算出各项变动成本点销售定的比例；T 是人民币对美元的汇率，卖家在作定价决策时汇率是已知的。

【例 6-1】 产品的采购价是 60 元，运费是 90 元，卖家期望的毛利率是 25%，平台的佣金比例是 5%，各项固定成本占总销量的比例控制在 6%左右，即期的汇率是人民币∶美元＝1∶6.5(美元卖出价)。

那么产品定价 $P = [C_1 \times (1 + S\%)] \div (1 - C_2\%) \div (1 - C_3\%) \div T$

＝[(采购价＋运费)×(1＋毛利率)]÷(1－佣金比例)÷(1－固定成本比例)÷汇率

$= [(60+90) \times (1+25\%)] \div (1-5\%) \div (1-6\%) \div 6.5$

＝32.3(美元)

（二）边际成本定价法

所谓的边际成本，就是指在固定成本投入已给定的情况下，每增加一个产品销量，所增加的成本，跨境电商运营实际中，边际成本往往是可知的。其定价公式如下：

$$P = C \times (1 + S\%) \div (1 - C_2\%) \div T$$

式中，P 是产品的定价；C 是产品的销量的边际成本，即在当前情况下，每增加一个销量，由于这个销量的增加而带来的成本增加；$S\%$是跨境电商卖家期望和毛利率。

【例 6-2】 同【例 6-1】，即产品的采购价是 60 元，运费是 90 元，卖家期望的毛利率是 25%，平台的佣金比例是 5%，各项固定成本占总销量的比例控制在 6%左右，即期的汇率是人民币∶美元=1∶6.5(美元卖出价)。

那么产品定价 $P = C \times (1 + S\%) \div (1 - C_2\%) \div T$

$= [(\text{采购价} + \text{运费}) \times (1 + \text{毛利率})] \div (1 - \text{佣金比例}) \div \text{汇率}$

$= [(60 + 90) \times (1 + 25\%)] \div (1 - 5\%) \div 6.5$

$= 30.3$(美元)

通过以上例子，可以看出边际成本定价法和成本毛利定价法不同的是，边际成本定价法没有考虑各项固定成本在该产品售价中的分摊比例。

在跨境电商的运营实际中，在较大的跨境电商运营规模变动范围内，所投入的人力成本、办公成本、场地及仓储成本等固定投入相对来说是固定的，不会因为销量的增长而增长，因此在较大销量规模的基础上，用边际成本定价不失为一种简单而实用的方法。

三、竞争导向的定价方法

竞争导向的定价方法就是指卖家在制定价格时，将平台其他卖家同款或相近产品的价格作为定价的主要依据。

(一)“随行就市”定价法

跨境电商的“随行就市”定价法，就是根据同类产品在跨境电商平台上的普遍定价水平进行定价的方法。

在同类产品卖家较多的情况下，卖家自身的产品在功能、款式、规格及材料等方面又没有特殊的地方，大部分消费者除产品的基本使用功能以外，也没有特殊的要求，那么“随行就市”定价法则是一个最简单直接的定价方法。

【例 6-3】 某跨境电商卖家准备在某跨境电商平台上出售一款固定型号的玻璃杯，通过该平台的搜索发现，该款玻璃杯的卖家有很多，销量也不错，其售价大部分为 5～6 美元。该卖家所在地具有多个这款杯子的产商。通过调查，扣除各项可变成本之后，在平台上出售这款产品至少可以获得 20%的毛利。

那么，该卖家完全可以在该平台上出售这款玻璃杯，并也将价定在 5～6 美元，如 5.5 美元。

(二)“差异化”定价法

在卖家数量众多的情况下，虽然产品本身可“差异化”的变量非常有限，但对于跨境电商的买家需求来说，可“差异化”的变量往往是存在的。

【例 6-4】 同【例 6-3】，该卖家还发现，大多数平台卖家采取的是“价格＋运费”的不包邮定价方式，经过准确计算，发现该款杯子到达某潜力市场国家的中邮小包运费在 1.5 美元左右，那么该卖家则可以将自己的定价设置成 7 美元包邮。

四、需求导向的定价方法

需求导向的定价方法就是卖家将跨境电商买家的需求和感受作为定价的主要依据。

（一）逆向定价法

该项定价方法是指：卖家根据跨境电商买家的需求及可接受的最终销售价格，在对自身的成本和利润进行合理的计算后，逆向推算出产品价格。

【例 6-5】 某卖家发现，在某个国家，有一群一定数量规模的芭蕾舞爱好者，她们中有很多人都想拥有自己的一套芭蕾舞装，而一套芭蕾舞装在这个国家当地的售价一般在 800 美元左右。该卖家发现，平台上还没有出售相近款式芭蕾舞装的卖家。另外通过打听，该卖家附近城市的一个特种服装产家可以提供该款芭蕾舞装的定制，价格大致在 1 500 元/套左右。经过包装后，这款芭蕾舞装的重量为 1.5 千克左右，尺寸为 50 厘米×30 厘米×15 厘米。

于是，该卖家开始尝试以 588 美元包邮的价格在某平台上出售这款芭蕾舞装，不久后就开始陆续取得了订单，基本上每周 1～3 个订单，虽然订单数量不多，但利润还可以。

（二）产品价值认知定价法

所谓产品价值认知定价法，就是指卖家根据消费者对产品的价值认知来制定价格的方法。在同一类产品中，消费者对该类产品的品牌、款式、结构、材料、可靠性及服务等方面具有一定的价值认知，在满足需求的情况下，愿意为其价值认知支付更高的价格。

【例 6-6】 在某跨境电商平台上，有一款热销的双人三季帐篷，其重量是 2.5 千克，其支撑杆是玻璃钢材质，双层结构，外层面料防水指数为 2 000，品牌为一普通品牌，其主要市场国家包邮售价为 90 美元左右。

某卖家手上有一款新型的双人三季帐，其重量只有 1.6 千克，采用超轻航空铝合金支撑杆，双层结构，外层面料采用抗撕拉尼龙布，覆盖新型硅胶防水材料，防水指数达 8 000，品牌则是国内知名成长型品牌，那么该产品的定价应该是多少呢？

通过调查发现，在该平台上，2 千克以下的超轻帐篷，价格平均高出 15 美元，平台上暂时还没有卖家出售 1.6 千克上下超轻帐篷，而航空铝帐篷一般要比玻璃钢杆帐篷多出 10 美元，该平台上出售的防水指数高于 5 000 的帐篷，平均售价也要高出 10 美元左右。另外该卖家曾经在该平台上出售过该品牌的帐篷，销量还不错，顾客的反馈也很好，该品牌的帐篷比同款一般品牌的帐篷售价高出 20 美元左右。

该卖家认定，对于潜在的户外爱好者，对帐篷以上特性的价值认知是明确的，于是该卖家将这款产品的价格暂时定为

新型帐篷价格＝某热销帐篷价格 90＋超轻价值认知 15＋航空铝合金材质价值认知 10＋超高防水性能价值认知 10＋品牌价值认知 20

＝145（美元）

结果，这个卖家以145美元价格在该平台上出售了一批该款新型帐篷，并在取得不错的顾客反馈后，将价格调整为158美元。

第四节 跨境电商定价策略

事实上，在跨境电商运营实际中，纯粹的成本导向定价、竞争导向定价或需求导向定价非常少见，以上不同导向的定价方法往往和跨境电商卖家的定价策略相结合。

根据产品的生命周期、同平台卖家间的竞争情况、平台的活动、季节的变化以及产品推广活动的开展等不同情况的需要，跨境电商卖家需要以灵活多变的定价策略，来应对市场和消费者需求的变化。

一、价格折扣策略

出于提高销量、清理库存、回笼资金及提高店铺考核业绩等方面的考虑，跨境电商卖家往往会以不同的形式和不同的幅度降低产品的售价。

（一）功能性折扣

功能性折扣是指跨境电商卖家为了实现某项功能，如产品的推广、活动等，对产品设定的一种价格折扣。例如，在新产品上架不久，发现有较多的产品曝光和点击，但就是没有订单。此时为了打开销路，在一周内，实行15%的价格折扣，以刺激买家下单。还有，为了配合平台的活动，对店铺内的产品设置不同的价格折扣，以吸引平台更多的流量等。

（二）数量折扣

当顾客购买超过一定的数量时，可以给予适当的折扣。在某跨境电商平台中，当买家一次性购买超过设定的数量，可以享受卖家为其设定的批发价。

（三）季节性折扣

对于服装、食品、电器等行业中一些需求随着季节变化的产品，卖家可以设定较大幅度的季节性折扣，以及时清理库存，回笼资金。

（四）综合案例分析

案例一 为什么跨境电商必须打价格战

［来源：福步外贸论坛(FOB Business Forum)谷力拜海外仓.
http://bbs.fobshanghai.com/thread-5695757-1-1.html，2015-4-27.］

价格战一直由来已久，虽说卖家们都很痛恨打价格战，但是身在其中，你难以找到比价格战更为有效的办法去打败对手赢得客户。总能听到eBay卖家抱怨某家以价格杀手著称的大卖家如何“横行霸道”，即使如此，这个超级大卖家也在2014年的8月被亚马逊全部下架过一次。

2014 年价格战最为惨烈的阵地是速卖通，你总能发现只有你想不到的低廉价格，没有卖家做不到的，恶性竞争让大家头疼不已，不论规则如何调整，总有搅局者能找到漏洞。更让小卖家担忧的是他们发现自己的供货商也在速卖通以低价出售商品。

原本竞争尚不那么激烈的独立平台，也被卷入价格战，基本上每家商品页面都有 price match 的功能来防止对手以低价挖走自己的客户。一家独立站的客户经理跟我抱怨，客户似乎也越来越"狡猾"了，有时候会发出竞争对手网站的商品链接来要求降价。

一、价格战是卖家互相厮杀的利器

刚开始起步的个人卖家最为节约成本，产品开发、编辑产品资料、上架商品、采购处理订单、打包发货，客户服务全部自己干，无疑是非常节省成本的，相比之下他可以把自己商品价格标得更低，这样可以迅速获得新的客户。

大卖家掌握了议价权，可以通过进大批量的货来跟供货商压低进价。通常都是做第三方平台起家的大卖家，他们更有经验，对市场需求的把握更加精准，总能从海量的商品中选择在海外市场更为流行的标准品铺货，狠狠地干上一票。

夹杂在中间不大不小的中小卖家就尴尬了，团队 20～100 人带来的人力成本压力无法压缩，商品种类繁多，每种商品采购量却不大，所以拿货价格毫无优势，打起价格战来毫无底气，只能牺牲利润去拼。

二、跨境电商入行门槛低

入行门槛有多低呢？只要你有一台连接网络的电脑，略懂外语，甚至不需要太懂，借助谷歌翻译就可以在速卖通上傻瓜式开店。在深圳华强北附近，你可以看到很多夫妻搭档的小卖家，男人负责技术方面的事情，女人负责财务和客服，他们接到订单后就在附近的华强北市场拿货，然后打包找一家货代把包裹发送出去。

三、"屌丝"客户群体决定

在我们聊其他的之前，我们最好分析下海外买家的群体，他们为什么会在跨境电商网站上购买商品？

首要原因是便宜，其次是在当地买不到他们所需要的商品。

以美国人为例，如果当地商店一部安卓手机需要 300 美元，他借助谷歌搜索引擎找到一家全球包邮费售价仅为 100 美元同等功能的安卓手机，他自然很乐于为了节省 200 美元而下单，发货地是哪里对他来说并非那么重要。

以出售 3C 产品知名的跨境零售网站 DX.com 执行董事罗嘉表示：受限于绝大多数的"宅男"用户，DX 在品类拓展时面临着诸多困难。

四、产品严重同质化决定

假设你是一位海外买家，你想购买一个 iPhone5s 的皮套，在网上搜索后可以找到几千家来自中国的供货商提供同样款式的皮套，你会选择哪家呢？那么决定性因素几乎就是价格了。

独立网站，几乎有着 50％以上雷同的产品，产品大都为华强北货源的手机配件、手机平板、淘宝服饰等。货源的公开化、价格的透明化导致独立站之间的价格竞争日趋激烈，从全球免邮到比价工具的盛行都削弱了卖家的利润。

五、中小卖家如何避免价格战

如果你的产品具有独一无二的特性，奇货可居，自然不用打价格战。这样的产品一般很少，更别提发明创造了，所以各位卖家要在选品方面多下功夫，尽量避免产品同质化。

曾经有位 soho 卖家抱怨自己顾不过来几万个 SKU，我问他数据从何而来，他承认全部是从大网站上抓取的。我就问，你为什么不去自己开发产品呢？他认为直接抄大网站的热卖产品就是走捷径，节省营销成本。但是他忽略了服务成本，即使客户下单，他也无法找到与之匹配的产品发过去，反倒把自己的口碑做砸了。

由于价格战的影响，竞争最为激烈的 3C 跨境零售的毛利已急剧降至不到 10%。面对竞争日趋激烈，Perome 再次斗胆预言：跨境电商将在 2015 年面临一次大的洗牌，价格战会淘汰一批弱势卖家，下一个阶段比拼的是服务。如果说以 2014 年为节点，之前的跨境零售发展迅猛就好像淘宝的早期，那么下一阶段就该是朝着天猫化发展了。品牌化路线已成为摆脱价格战路线最佳选择。有人说，做品牌很烧钱啊，要花很多时间和精力。近期，Perome 采访到多家小品牌商，他们团队最小的有 2 个人，最大的也不过 30 人。有品牌商对 Perome 表示，他认为的品牌精神是活着，这是欧洲作坊起家的品牌发展史给他的启示。

跨境电商不再是“弯腰捡钱”的时代了，套用一句话：入行需谨慎，改行有风险。

面对价格战，何去何从？

案例二 Wish、Joom 和 SheIn 正依靠价格优势成为亚马逊在法国的“拦路虎”

（来源：雨果网. https://www.cifnews.com/article/42308. 2019-03-20.）

据外媒报道称，Wish、Joom 和 SheIn 正依靠价格优势受到法国年轻群体的喜爱，成为亚马逊竞争路上最大的对手之一。

Fevad（电子商务和远程销售联合会）数据显示，Wish 在 2018 年入选法国最受欢迎电商网站 Top15，其月访客量超过 1 070 万。虽然这一数据和亚马逊的 3 000 万月访问量相距甚远，但根据《福布斯》杂志的报道，2018 年有超过 100 万个来自 Wish 的包裹进入法国海关。Joom 平台的月访问量在过去一年增长了 3 倍，达到 400 万访客。这些平台充分利用了全球物流发展建立起来的优势。研究公司 Foxintelligence 总裁 Edouard Nattée 表示，来自北京的货物寄往巴黎和香港是一样的邮资。

一、移动端年轻用户增长的带动

亚马逊内部人士表示，这些平台打造了一个全新的市场体系，直接对接供货商和消费者，省去中间商的环节，避免了大量的关税和费用，因此产品价格非常低（Wish 在售产品平均售价为 5 欧元）。

Nattée 表示，这些平台从最初的电子产品和珠宝，逐渐转移到利润最高的纺织和服装品类，尤其是快时尚跨境电商品牌 SheIn。相关人士透露，此外这些平台的受众大多是年轻群体，15～34 岁年龄段的消费者占比超过 35%，且偏好通过移动端购买，其中 Wish 占比 71%、Joom 占比 83%。成立于 2010 年，Wish 目前已经在全球范围内开拓了六大市场，年收入近 20 亿美元。

而由 Ilya Shirokov 在 2016 年于俄罗斯创建的 Joom，目前全球已经拥有 2 亿下载量，日订单量超过 100 万。截至 2018 年底，Joom 的业务量增长了 300%，并达成年收入 10 亿美元的目标。

二、与亚马逊的不同

Wish 首席执行官表示："我们和亚马逊有很大的不同，以中国的淘宝为原型，Wish 目前已经取得了移动端的胜利。"而对 Joom 而言，则还想打造自己的社交生态，其允许客户根据网红博主的测评建议作出判断，而平台则会向网红博主支付售出产品的 10% 佣金。在未来，平台出售品类会不断扩大，甚至包含汽车。

但值得注意的是，这些潜力股的问题也不断。

Wish 在 2018 年被曝光销售程序违法，包裹非法低价、报价不清和危险品销售。相关部门甚至在 Wish 在内的 7 个在线平台上查处了邻苯二甲酸盐含量超标的玩具。Wish 方回应将以严格的当地标准进行品控，并对不符合要求和规范的卖家征收罚款或移出平台。

1. 结合以上案例材料，你认为引起跨境电商价格战的主要原因是什么？

2. 从跨境电商平台政策方面来看，你认为近年来有哪些避免卖家间价格战的有效措施？

3. 从跨境电商运营策略，特别是定价策略的角度，请你分析避免恶性价格战的方法。

4. 跨境电商的低价，一定是价格战引起的吗？跨境电商的低价一定意味着低利润吗？

二、国别定价策略

在跨境电商运营实践中，不同国别的卖家所需支付的价格往往是可以不一样的，其中的原因是多面的，如不同国别的快递成本不一样、不同国别买家的购买力不一样以及不同国别交易风险上的差异等。

显然对于快递成本较高的国家和地区，价格应当相应高一些，针对不同国别买家购买力的定价策略也是如此，另外需要注意的是，对于交易风险较大甚至存在战乱情况的国家，价格则更应定得高些，必要时也可以设定为不发货。

（一）价格+运费的策略

为了便于计算，很多卖家采取这种定价策略，将产品的成本以及必要的利润折算在价格中，根据不同国别不同快递方式的收费标准，利用平台运费的设置功能，在产品的价格之外设定一个根据国别和快递方式而变化的运费，供买家选择。

这种定价策略，往往适用于产品重量较重、运费占售价比例较高的产品。避免了包邮定价方式的价格"一刀切"，可使运费较低国家的买家感觉更实惠，运费高的国家的买家也不会吃亏。

（二）全球统一包邮价格

和价格＋运费的策略相反，也有一些跨境电商卖家对其产品设置了一个全球统一的包邮价格。

这种定价策略往往使用在产品本身价值不同、重量较轻、运费较少乃至占产品销售价格比例并不高的情况，或较高的利润水平可以足够覆盖快递费用因国别变化的范围。这种定价策略还有一个好处就是便于卖家的操作，免于较复杂的运费计算和设置。

（三）分区定价

分区定价就是将全球所有国家根据运费的高低分成若干个区，对于同一个运费级别的区域，采取同样的定价策略，对于运费最低的一个或几个区，可以采用“包邮”的定价方法，对于运费较高的区，则可以采用“价格＋运费”的定价方法。

在跨境电商运营实践中，跨境电商运费占产品总售价的比例一般为20%～50%，再加上快递成本随国别的变化幅度不能较大，因此分区定价法是跨境电商最常见的一种定价策略。

三、心理定价策略

心理定价策略实际上是根据跨境电商买家的心理因素，如“图便宜好处”或“图档次地位”等，而采取的一种定价方法。

（一）招徕定价

招徕定价，实际上就是利用顾客贪图便宜的心理，特意安排几款特价商品，特价商品往往是顾客较为熟悉的产品，因此特价商品的存在，往往会使顾客潜意识地认为卖家其他产品的售价也不会太高，因而带动其他产品的销售。

招徕定价也是跨境电商最常用的定价方法之一。跨境电商卖家往往对其店铺中的几款产品设定一个超低价（甚至无利润或亏本价格）来吸引海外买家的点击和浏览，并在该几款超低价产品的页面中设置较多其他同类和相关产品的图片与链接，以促进其他同类和相关产品的曝光，吸引买家的关注，进一步促成点击和交易等。

（二）尾数定价

尾数定价，是利用顾客对价格的数字认知而进行的定价，其表现形式往往是不超过某个具体整数或保留价格的零头。

如某个产品的定价是9.98美元，显然从顾客的感受的角度来说，这个价格没有超过10美元的关口，也就不会觉得贵；还有某个产品的定价可能是4.89美元（而不是4.8美元、4.9美元或5美元），则让顾客潜意识里觉得“4.89美元的价格是卖家经过严谨的成本核算得出的较为精确合理的价格”。

（三）声望定价

声望定价实际上是针对顾客追求名牌或产品档次的心理，采取的高价策略。

声望定价往往利用产品的品牌定位、名人代言、奢华包装、质量上乘、特定产地、特殊工艺、昂贵材质及创新设计等方面的元素整合打造，使顾客认定产品的“高品质”，甚至认为购买该产品是其个人品位、身份和地位的象征。

可能基于海外买家的购买力及购买理性，或者海外买家对于我国跨境电商产品品质的整体认识，声望定价在跨境电商出口中并不常见。但在一些垂直跨境电商进口平台中，很多跨境电商进口商通常利用产品的产地、品牌及功能等方面的因素，对进口产品进行声望定价，如法国红酒、意大利服装、瑞士手表、新西兰奶及日本纸尿裤等。

复习思考题

1. 什么是产品的定价目标？
2. 影响跨境电商产品定价的主要因素有哪些？
3. 什么是边际成本？
4. 什么是竞争导向的定价方法？适用于哪些情况？
5. 什么是“随行就市”定价法？
6. 跨境电商定价策略主要有哪些？你能就不同的定价策略，举几个相应的例子吗？

练　习　题

第七章

跨境电商多平台运营

【教学目的和要求】

本章说明了第三方跨境电子商务平台的概念，然后对当前全球主流的第三方跨境电子商务平台的发展概况进行简要的分析和评述。本章的目的是使学生掌握在认识多个跨境电商主流平台的基础上，对跨境电商多平台运营的概念、主要模式、优势和策略等进行简要概括的分析能力。

【关键概念】

第三方跨境电子商务平台

亚马逊、eBay、速卖通、敦煌网等跨境电子商务平台

跨境电子商务多平台运营

跨境电子商务多平台策略

随着经济的快速发展，移动互联网络技术日新月异，电子商务在全球范围内蓬勃兴起，我国众多电商也纷纷登陆国外市场。2014 年 7 月，杨涛在肯尼亚创立非洲跨境电商 Kilimall 平台。该平台已经成为非洲消费者最信赖的购物渠道，在非洲民众的生活和工作中颇具影响力。非洲大陆共有 50 多个国家，人口大约 13 亿，其中，年轻人占 70%左右，网民人数接近 4 亿。但是，非洲工业基础薄弱，当地日常消费品极为短缺，不得不依靠进口来满足本地居民生活需求。我国生产的物美价廉的产品在非洲市场备受青睐，具有较大的市场空间。经过 4 年多的运营，Kilimall 平台产品已扩展到全品类，并开通了肯尼亚、尼日利亚、乌干达 3 个站点，覆盖人口约 2.8 亿，成为名副其实的非洲第一电商平台。

Kilimall 平台作为非洲领先的电商平台，已经有数千商家入驻。先入平台的商户，当其品牌经营积累了一定的经验，其他卖家就很难与其竞争。他山之石，可以攻玉。一个产品销售渠道有很多，可能有 Kilimall 平台，或者有 Jumia 平台，还有可能是线下超市、商场等。可以到 Kilimall 平台之外，把其他本土平台和渠道热卖的产品引入 Kilimall 平台。

结合非洲跨境电商 Kilimall 平台运营，分析如何借助国家电商扶持政策和先天优势更好地运营平台。

第一节　第三方跨境电子商务平台

从理论上来讲,企业也可以自建跨境电子商务平台从事跨境电子商务的运营。例如,戴尔(DELL)电脑曾经自建网上订货系统,为顾客提供电脑的订制和配送;美国通用电器(GE)也曾经自建网上采购系统,在全球范围内招纳优质供货商,进行全球化采购;等等。这类企业自建的跨境电子商务平台虽然有成功的先例,但并不是跨境电子商务发展的主流。另外,在国内发展较好的自建(自运营)平台模式,如独立商城(如京东商城)、银行网上商城(各大商业银行及其庞大的用户群开设的网上商城)及运营商平台(国内移动及联通等运营商开设的电子商务平台)等,并没有在跨境电商务的平台应用方面得到复制。

而真正的跨境电子商务平台应该是交易功能完善、服务规范、平台规则合理,可为跨境电子商务买卖双方提供“公用性”和“公平性”交易环境的第三方跨境电子商务平台。而第三方跨境电子商务平台的实质就是为跨境电子商务买卖双方(特别是中小企业或个人用户)提供公共平台来开展跨境电子商务。第三方跨境电子商务平台由买卖双方之外的第三方来投资、管理和运营(如阿里巴巴、eBay及亚马逊等),其特点是处于买卖双方之间相对“中立公正”地位,功能完善,方便买卖双方的操作,并且能有效对信息流、资金流及物流等进行有效的运作和控制等,另外第三方跨境电子商务还能聚集足够的人气和流量,形成“马太效应”。

第二节　当前知名跨境电商平台巨头简介

当前,功能完善、交易机制相对合理、交易量巨大及人气相对较旺的跨境电子商务平台主要有以下几个。

一、“实力悍将”——亚马逊[①]

亚马逊是美国最大的一家网络电子商务公司,位于华盛顿州的西雅图,是网络上最早开始经营电子商务的公司之一。亚马逊成立于1995年,一开始只经营网络的书籍销售业务,现在则扩及范围相当广的其他产品,已成为全球商品品种最多的网上零售商和全球第二大互联网企业。目前亚马逊电子商务平台上出售的商品有DVD、图书、软件、家电、厨房项目、工具、草坪和庭院项目、玩具、服装、体育用品、鲜美食品、首饰、手表、健康和个人关心项目、美容品、乐器等,应有尽有。

依托传统美国邮政物流配送,亚马逊电子商务公司最初以在网上销售图书和音像资料为主,成立不久并取得不错的业绩,其网上书籍的销量就远远超过实体书店,其股票早在1990年5月便在美国NASDAQ上市(股票代码:AMZN),之后通过一系列的资本运营和并购,其业务向多元化方向发展,并成功地经历了3次“定位转变”。

1997年以前,虽然当时的电子商务物流不够发达,但由于图书及音像制品标准化程

---

① 根据百度百科 http://baike.baidu.com/“亚马逊(网络电子商务公司)”摘录和整理。

度高，其物流配送可以方便地通过美国传统邮政包裹的方式解决，而且美国书籍市场规模大，非常适合电子商务。因此一开始亚马逊就被定位成“地球上最大的书店”(earth's biggest bookstore)，为此亚马逊采取了大规模扩张，并和美国本土线下图书销售巨头间展开激烈的竞争，到 1997 年 5 月其上市前后，基本确立了亚马逊作为美国最大书店的地位。

随着图书网络零售市场中地位的巩固，亚马逊就开始布局商品品类扩张。经过前期的供应和市场宣传，1998 年 6 月亚马逊的音乐商店正式上线。仅一个季度，亚马逊音乐商店的销售额就已经超过了 CDnow，成为最大的网上音乐产品零售商。此后，亚马逊通过品类扩张和国际扩张，到 2000 年的时候，其宣传口号已经改为“最大的网络零售商”(the Internet's No. 1 retailer)。

2001 年开始，除宣传自己是最大的网络零售商外，亚马逊同时把“最以客户为中心的公司”(the world's most customer-centric company)确立为努力的目标。此后，打造以客户为中心的服务型企业成为亚马逊的发展方向。为此，亚马逊从 2001 年开始大规模推广第三方开放平台(marketplace)，2002 年推出网络服务(AWS)，2005 年推出 Prime 服务，2007 年开始向第三方卖家提供外包物流服务 fulfillment by Amazon(FBA)，2010 年推出 KDP 的前身自助数字出版平台 digital text platfom(DTP)。亚马逊逐步推出这些服务，使其超越网络零售商的范畴，成为一家综合服务提供商。

二、“创新先驱”——eBay 运营战略[①]

eBay 创立于 1995 年 9 月，当时 Omidyar 的女朋友酷爱 Pez 糖果盒，却为找不到同道中人交流而苦恼。于是 Omidyar 建立起一个拍卖网站，希望能帮助女友和全美的 Pez 糖果盒爱好者交流，这就是 eBay。令 Omidyar 没有想到的是，eBay 非常受欢迎，很快网站就被收集 Pez 糖果盒、芭比娃娃等物品的爱好者挤爆。eBay 可以说是在线销售式电子商务平台的开创者，目前已成为全球最大电子商务平台之一。

早在 2003 年，eBay 的交易额为 238 亿美元，净收入 22 亿美元。为了在全球各地开展业务，分别在美国、英国、澳洲、中国内地、中国香港、阿根廷、奥地利、比利时、巴西、加拿大、德国、法国、爱尔兰、意大利、马来西亚、墨西哥、荷兰、新西兰、波兰、新加坡、西班牙、瑞典、瑞士、泰国、土耳其等国家和地区设立分站点。如 eBay 外贸门户网(http://www.ebay.cn)定位于为中国国内商家开辟海外网络直销渠道。eBay 全球集市(http://www.eachnet.com)是世界上最大的在线集市之一，在 eBay 上开设网店，在国际买家的流量获取上依然具有绝对优势。eBay 已有 1.471 亿注册用户，有来自全球 29 个国家的卖家，每天都有涉及几千个分类的几百万件商品销售，成为世界上最大的电子集市。

但是 ebay 在全球的业务扩张并非一帆风顺，在美国本地，eBay 的主要竞争者是 Amazon Marketplace 和 Yahoo 拍卖，而在中国，更是需要面对阿里巴巴淘宝及速卖通的竞争。

2003 年 7 月，eBay 以 15 000 万元现金合并了中国最大电子商务公司 EachNet(中文

---

① 根据百度百科 http://baike.baidu.com/“eBay”摘录和整理。

名称："易趣"），并推出联名拍卖网站"eBay 易趣"。在几乎相同的时间点上，阿里巴巴集团的淘宝于 2003 年 5 月创立。不久，易趣在与淘宝的竞争中落败。淘宝一开始采取了对交易双方都免费的策略，而易趣的收费策略却更加保守，其向卖家收取的主要费用（盈利模式）包括以下项目。

（1）向每笔拍卖收取刊登费（费用从 0.25 美元至 800 美元）。

（2）向每笔已成交的拍卖再收取一笔成交费（成交价的 7%～13%）。

（3）由 PayPal 收取的结算手续费。

PayPal 是 eBay 的全资子公司，类似于国内的支付宝和淘宝，但和支付宝免费的策略不同，对每笔订单 PayPal 会收取至少 2.9%＋0.3 美元"交易手续费"，提现时还需收取 35 美元的"提现手续费"。

三、"新晋黑马"——速卖通[①]

阿里巴巴旗下的速卖通（http://www.aliexpress.com）于 2010 年 4 月上线，这是一个全新打造的面向全球市场的在线交易平台，有时往往被广大卖家称为"国际版淘宝"。一开始速卖通就将业务定位于跨境网络小额批发或零售，卖家以国内中小企业及个人为主，买家则直接面向海外消费者。但和 eBay 不同的是，速卖通似乎为国内卖家提供了更为方便的进入门槛、操作界面及更低的交易费用。

（1）通过简单的实名认证和上传产品等，个人卖家便可以在速卖通完成店铺的开设。

（2）虽然速卖通对每个订单也要收取 5% 的交易费用，但相比 eBay 成交费却要低 5%。

（3）另外和 PayPal 不同的是，速卖通的国际支付宝无须"交易手续费"，提现时收取的"提现手续费"降到了 15 美元。

在吸引国内卖家及海外买家群体上，速卖通和 eBay 展开了竞争，很快速卖通在这方面成为后起之秀。通过上线之后的短短几年的迅猛发展（其中 2013 年交易额的增长速度高达 400%），速卖通已经覆盖 220 多个国家和地区的海外买家，每天海外买家的流量已经超过 5 000 万人次，最高峰值达到 1 亿人次，并成功晋级为全球最大的跨境交易平台。在 2014 年双十一速卖通当天成交 680 万个订单，比去年增长 60%，截至美国太平洋时间 11 月 11 日 24 时，速卖通订单最多的国家和地区包括俄罗斯联邦、巴西、以色列、西班牙、白俄罗斯、美国、加拿大、乌克兰、法国、捷克共和国、英国，订单总量超 680 万个。

四、"大小通吃"——敦煌网运营战略[②]

敦煌网（http://www.DHgate.com）于 2004 年正式创立。DHgate 致力于帮助中国中小企业通过跨境电子商务平台走向全球市场，开辟一条全新的国际贸易通道，让在线交易变得更加简单、安全和高效。实际上，敦煌网是国内首个为中小企业提供 B2B 网上交易的网站。它采取佣金制，免注册费，只在买卖双方交易成功后收取费用。

---

① 根据百度百科 http://baike.baidu.com/"速卖通"摘录和整理。

② 根据百度百科 http://baike.baidu.com/"敦煌网"摘录和整理。

敦煌网“为成功付费”打破了以往的传统电子商务“会员收费”的经营模式，既减小企业风险，又节省了企业不必要的开支。同时避开了与B2B阿里巴巴、中国制造网、环球资源、环球市场等的竞争。敦煌网一个标准的卖家的生意流程是：把自己产品的特性、报价、图片上传到平台，接到海外买家的订单后备货和发货；买家收到货后付款，双方通过多种方式进行贸易结算。整个周期为5～10个工作日。

在敦煌网，买家可以根据卖家提供的信息来生成订单，可以选择直接批量采购，也可以选择先小量购买样品，再大量采购，可以说是做到了对订单的“大小通吃”。这种线上小额批发一般使用快递，快递公司一般在一定金额范围内会代理报关。举例来说，敦煌网与DHL、联邦快递等国际物流巨头保持密切合作，以网络庞大的业务量为基础，可使中小企业的同等物流成本至少下降50%。一般情况下，这类订单的数量不会太大，有些可以省去报关手续。以普通的数码产品为例，买家一次的订单量在十几个到几十个。这种小额交易比较频繁，不像传统的外贸订单，可能是半年下一次订单，一个订单几乎就是卖家一年的“口粮”。“用淘宝的方式卖阿里巴巴B2B上的货物”，是对敦煌网交易模式的一个有趣概括。

回顾上述敦煌网的发展历史，敦煌网一开始就采取了一个适合国内中小企业的跨境电子商务技术解决方案和收费策略，相应的交易流程、平台架构和收费策略很大程度上被后起之秀速卖通所借鉴。由于敦煌网似乎一开始就将其业务定位定在跨境B2B的小额批发，而实际上这种模式在后来的跨境C2C上也取得了很大的成功，而作为后起之秀的速卖通将这种模式在跨境C2C上发挥到了极致。

五、“移动电商巨头”——Wish①

Wish成立于2011年9月，总部位于美国，创始人是出生在欧洲的Peter Szulczewski和来自中国广州的张晟(Danny)。据统计，随着移动互联网技术及移动智能终端的普及，移动端用户在互联网用户的比例已高达95%。根据移动端用户的行为和消费习惯，Wish一开始就被特别打造成一款移动端的B2C跨境电子商务平台。

虽然上述亚马逊、eBay、速卖通等平台也适时推出了移动端App，但这些移动端App很大程度上保留了PC端的商品展示和推送模式，其移动端App和PC端的区别不过是在其“交互设计方面进行了屏幕适应性调整”，其页面布局上还是以“品类浏览”和“搜索”为主。

Wish完全抛开PC端购物平台设计思维，根据移动用户“随时随地随身”的特点，将注意力转向将移动用户“碎片化”需求订单集中起来。因此，Wish淡化了品类浏览和搜索，专注于关联推荐。当一个新用户注册登录的时候，Wish会推荐一些不令人反感的商品，如T恤、小饰品等。此后，Wish会随时跟踪用户的浏览轨迹以及使用习惯，以了解用户的偏好，进而再推荐相应的商品给用户。这样，不同用户在Wish App上看到的界面是不一样的，同一用户在不同时间看到的界面也是不一样的。这就是Wish的魅力所在，其

① 李鹏博. Wish，跨境电商移动端平台的黑马[DB/OL].[2014-08-04]. http://www.cifnews/com/Article/10720.

能通过智能化推荐技术，与用户保持一种无形的互动，从而极大地增加了用户黏性。

因此和亚马逊、eBay 及速卖通等传统 PC 端跨境电子商务平台相比，Wish 移动跨境电商平台具有以下明显的特点。

(1) Wish 有更多的娱乐感，有更强的用户黏性。Wish 虽然本质上也是提供交易服务的电商平台，但其专注于根据移动端用户的偏好进行一个“算法推荐”模式的购物，呈现给用户的商品大都是用户关注、喜欢的商品图片和链接。

(2) Wish 具有类似于 Wanelo 等社交导购网站的功能，但所不同的是 Wish 还可以直接实现闭环的商品交易。所以从这点上来讲，Wish 是一个以消费者网络行为、习惯和需求为导向的，具有网络导购功能的移动跨境电子商务平台。

(3) Wish 推送大量消费者喜欢的精美商品图片，这点类似于 Pinterest 等社交图片网站，用户可以收集并分享自己喜欢的图片，但重要的是，只要用户喜欢，在 Wish 上用户就可以购买这些精美图片的商品。

六、阿里巴巴国际站——出口通①

阿里巴巴国际站(http://www.alibaba.com)提供帮助中小企业拓展国际贸易的出口营销推广服务，它基于全球领先的企业间电子商务网站阿里巴巴国际站贸易平台，通过向海外买家展示、推广供应商的企业和产品，进而获得贸易商机和订单，是出口企业拓展国际贸易的首选网络平台。其核心价值有以下几点。

(1) 买家可以寻找搜索卖家所发布的公司及产品信息。

(2) 卖家可以寻找搜索买家的采购信息。

(3) 为买家卖家行为提供了沟通工具、账号管理工具等。

阿里巴巴多语言市场，已于 2013 年 7 月 17 日正式向供应商开放，它是为帮助供应商开拓非英语市场而建立的，且致力于建立阿里巴巴国际站(英文站)的语种网站体系，其现在包括西班牙语、葡萄牙语、法语、俄语等 13 个主流语种，除覆盖传统欧美市场中的非英语买家群体外，南美、俄罗斯等新兴市场更是多语言市场重点的拓展区域。阿里巴巴国际站主要非英文站点如表 7-1 所示。

表 7-1　阿里巴巴国际站主要非英文站点

语种市场	网　址	主要应对国家或地区
西班牙语	http://spanish.alibaba.com	墨西哥、西班牙、阿根廷、秘鲁、智利、哥伦比亚、委内瑞拉等
俄语	http://russian.alibaba.com	俄罗斯联邦、哈萨克斯坦、乌克兰等
葡萄牙语	http://portuguese.alibaba.com	巴西、葡萄牙、安哥拉等
法语	http://french.alibaba.com	法国、比利时、多哥、贝宁等
日语	http://japanese.alibaba.com	日本

① 阿里巴巴国际站服务中心 http://service.alibaba.com/supplier/faq.htm。

续表

语种市场	网　址	主要应对国家或地区
德语	http://german.alibaba.com	德国、瑞士、奥地利、卢森堡等
意大利语	http://italian.alibaba.com	意大利
韩语	http://korean.alibaba.com	韩国
阿拉伯语	http://arabic.alibaba.com	阿联酋、沙特阿拉伯、埃及等
土耳其语	http://turkish.alibaba.com	土耳其
越南语	http://vietnamese.alibaba.com	越南
泰语	http://thai.alibaba.com	泰国
荷兰语	http://dutch.alibaba.com	荷兰、比利时、南非、苏里南等
希伯来语	http://hebrew.alibaba.com	迦南地
印尼语	http://indonesian.alibaba.com	印度尼西亚

阿里巴巴国际站会员可分为两大类型，即收费会员和免费会员。收费会员主要有：CGS,GGS,HKGS,TWGS。免费会员有：IFM,CNFM,VM。企业要在国际站上成为卖家需要办理出口通会员，只有成为会员以后才能在国际站上建站销售产品、联系海外买家报价。其办理条件是：需要有工商局注册的做实体产品的企业(生产型和贸易型都可以)，收费办理。注：服务型如物流、检测认证、管理服务等企业暂不能加入，另外离岸公司和个人也办理不了。在办理时要提供的资料：主要需要提供营业执照、办公场地证明、法人身份证件等，对进出口权没有要求。

出口通服务内容包括可以在国际站上建立企业网站，发布产品信息，向海外买家报价，包含橱窗产品(10个)，另外有数据管家、视频自上传和企业邮箱等服务内容。出口通会员是需要收费办理的，按年收取，费用由基础服务费用+增值服务费用组成。其中基础服务费用一般是29 800元/年，而阿里巴巴国际站可提供“阿里通行证”“金品诚企”“外贸直通车”“橱窗产品”“关键词搜索排名”“顶级展位”“网商贷”“检测认证平台”“阿联招聘”及“外贸服务市场”等增值服务，增值服务费则根据企业需要增值服务的内容及阿里巴巴国际站可提供的增值服务套餐确定，金额一般为数万元至十几万元。

七、中国制造网(B2B)①

中国制造网国际站(Made-in-china.com)创建于1998年，其汇集大量中国产品信息，面向全球采购商提供中国产品的电子商务采购服务，旨在利用互联网将“中国制造”的产品推向全球。中国制造网是由焦点科技开发和运营的，国内最著名的B2B电子商务网站之一，已连续4年被《互联网周刊》评为中国最具商业价值百强网站。中国制造网是国内中小企业通过互联网开展国际贸易的首选B2B网站之一，也是国际上有影响力的电子商

① 根据百度百科“中国制造网”摘录和整理。

务平台。

截至2012年底，中国制造网拥有注册会员超过800万名，仅2012年就有来自超过240个国家和地区的用户访问了中国制造网，访问量超过5.5亿人次。中国制造网为中国中小企业发掘了商业机会，创造了大量就业机会，并且为中小企业提供各类电子商务软件服务，以软件服务业带动和提升了传统制造业的信息化能力。

中国制造网国际站为中国制造商、供应商、出口商提供了“金牌会员”服务，其基础服务费报价为31 100元/年，其服务内容包括线上的推广与线下的商务推广等，其线上的推广服务的具体内容如表7-2所示。

表7-2　中国制造网国际站金牌会员服务项目[①]

服务项目		详细说明
特色服务	瑞士SGS实地认证	进行实地认证，提供带防伪标志（全球唯一编号）的纸质的认证报告。卖家可很快地了解客户的情况、提高信任度、全面展示公司实力等
	在线自由搭建展示厅	提供24套网站模板及871张行业图片，可由用户自由搭配
	7个主打产品	可有重点有计划地推广自己的产品，自主调整搜索排名，优先获得买家关注
	10个产品多图展示	10个产品多图展示，全方位展示重点产品
	400条产品、图片发布	中国制造网可免费完善、美化1 000条产品信息。让信息显得更专业，更能吸引买家
前、后台功能	4 000个关键词设置	可设置2 000个关键词，全面覆盖海外买家所有的搜索范围，提高曝光率
	100条商情信息发布	可以发布采购、合作、销售三种状态信息，多方位满足买卖双方需求
	40条橱窗产品	大容量的橱窗产品，优先吸引买家关注
	10个核心产品全方位展示	首家推出10个核心产品，6个不同角度全方位展示
	图片加密	保护专利信息，维护企业利益
	即时通信	在线即时沟通，提高合作效率
	产品图册功能	方便客户管理自己的产品，可以自动导出Word、Excel、PDF格式的报价表
	会员后台管理系统	及时了解询盘动向及产品行情，并新增买家数据库，公布海外会员最新求购信息
	买家搜索&邮件营销	开放注册卖家，实现主动出击
	企业动态展示	动态展示企业实景情况，更多的渠道展示供应商的情况
	直接与企业网站链接	高级会员可在展示厅里直接链接公司的网址，实现客户网站和中国制造网的对接

① 中国制造网广州的博客 http://www.sina.com.cn/u/2757579390，2014-09-24。

续表

服务项目		详细说明
前、后台功能	子账号管理系统	总账号统筹管理，子账号自主操作，7个子账号，不同产品分人管理，并且可保证企业信息的安全和稳定
	询盘分配管理	自设询盘分配规则，解决账户管理难题
	询盘IP定位	标志出买家的国别，拒绝虚假询盘，精确定位买家
	优质的一对一询盘	询盘都是买家一对一发给供应商，针对性和成功率高
	展会频道	独立区域发布客户近期的展会情况。跟买家之间有更多的互动
	认证频道	在展示厅中专门的区域展示客户的企业和产品的认证情况
	VIP在线课堂	在线学习后台功能，即时掌握操作信息

注：关于中国制造网的卖家实地认证。

认证供应商，均由中国制造网委派SGS公司专业审核人员上门实地审核认证，审核结束后，SGS将独立提供具有SGS唯一序列号的"认证报告"(audit report)(PDF格式和带防伪标志的纸质报告)，报告默认上传至供应商在中国制造网的Showroom，可供买家下载查看，认证供应商的标志将出现在该公司的Showroom里，买家用关键词搜索公司产品时也都会有此标志，让该公司和其他供应商在身份上明显区分开来。

八、环球资源网(B2B)

环球资源是一家领先业界的多渠道B2B媒体公司，致力于促进亚洲的对外贸易。

公司的核心业务是通过一系列英文媒体，包括环球资源网站(GlobalSources.com)、印刷及电子杂志、买家专场采购会及贸易展览会，促进亚洲与全球各国的贸易往来。

超过100万名国际买家，当中包括95家全球百强零售商，使用环球资源提供的服务了解供应商及产品的资料，帮助它们在复杂的供应市场进行高效采购。另外，供应商借助环球资源提供的整合出口推广服务，提升公司形象，获得销售查询，赢得来自逾240个国家及地区的买家订单。

环球资源于2000年在美国纳斯达克股票市场公开上市，如今已经成功迈向第5个十年。

环球资源，Global Sources，是美国纳斯达克上市公司(NASDAQ：GSOL)，被福布斯(Forbes)杂志评选为亚洲区首200家企业之一。环球资源的主要业务是国际贸易展览营办商、电子商务B2B及商贸杂志出版社。环球资源服务的顾客多数是国际贸易的商人，它们的产品分类包括：汽摩配件及用品、婴儿及儿童用品、电脑、消费类电子产品、电子零件、服装及纺织品、流行服饰及配件、礼品及赠品、家居用品、五金及DIY产品、安防产品、休闲及运动用品、通信设施等。

环球资源网(www.globalsources.com)是B2B多渠道的国际贸易平台，其以外贸见长，在为专业买家提供采购信息服务的同时，为供货商提供综合的市场推广服务。其在中国的核心业务是：通过构建一系列英文贸易杂志、网站、展会等多渠道出口信息展示平台，为中国地区的出口商提供最专业的外贸出口营销服务。

九、兰亭集势(B2C)[①]

兰亭集势是中国整合了供应链服务的在线 B2C(内部叫作 L2C,LightIn TheBox2 Customer),该公司拥有一系列的供应商,并拥有自己的数据仓库和长期的物流合作伙伴,截止到 2010 年兰亭集势是中国跨境电子商务平台的"领头羊"。2010 年 6 月,兰亭集势完成对 3C 电子商务优酷网的收购。

兰亭集势成立于 2007 年,注册资金 300 万美元。公司成立之初即获得美国硅谷和中国著名风险投资公司的注资,成立高新技术企业,总部设在北京,在北京、上海、深圳共有 1 000 多名员工。

兰亭集势在全球所有网站中排名 1 624(Alexa 排名 1 833)(2013 年 11 月数据),网站用户来自 200 多个国家,日均国外客户访问量超过 100 万人次,访问页面超过 200 万个。网站已经拥有来自世界各地的注册客户数千万人,累计发货目的地国家多达 200 个,遍布北美洲、亚洲、西欧、中东、南美洲和非洲。公司也因此荣获 PayPal"2008 年度最佳创新公司奖"等殊荣。招股书显示,兰亭集势 2012 年净营收为 2 亿美元,净亏损达到 233 万美元。

在线零售商兰亭集势(NYSE: LITB)2013 年 6 月 6 日(周四)晚间在美国纽交所挂牌上市,截至当日美股收盘,兰亭集势大涨 2.11 美元,报收于 11.61 美元,与 IPO(首次公开募股)发行价 9.5 美元相比,涨幅达 21.21%。

兰亭集势以国内的婚纱、家装、3C 产品为主,这些产品毛利相对来说比较低,虽然业务量多,但盈利较少,这是国内做普通产品的外贸 B2C 的大多数情况。其盈利主要来源于制造成本的低廉与价格差。

Lightinthebox 主要是集合国内的供应商向国际市场提供长尾式采购模式。这家公司的地址在北京朝阳区,网站排名流量都不错,超过 1/8 的 IP 来自美国,整站的风格、支付和配送方式也完全是国际的。从 2006 年以来,该网站已经成为外贸电子商务网站的领导者,在世界范围内改变了人们的购买方式,为世界上 208 个国家的客户提供商品,而且还在增长中。

自 2006 年创始到 2018 年为止,兰亭集势已经发展成为国内的外贸出口 B2C 业界里最好的网站之一,是其他外贸出口 B2C 争相模仿的对象。公司发展迅速,2018 年 11 月,兰亭集势以 8 555 万美元收购新加坡跨境电商平台 ezbuy。

第三节　跨境电商多平台的运营策略简述

近年来,平台越来越多,包括以上实力强的,又不断有新发展的。当选定一个平台时,往往会遇到一个流量和销量的瓶颈,那么多平台运营往往是一个突破口。

① 根据百度百科 http://baike.baidu.com/"兰亭集势"摘录和整理。

一、多平台运营的概念和优势

跨境电商多平台的运营是指同一卖家同时采取多个跨境电商平台开展跨境电商的运营模式。一般来说，多平台运营的卖家，会选择至少一个第三方跨境电商平台开展业务。

狭义的跨境电商多平台运营是指卖家在相同品类下（基本的业务模式相对固定），选用多个平台开展跨境电商业务，如某服装卖家在做速卖通平台的同时也做 eBay。

而广义的跨境电商多平台运营是指卖家开展跨境电商业务时，其所选择的平台、产品品类及供应链模式等都是变化的，随之产生的是业务模式的多元化。例如，某个跨境电商卖家会选用速卖通平台开展跨境电商零售，同时也会选用阿里巴巴国际站开展跨境电商批发。

总的来说，跨境电商多平台运营主要有以下几种模式。

（一）多个同类平台模式

多个同类平台模式即对于同一种业务，同时选用多个功能、定位及模式等较为类似的多个平台开展业务。如同时选用速卖通、敦煌网、eBay 等 B2C 跨境电商平台。这是一种较为常见的模式。

（二）B2B+B2C 模式

B2B＋B2C 模式即卖家在开展跨境电商业务时，会同时选择不同的 B2B 和 B2C 平台。如某小商品卖家既在阿里巴巴国际站从事跨境电商批发业务，也在速卖通平台开展零售业务。这种模式通常适用于规模较大、货源较为丰富或产品品类较多的卖家。

（三）第三方平台+自营平台模式

第三方平台＋自营平台模式即卖家在选择一个第三方平台开展跨境电商业务的同时，会投资构建一个企业网站，该企业网站几乎具有跨境电商交易的全部功能。开展跨境电商第三方平台＋自营平台模式的卖家往往具有超大的交易规模、强大的平台推广能力及雄厚的资金实力。

（四）综合平台+垂直平台模式

综合平台＋垂直平台模式即卖家同时选用某综合平台和垂直平台开展跨境电商业务。垂直平台是面向特定行业或品类的平台，如日用品、奢侈品、服装、玩具或母婴产品等。采用综合平台＋垂直平台模式的卖家，往往在其出售产品的相关行业内有核心的竞争力，特别是在产品供应链方面应当具有较强的整合能力。

（五）传统平台+移动平台模式

传统平台＋移动平台模式即跨境电商卖家会同时选用传统电商平台和移动电商平台开展业务。实际上，随着移动电子商务的兴起，大多数传统跨境电商平台具备了移动交易的功能。但如 Wish 这样以移动跨境电商见长的平台的兴起，使得很多跨境电商卖家将移动跨境电商作为一个多元化的重要手段。移动跨境平台往往更适合于有新奇特产品的卖家。

（六）线上平台+线下平台模式

这里的线下平台是指接近于传统意义上的产品分销的线下系统。严格地说，很多线上平台＋线下平台模式算不上多平台。但值得关注的是，很多线下平台的功能越来越强大，有电子化和网络化的发展趋势，并具备了大部分的电子商务功能，如 O2O 的发展和应用。线上平台＋线下平台模式往往适用于某些特定行业，如生鲜农产品、家具家居产品及快速消费品等。

二、跨境电商多平台运营的优势

不同于国内电商的淘宝一家独大，跨境电商平台发展更趋多元化，可供选择的实力强大的平台也很多，而且每个跨境电商平台都有自己发展的特色和定位。一般来说，多平台运营可以为卖家带来更多的市场机会，如果运用得当，跨境电商多平台运营可从以下几个方面为卖家带来优势。

（一）获取更多的订单

一个平台的订单数量受到限制的情况下，采用多平台运营后，卖家获取的订单数量一般来说会有不同程度的增加。

（二）业务的多元化发展

采用多平台运营后，卖家会根据不同平台的特点及其主推的产品类目等，逐步形成跨境电商的多元化发展策略。

（三）快速的市场渗透

多平台运营可以更加快速地占领目标市场，在提高销量的情况下，提高卖家的形象和知名度等。

（四）找准定位打造爆款

根据平台订单数量及用户反馈等，卖家发现更多有价值的市场信息，以便找准定位，提供适销对路的产品，配合适当的推广措施，成功打造爆款的机会显著提升。

三、跨境电商多平台的运营策略简述

（一）跨境电商多平台运营主要策略

在跨境电商平台运营中，主要的策略有以下几点。

1. 店铺和产品定位

每个跨境平台在目标市场（国家或地区）、目标客户等方面都会有一定的区别。因此多平台运营卖家根据不同平台的顾客的需求，进行精准的店铺和产品定位显得非常重要。

找准店铺和产品的定位是后期推广运营的基础。这一点往往被很多中小跨境电商卖家忽视。作为一个成功的跨境电商卖家，应该全面地掌握自身产品的主要消费市场在哪里、客户的需求和诉求有哪些、店铺的特色应当如何打造、产品定位及产品线应当如何开展等。

2. 合理运用价格策略

实际上，同类产品在不同的跨境电商平台上的价格往往是不一样的，即使在同一个平台内部，同类产品或同种产品在价格上也会有明显的高低差别。

跨境电商多平台卖家应当根据不同平台的运营和推广成本，结合顾客的需求特点，制订一个相对统一的价格策略。显然，片面地追求低价以获取竞争力并不是长期有效的策略。

3. 提高服务品质

在跨境电商产品的定价中，包括了一定比例的服务成本。高品质的服务显然是顾客所看重的。对一些特殊的行业、类目或具体产品来说，服务的重要性反而会超过产品本身。

因此，跨境电商多平台卖家应当根据顾客的实际需求，制定一个高水平的产品售前、售中和售后服务标准。服务标准的形成，一方面保障了较高的服务水平，另一方面也使服务成本得到有效的控制。

4. 品牌化策略

统一品牌下的运作，往往是开展多平台运营的基础。实际上，跨境电商多平台运营的成功开展，也会给品牌形象的打造带来正面的效果。

品牌化运营，要求跨境电商卖家在客户群体、产品款式及风格等方面有更加精准的把握。例如，同样是秋冬季节的风衣和羽绒服，亚马逊平台上往往简约高品质款式更好卖，而在速卖通平台上则是低价新颖款最热销。

（二）跨境电商多平台运营策略运用

多平台运营和单一平台运营相比，其运营成本并不意味着成倍的上升，在有效管控的情况下，成本的上升有限。而在流量和订单数量方面，多平台运营可以为卖家带来明显的优势和发展潜力。根据不同跨境平台的市场定位，通过适当的平台及产品的多元组合，往往会取得更多的意想不到的收获。

1. 先确立根据地，再开展多平台[①]

对大多数中小卖家（或创业者）而言，“首先应该在某一平台做出成效后，再发力开展下一个新平台”。中小卖家根据自身的实力及产品货源等情况，选定一个合适（或自身擅长）的跨境电商平台作为“根据地”，将该平台做精，等销量有一定的规模之后，再开展跨境电商的多平台运营。

如很多中小卖家先从速卖通平台开始运营，等实力及规模有明显的提升之后，再开展

① 跨境电商多平台运营的技巧与策略 http://www.lfdhr.cn/news/zx195.html。

eBay、亚马逊或阿里巴巴国际站等多平台的运营。

2. 研究不同平台及其选品的特点

不同跨境电商平台在卖家的资质、平台的费用及交易的流程等方面会有一些区别，但平台本质的特点应当在于其市场定位（档次、价格及买家群体等）和交易模式（批发或零售）等方面。掌握平台的特点是开展选品的基础。在选品方面，可根据不同平台的销售情况进行区别对待，但不同平台之间的产品或品类尽量做到关联、共享或交叉，尽量不要大量开拓新的 SKU，以免造成后期管理的困难。

3. 组建跨境电商多平台运营团队

业务达到一定的规模后，不同平台尽量由不同团队来运营，这样可以保证足够的专注和专业，确保多平台运营的效果。一般来说，新开发一个平台，应建立一个至少有 2 人的小团队。

4. 积极打造爆款

在多平台运营环境下，某 SKU 的多平台铺货，使得其成为爆款的可能性大大提升。卖家应当时刻关注市场的反应，分析和筛选最有可能成为爆款的 SKU，并积极采取有效的多平台综合推广措施。

5. 构建高效的供应链体系

销量的提升或爆款的打造，需要一个高效的产品供应链体系来支撑。在产品货源方面，应当具有足够的库存，必要时应当取得供货商的支持，争取及时适量地补货。另外，在产品种类、库存及供应商数量较为庞大的情况下，还需构建一个智能化的供应管理系统。

四、综合案例分析

多平台销售，亚马逊卖家比重最大[①]

2016 年 8 月 3 日消息，跨境收款与资金分发平台 Payoneer 发布了《2016 中国跨境电商调查》。调查显示，对于跨境电商平台的选择，亚马逊成为集聚卖家比重最大的平台；销售自有品牌可带来较高销量，自有品牌卖家中，36%的卖家年销售额超过 100 万元，而没有自有品牌的卖家中仅有 14%的卖家年销售额过百万。

据了解，此次调查对跨境电商的平台、品牌、品类以及物流等方面进行了分析，可供跨境电商的从业者参考。

一、平台上，卖家倾向多平台销售，平台越多销量越高

59%的受访者同时入驻一个以上平台，41%的受访者只在一个平台上销售，33%的人则入驻两个以上平台。此外，数据显示，入驻平台越多销量越高，入驻两个及以上平台的卖家中，年销量在 100 万元以上的占比 41%，而仅在一个平台上铺售的卖家中只有 17%年销量达到 100 万元。如图 7-1 和图 7-2 所示。

二、亚马逊成为最受卖家欢迎的平台

在所有跨境卖家中，入驻亚马逊的卖家在近几年内处于递增状态，2015 年较之 2014

① 搜狐科技 http://www.sohu.com/a/108975290-466845。

年增长 21%,2016 年已达到了 62%,成为最受卖家欢迎的平台。如图 7-3 所示。

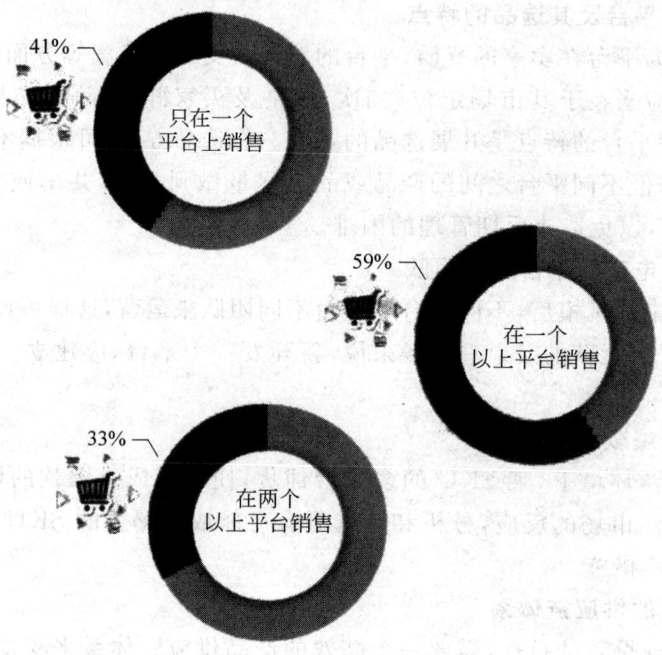

图 7-1 卖家倾向多平台销售

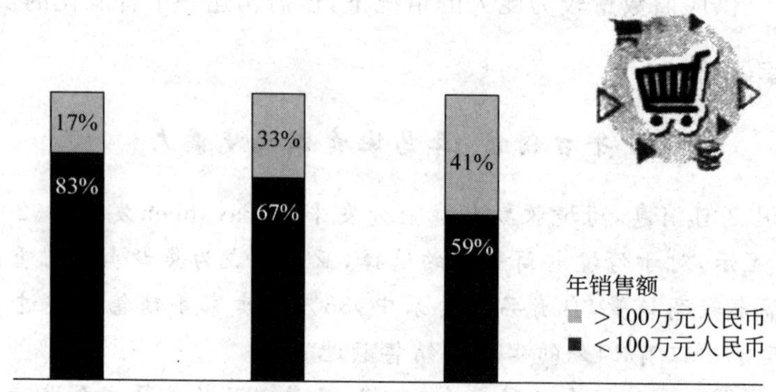

图 7-2 平台越多销售额越高

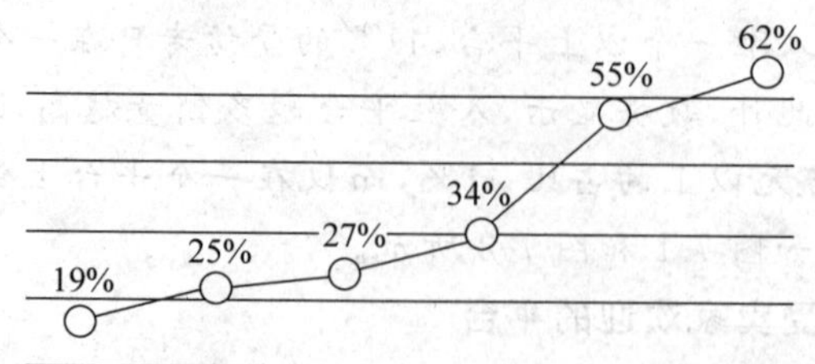

图 7-3 亚马逊卖家占所有卖家比例

据了解，对于卖家而言亚马逊最大的吸引力在于重产品、轻店铺，占比36%，规则公平占比27%，单站流量大占比20%(图7-4)。45%的卖家在Wish销售，40%的卖家入驻速卖通，28%的卖家入驻eBay(图7-5)。而中小卖家多选择速卖通和Wish，eBay和亚马逊的大型卖家和中小卖家在数量上比例相当。如图7-6所示。

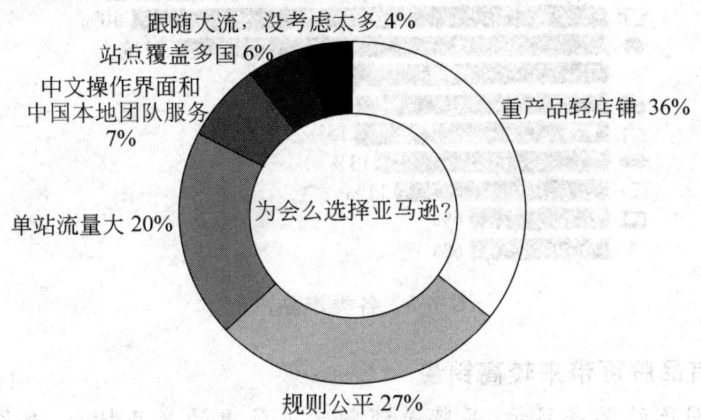

图7-4　为什么选择亚马逊

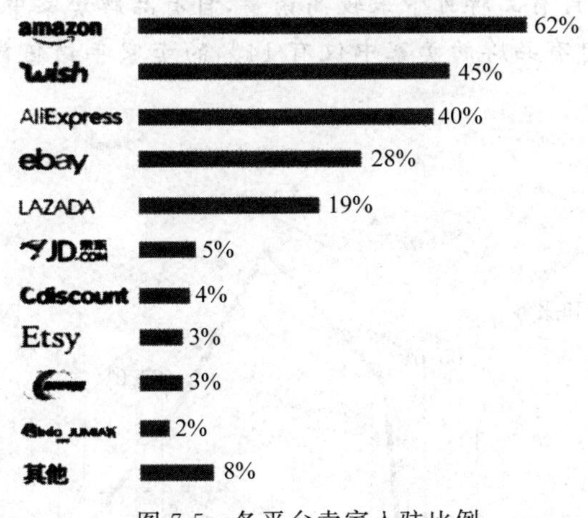

图7-5　各平台卖家入驻比例

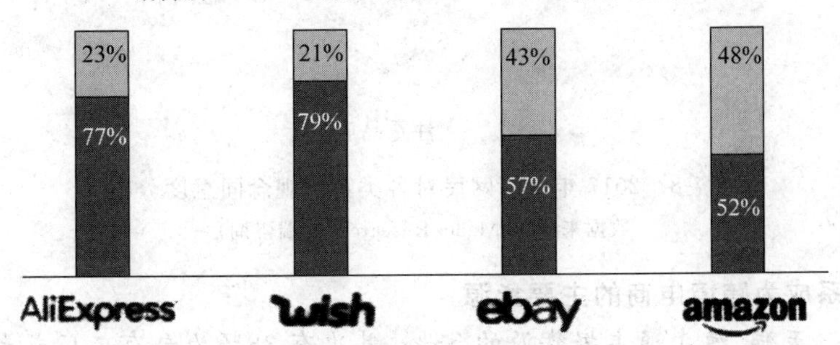

图7-6　大型卖家和中小卖家的平台选择差异

三、电子及周边产品占主导

调查显示，45%的受访者在跨境电商平台上出售电子及周边产品，这也是中国卖家的主导品类；紧随其后的主流品类是服装及配饰(40%)和家居产品(37%)。如图 7-7 所示。

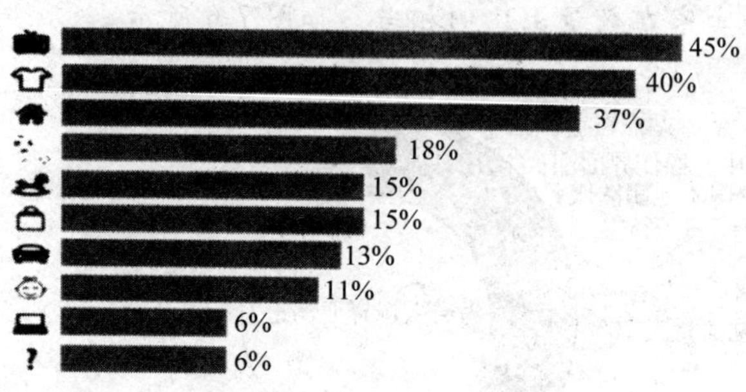

图 7-7 各类产品占比

四、销售自有品牌可带来较高销量

对中国电商网民的调查显示，品牌是消费者最注重的产品特征，如图 7-8 所示。在跨境电商中，自有品牌已成常态，69%的受访者销售自有品牌或授权产品，13%只销售自有品牌或授权产品。销售自有品牌可带来较高销量，自有品牌卖家中，36%的卖家年销售额超过 100 万元，而没有自有品牌的卖家中仅有 14%的卖家年销售额过百万。如图 7-8 和图 7-9 所示。

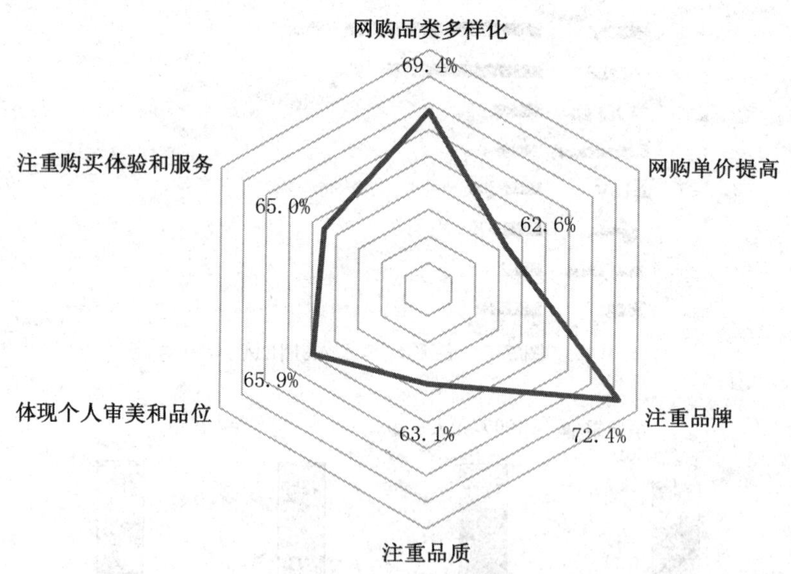

图 7-8 2017 年中国网民对各类消费观念同意度分布

数据来源：iiMedia Research(艾瑞咨询)

五、阿里系成为跨境电商的主要货源

1688、淘宝、天猫、速卖通占据货源的 53%，其次有 38%为自有工厂或者工厂制定，线下采购也占有 28%。专业垂直采购网站仅占 6%，垂直类货源还有很大空间挖掘。如图 7-10 所示。

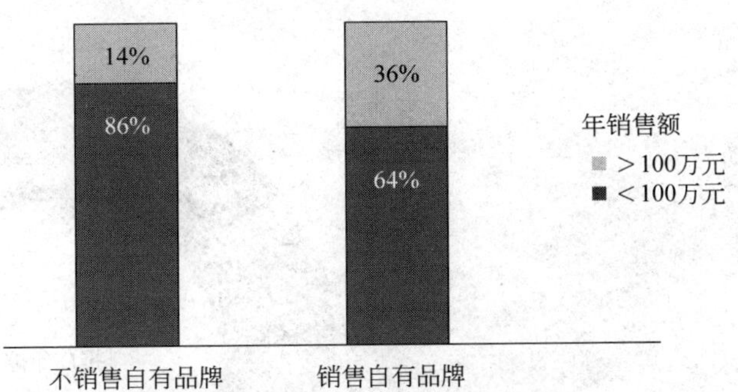

图 7-9 销售自有品牌可带来较高销量

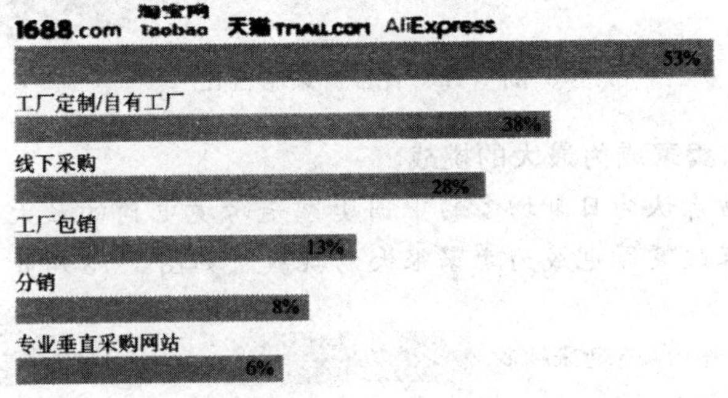

图 7-10 卖家的货源

六、使用联盟推广和第三方代理的卖家实现了最高的人效

最受欢迎的推广策略为加入促销活动和在平台投放广告位。但仍有 16%的受访者表示自己不进行任何推广。如图 7-11 和图 7-12 所示。

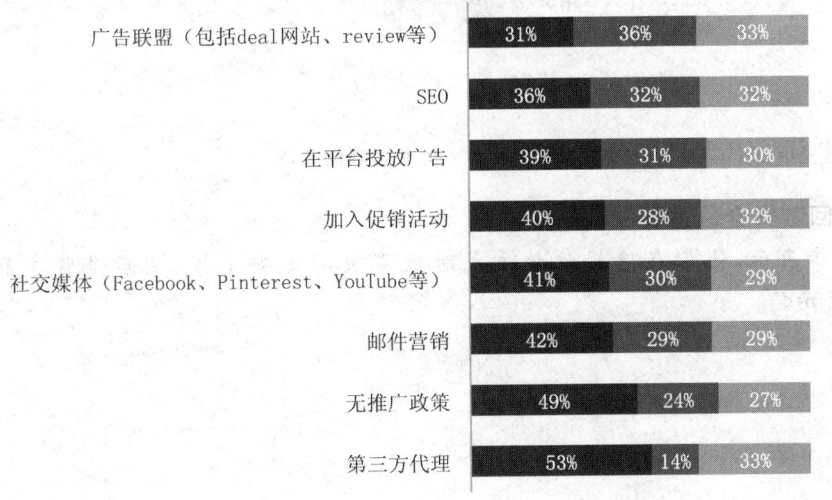

图 7-11 各推广策略的人效

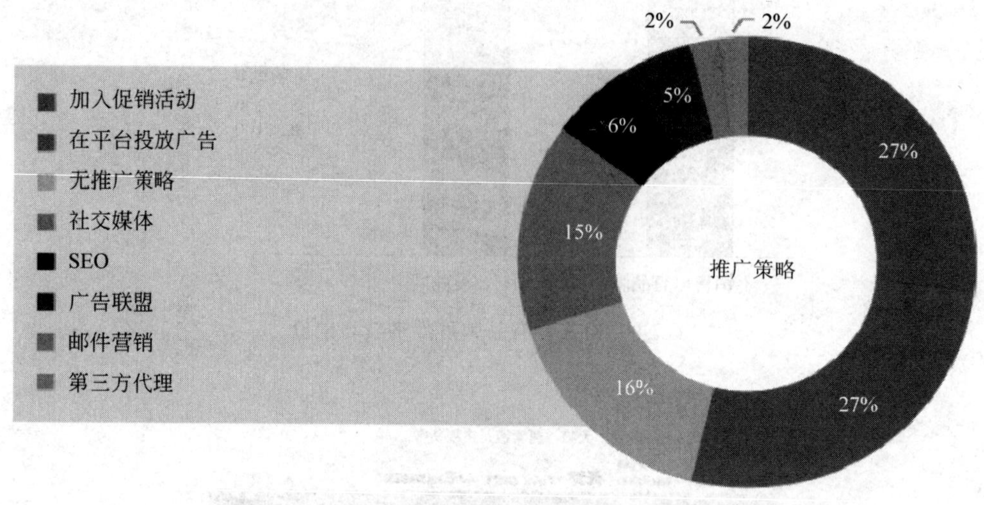

图 7-12 各推广策略占比

七、逐渐增多的卖家成为最大的挑战

将近一半的受访者认为日渐增多的中国卖家是跨境电商的最大挑战之一。此外，费用高利润低以及卖家政策等也成为卖家很大的挑战。如图 7-13 所示。

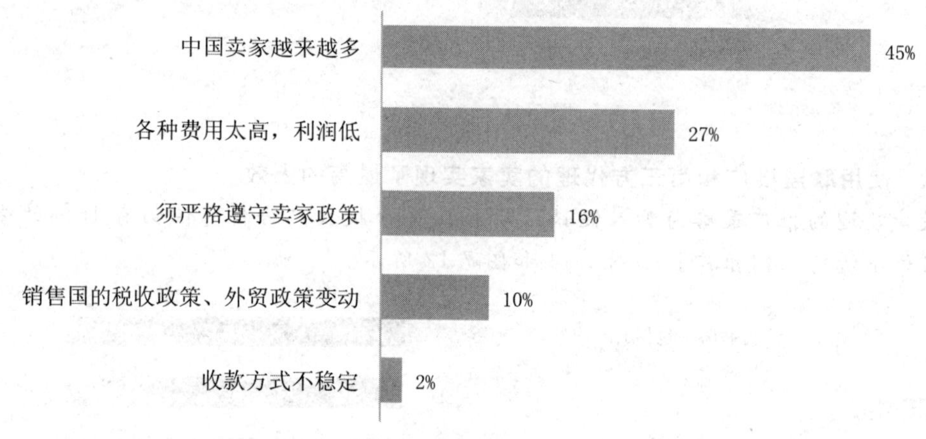

图 7-13 卖家面临的挑战

八、回款安全最重要

受访者表示，他们在选择收款方式时最看重的是安全性，然后是费率和速度。如图 7-14 所示。

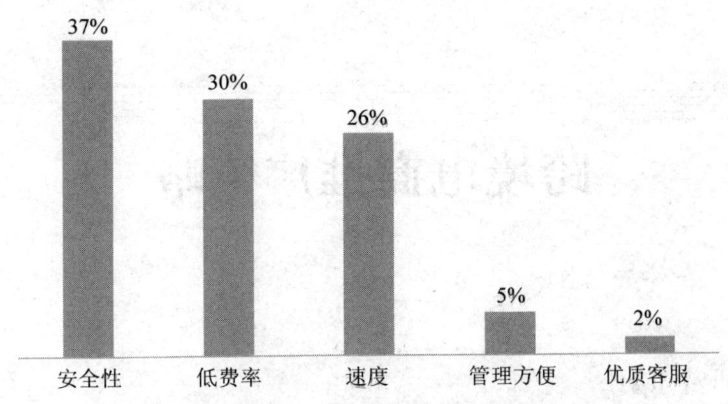

图 7-14　卖家对收款方式各要素的重视程度

复习思考题

1. 结合本章学习内容和以上案例，简述跨境电商多平台运营的特点及其存在的问题有哪些。

2. 在跨境电商多平台运营中，如何进行多平台的组合？

3. 跨境电商多平台运营最大的挑战来自哪些方面？

练　习　题

第八章

跨境电商推广策略

【教学目的和要求】

网上推广是跨境电商运营的一项重要内容，跨境电商平台为其他卖家提供了丰富的跨境电商工具。本章重点以跨境电商零售平台速卖通为例，介绍跨境电商平台一些常用的推广方法和工具，包括自主营销、直通车、平台活动以及联盟营销等。灵活运用这些推广方法和工具，是跨境电商推广策略的主要内容。

【关键概念】

跨境电商推广　推广工具　自主营销　限时限量折扣

联盟营销　全店铺打折　满立减　优惠券

直通车　平台活动

深圳L公司的第一个eBay店铺账号注册于2010年，发展至今已经达到12个店铺账号。经过几年的努力，该公司的产品远销世界各地，包括北美、南美、欧盟16国以及中东、东南亚等地区，最主要的消费群体集中在美国、英国、德国、法国等12个国家。eBay店铺的年销售额从最初的10万美元迅速增长到40万美元，并且保持增长态势。该公司eBay店铺经营的产品品类众多，主要集中在3C类、电脑配件、手机配件、电子烟配件、五金以及塑料等产品。其主要营销手段是折扣、满减、买二送一、eBay推送广告等。L公司每天都会上架更新产品，优化产品品类，从中选择销量好、曝光量高、点击率高、转化率高的产品不断优化，以便获取更多的流量以及客户资源。近3个月销量最好的产品是耳帽、耳棉垫、PS4游戏手柄等。深圳L公司经营的12个eBay店铺每天的曝光量、访客数、浏览量、订单数、转化率都不尽相同。每天不断更新上架产品主要是为了保持产品的曝光量，从而给店铺带来充足的流量。每个店铺账号每天的订单量约20笔，所有店铺合计订单量总数约200笔。

结合案例，试分析企业可以采取哪些方式借助跨境电商平台进行推广。

推广(promotion)也称促销，是促进产品销售的简称。传统的促销策略包括促销组合、人员推销策略及广告策略等，相比传统营销推广，一系列跨境网络推广工具和方法的应用则是跨境电子商务的推广的重要特点。

基本上每个跨境电商平台都会提供较为丰富的站内推广工具，本章则以速卖通为例，来介绍跨境电商平台一些常用的站内推广方法和工具。

登录速卖通平台的卖家后台，单击“营销活动”中的“店铺活动”一栏，就可以看到“平台活动”“限时折扣”“满立减”“店铺优惠券”及“全店铺打折”五个营销活动。速卖通平台的营销活动设置界面如图 8-1 所示。

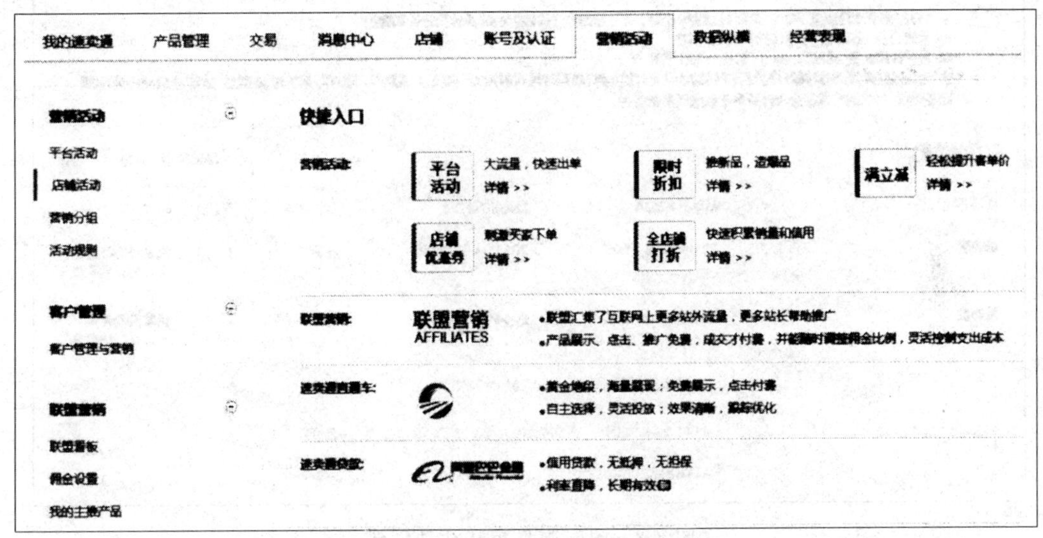

图 8-1 速卖通平台的营销活动设置界面

第一节 店铺自主营销

在图 8-1 中，“限时折扣”“满立减”“店铺优惠券”及“全店铺打折”四个营销活动可以由卖家自主设定，通常被称为“店铺自主营销”工具。

一、限时限量折扣

速卖通平台为卖家提供的限时限量折扣工具，即卖家可以在特定的时间段内，对店铺内销售的产品设定一个折扣，并限定打折出售的产品数量。

（一）限时限量折扣的特点

（1）限时限量折扣是由速卖通平台提供给卖家的免费营销工具。

（2）在卖家有清库存、打造爆款、推新款及打造活动款等需求时，结合限时限量折扣运用，会有更好的效果。

（二）限时限量折扣的设置方法

登录速卖通平台的卖家后台，单击“营销活动”中的“店铺活动”一栏，进入图 8-1 所示界面后，单击“限时折扣”一栏，即可进行限时限量折扣的设置。

第一步：限时限量折扣活动创建。

单击图 8-2 中的“创建活动”按钮，在图 8-3 所示的界面中继续输入活动的名称及时间，单击“确定”按钮，即可完成限时限量折扣活动创建。

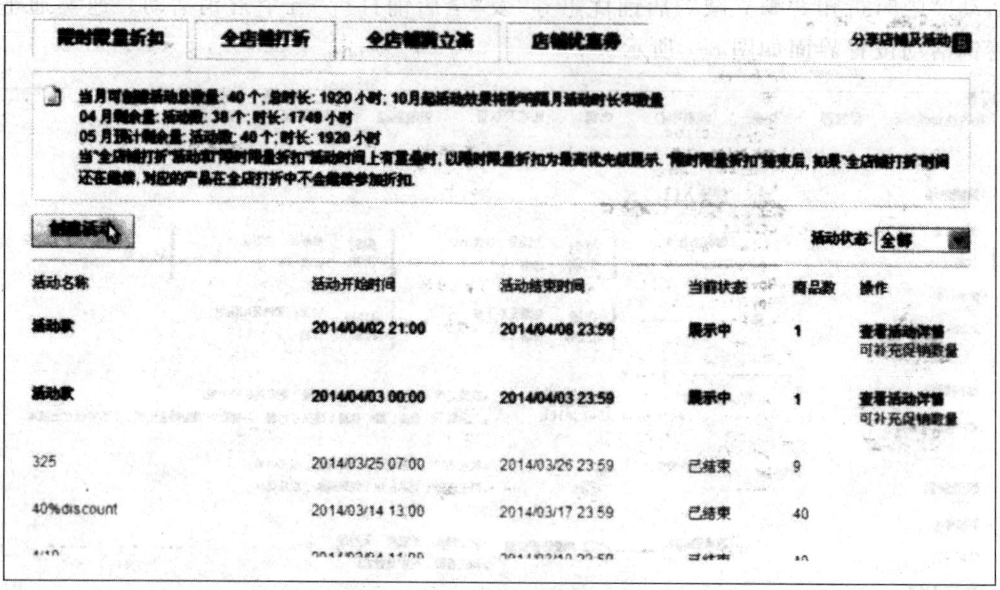

图 8-2 限时限量折扣活动创建

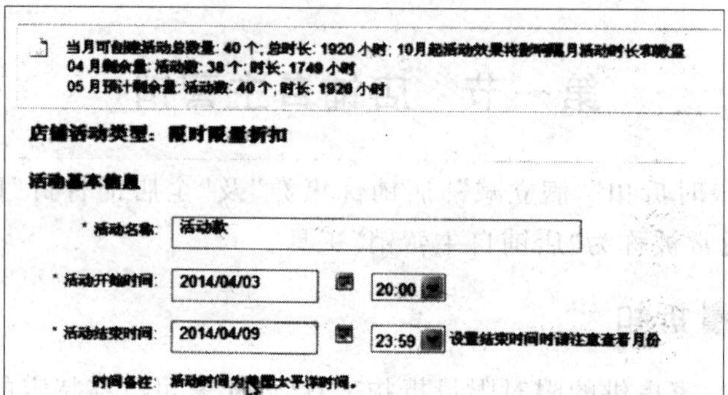

图 8-3 限时限量折扣活动名称和时间

第二步：选择打折的商品。

在图 8-4 中，利用下拉菜单选择限时限量产品所在产品类目和分组，在速卖通平台限定产品类目经营的情况下，可直接选定产品分组“Discount Goods”（该分组内的产品由卖家通过营销分组的方法设定）。

在图 8-5“Discount Goods”产品组的产品列表中，在将要参加限时限量折扣的商品所在信息的右侧打“√”，即选定了该商品为本次限时限量折扣活动的商品。注意：每个限时限量折扣活动最多可以选定 40 个商品。

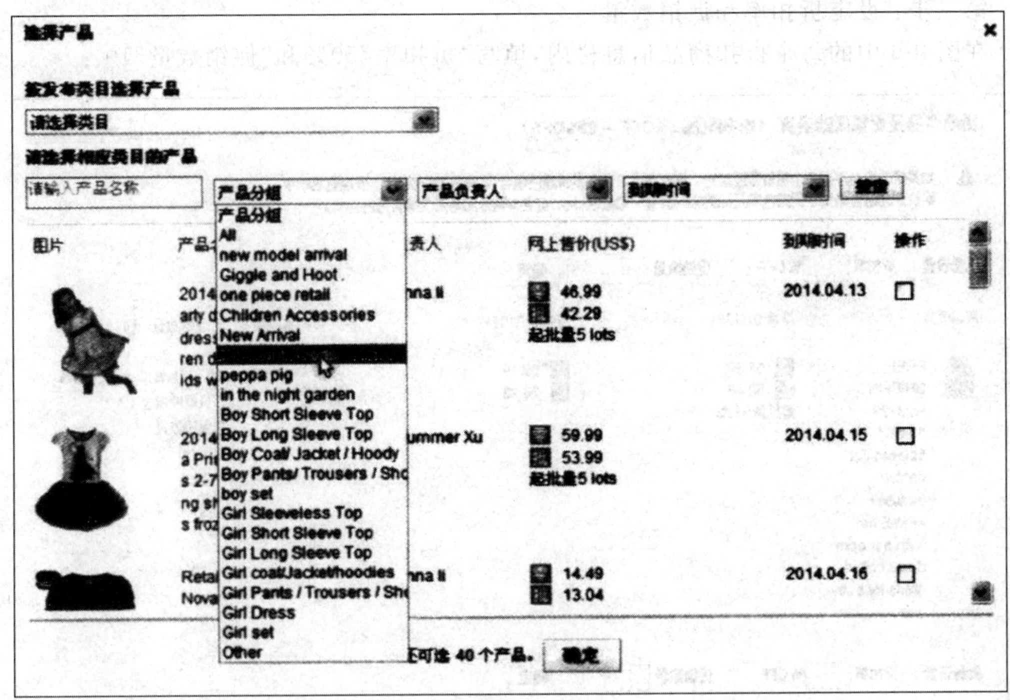

图 8-4　选择限时限量产品所在产品类目和分组

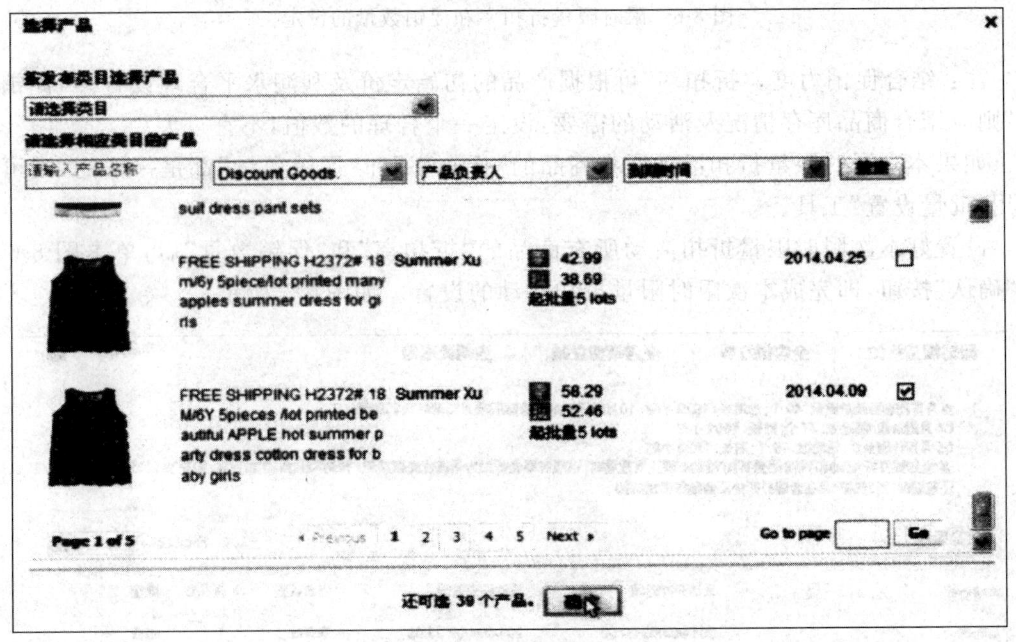

图 8-5　选择限时限量折扣的商品

按上述方法选定本次限时限量折扣活动所有的商品以后，单击图 8-5 中的“确认”按钮，进入下一步。

第三步：设定折扣率和促销数量。

在图 8-6 中的每个折扣商品信息栏内，填写“折扣率”50％和“促销数量”10。

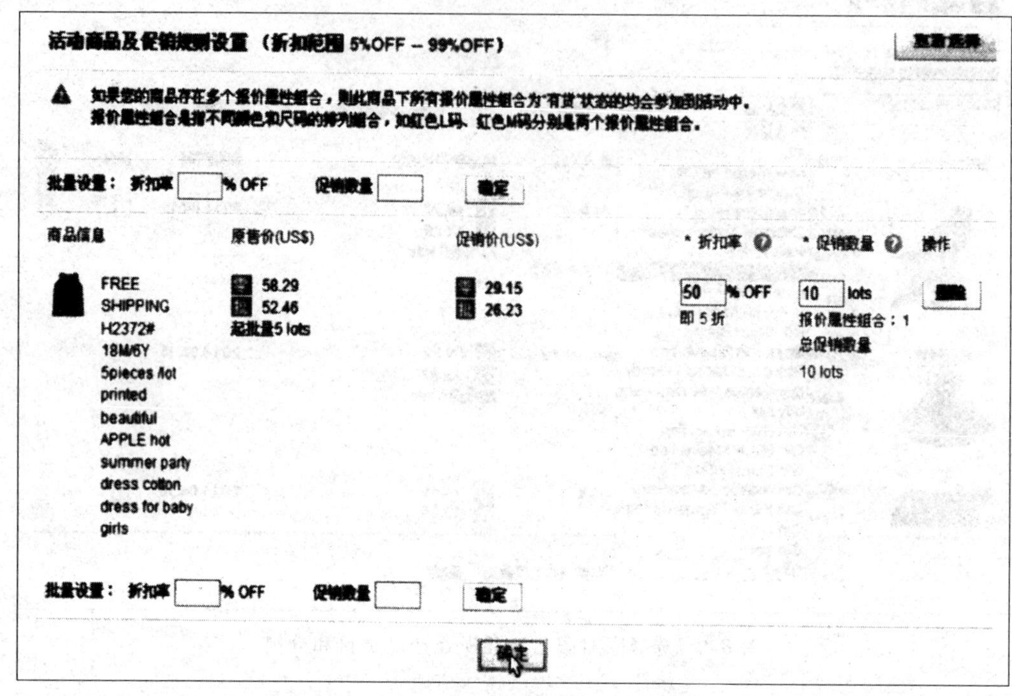

图 8-6 限时限量折扣率和促销数量的设定

注：结合促销力度，“折扣率”可根据产品的初始定价及利润水平合理设置。“促销数量”则应结合商品库存情况及活动的需要，设定一个合理的数值，不宜过大。

如果本次限时限量折扣活动所有商品的“折扣率”和“促销数量”都是一样的，则可以利用“批量设置”工具。

设置好本次限时限量折扣活动所有商品的“折扣率”和“促销数量”后，单击图 8-6 中的“确认”按钮，即完成本次限时限量折扣活动的设置。如图 8-7 所示。

活动名称	活动开始时间	活动结束时间	当前状态	商品数	操作
活动款	2014/04/03 20:00	2014/04/09 23:59	未开始	1	编辑
活动款	2014/04/02 21:00	2014/04/08 23:59	展示中	1	查看活动详情 可补充促销数量
活动款	2014/04/03 00:00	2014/04/03 23:59	展示中	1	查看活动详情 可补充促销数量

图 8-7 限时限量折扣活动设置完成后等待开始

（三）限时限量折扣运用注意事项

（1）限时限量折扣最早在设置完成后 48 小时后开始，活动时间为美国太平洋时间。

（2）不提倡将商品事先提价后再进行打折，这样会严重影响该产品的搜索排名。

（3）打折商品的数量不宜设置过大，时间也不宜过长，以给买家一种“数量有限，卖完即止”的紧迫感，同时可避免产品销量上升时产品库存缺货。

（4）结合全店铺打折、直通车及联盟营销等工具，限时限量折扣的效果会更好。

二、全店铺打折

速卖通平台为卖家提供全店铺打折工具，即卖家可以在特定的时间段内，对店铺内销售的所有产品设定相应的折扣。

（一）全店铺打折的特点

（1）全店铺打折是由速卖通平台提供给卖家的免费营销工具。

（2）全店铺打折可以为速卖通平台带来明显的流量增长。

（3）全店铺打折可以有效地刺激买家下单，从而提高订单转化率。

（二）全店铺打折的设置方法

登录速卖通平台的卖家后台，单击“营销活动”中的“店铺活动”一栏，进入图 8-8 所示界面后，单击“全店铺打折”一栏，即可进行“全店铺打折”的设置。

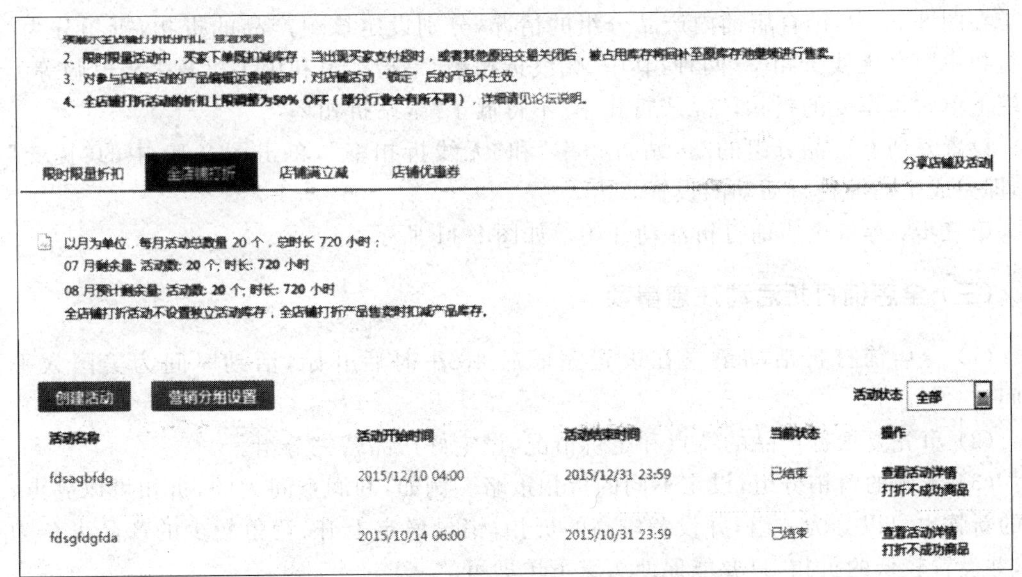

图 8-8　全店铺打折活动创建

第一步：全店铺打折活动创建。

单击图 8-8 中的“创建活动”按钮。

在图 8-9 所示的界面中继续输入活动的名称及时间，单击“确定”按钮，即可完成全店铺打折活动创建。

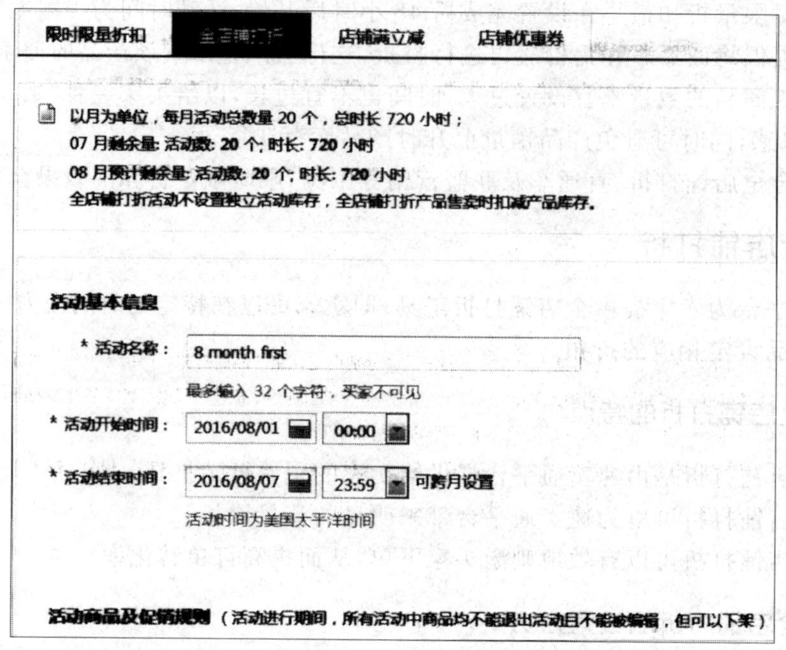

图 8-9 全店铺打折活动的名称和时间

第二步：分组设定折扣。

在图 8-10 中，结合店铺内产品分组的情况，分别设定该组产品的折扣，折扣分为“全站折扣率”和“无线折扣率”两种，其中“无线折扣率”是指买家利用手机及平板电脑等无线终端下单时可享受的折扣，“无线折扣率”不得低于“全站折扣率”。

设置好所有产品分组的“全站折扣率”和“无线折扣率”，单击图 8-10 中的“提交”按钮，即完成全店铺打折活动的设置。

第三步：等待全店铺打折活动开始。如图 8-11 所示。

（三）全店铺打折活动注意事项

（1）全店铺打折活动最早在设置完成后 48 小时后开始，活动时间为美国太平洋时间。

（2）事先要根据产品的特点和定价情况，设定好产品营销分组。

（3）不同的营销分组，设定不同的折扣策略。例如，利润空间大的，折扣可以高点；主推的新款也可以分为一组，并设置较高的折扣；销量稳定上升、竞争较少的产品可分为一组，并设置较低的折扣，只要能促使买家下单即可。

（4）全店铺打折活动设置完成后，活动状态显示为“未开始”。在开始前的 24 小时内，还可以编辑修改折扣率和活动时间，当活动状态显示为“等待展示”后，该全店铺打折活动就不能再修改了。

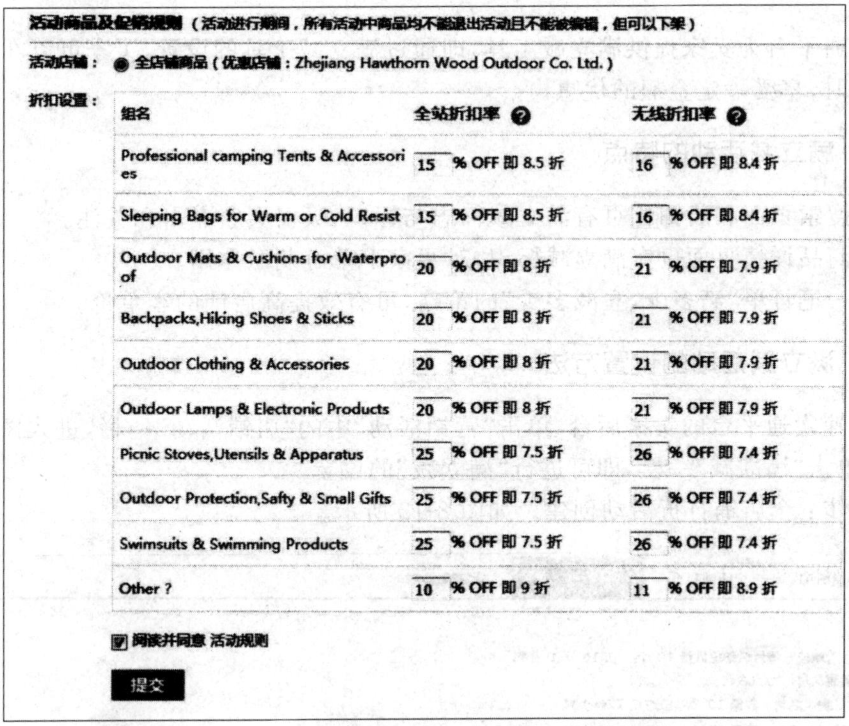

活动商品及促销规则（活动进行期间，所有活动中商品均不能退出活动且不能被编辑，但可以下架）

活动店铺：◉ 全店铺商品（优惠店铺：Zhejiang Hawthorn Wood Outdoor Co. Ltd.）

折扣设置：

组名	全站折扣率	无线折扣率
Professional camping Tents & Accessories	15 % OFF 即 8.5 折	16 % OFF 即 8.4 折
Sleeping Bags for Warm or Cold Resist	15 % OFF 即 8.5 折	16 % OFF 即 8.4 折
Outdoor Mats & Cushions for Waterproof	20 % OFF 即 8 折	21 % OFF 即 7.9 折
Backpacks,Hiking Shoes & Sticks	20 % OFF 即 8 折	21 % OFF 即 7.9 折
Outdoor Clothing & Accessories	20 % OFF 即 8 折	21 % OFF 即 7.9 折
Outdoor Lamps & Electronic Products	20 % OFF 即 8 折	21 % OFF 即 7.9 折
Picnic Stoves,Utensils & Apparatus	25 % OFF 即 7.5 折	26 % OFF 即 7.4 折
Outdoor Protection,Safty & Small Gifts	25 % OFF 即 7.5 折	26 % OFF 即 7.4 折
Swimsuits & Swimming Products	25 % OFF 即 7.5 折	26 % OFF 即 7.4 折
Other ?	10 % OFF 即 9 折	11 % OFF 即 8.9 折

☑ 阅读并同意 活动规则

提交

图 8-10　全店铺打折活动分组设定折扣

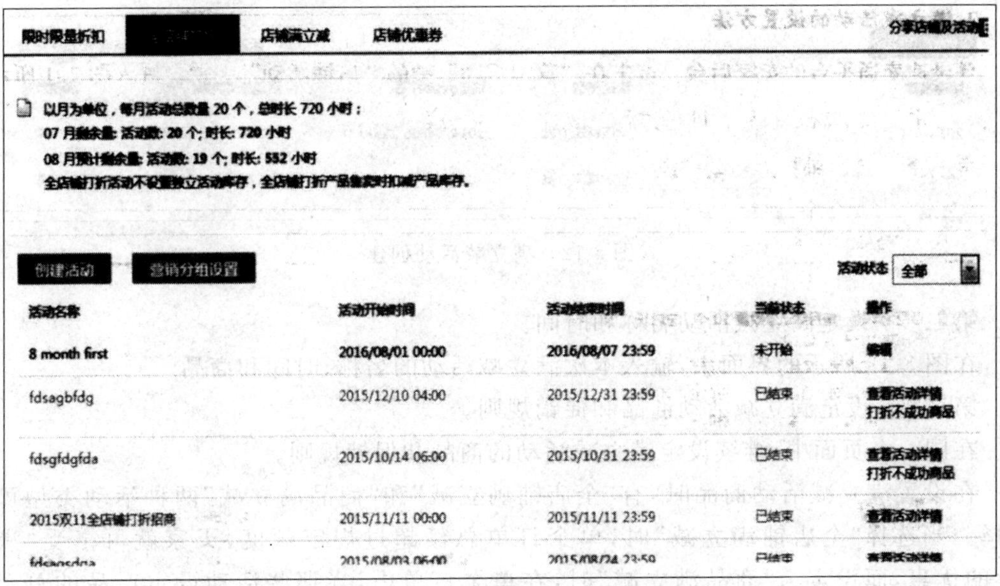

限时限量折扣　全店铺打折　店铺满立减　店铺优惠券　分享店铺及活动

以月为单位，每月活动总数量 20 个，总时长 720 小时：

07 月剩余量：活动数：20 个；时长：720 小时

08 月预计剩余量：活动数：19 个；时长：532 小时

全店铺打折活动不设置独立活动库存，全店铺打折产品售卖时扣减产品库存。

创建活动　营销分组设置　活动状态 全部

活动名称	活动开始时间	活动结束时间	当前状态	操作
8 month first	2016/08/01 00:00	2016/08/07 23:59	未开始	编辑
fdsagbfdg	2015/12/10 04:00	2015/12/31 23:59	已结束	查看活动详情 打折不成功商品
fdsgfdgfda	2015/10/14 06:00	2015/10/31 23:59	已结束	查看活动详情 打折不成功商品
2015双11全店铺打折招商	2015/11/11 00:00	2015/11/11 23:59	已结束	查看活动详情
fdsagsdga	2015/08/03 06:00	2015/08/24 23:59	已结束	查看活动详情

图 8-11　等待全店铺打折活动开始

三、满立减

速卖通平台为卖家提供满立减工具，即通过满立减工具的设置，买家可以在订单超过一定金额时，享受一定金额的优惠。

（一）满立减活动的特点

（1）搜索页面和店铺首页有满立减标志与标识，吸引买家点击和关注。

（2）商品详情页面也有满立减标识，对买家下单有刺激作用。

（3）一笔订单"满多少，立减多少"的策略，可有效提高店铺的客单价。

（二）满立减活动的设置方法

登录速卖通平台的卖家后台，单击"营销活动"中的"店铺活动"一栏，进入图 8-1 所示界面后，单击"满立减"一栏，即可进行"满立减"的设置。

第一步：全店铺打折活动创建。如图 8-12 所示。

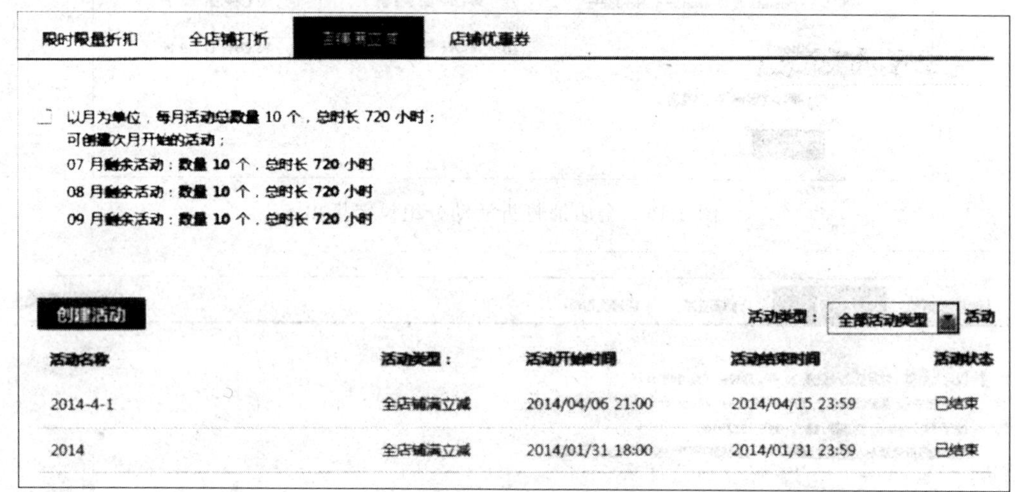

图 8-12 满立减活动创建

第二步：设定满立减活动名称和时间。

在图 8-13 所示的界面中，输入本次满立减活动的名称、时间和商品。

第三步：设定满立减活动商品和促销规则。

在同一个页面中，继续设定满立减活动的商品和促销规则。

在设置满立减活动商品时，有"全店铺满立减"和"商品满立减"两种活动类型可以选择。当选择"全店铺满立减"时，单个订单总额超过规定额度，买家就可享受"满立减"的优惠，而设定为"商品满立减"时，在单个订单内，当那些活动设定产品的总金额累计超过规定额度时，买家才可享受该笔订单"满立减"的优惠。一般情况下，可以选择"全店铺满立减"。

在设置满立减活动促销规则时，有"多梯度满减"和"单层级满减"两种方式可以选择，

图 8-13 设定满立减活动名称、时间和商品

在图 8-14 中，设置了 100 美元、200 美元和 300 美元的三个梯度，在订单金额超过设定的梯度时，买家相应地可享受 5 美元、15 美元和 40 美元的优惠。

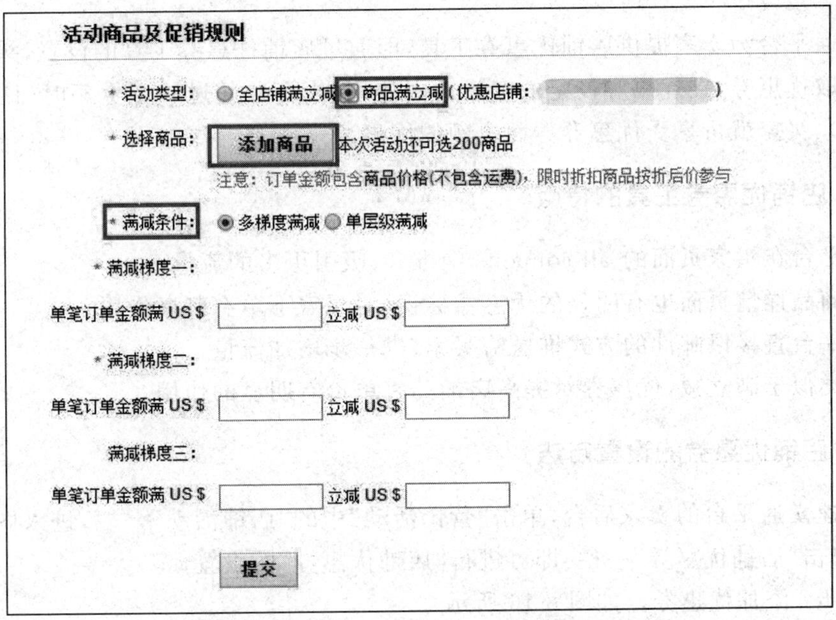

图 8-14 设定满立减活动商品和促销规则

完成以上满立减活动商品和促销规则设置后，单击“提交”即可完成满立减活动的设置。该满立减活动等待开始，显示为“未开始”，如图 8-15 所示。

（三）满立减工具的注意事项

（1）满立减活动最早在设置完成后 4 小时后开始，活动时间为美国太平洋时间。

（2）满立减活动的优惠额度和店铺优惠券活动的优惠额度可以叠加，设置时需综合考虑，两者综合运用，效果会更好，但也要注意两者的额度要合理，以免产生亏损。

（3）满立减结合全店铺打折、直通车及联盟营销等工具，会有更好的效果。

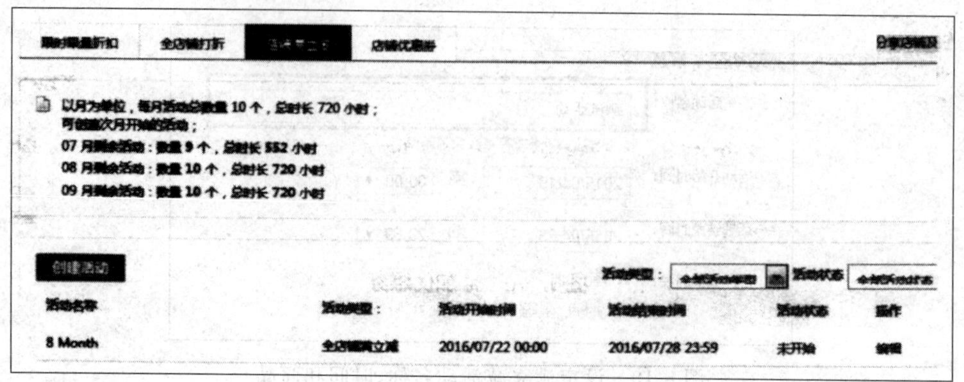

图 8-15 满立减活动设置完成后等待开始

四、店铺优惠券

速卖通平台为卖家提供店铺优惠券工具，即通过店铺优惠券工具的设置，买家可以在本店铺领取优惠券，在优惠券设定的有效期内使用，当订单超过一定金额时（该金额也可设置为零），买家就可享受优惠券券面金额的优惠。

（一）店铺优惠券工具的特点

（1）平台在买家页面的 all coupons 中推广，吸引更多的流量。

（2）商品详情页面也有明显的优惠券标识，对买家下单有刺激作用。

（3）平台直接以邮件的方式推送给买家，进一步增加流量。

（4）类似于满立减，优惠券对提高店铺的客单价有明显的作用。

（二）店铺优惠券的设置方法

登录速卖通平台的卖家后台，单击“营销活动”中的“店铺活动”一栏，进入图 8-1 所示界面后，单击“店铺优惠券”一栏，即可进行“店铺优惠券”的设置。

第一步：添加优惠券。如图 8-16 所示。

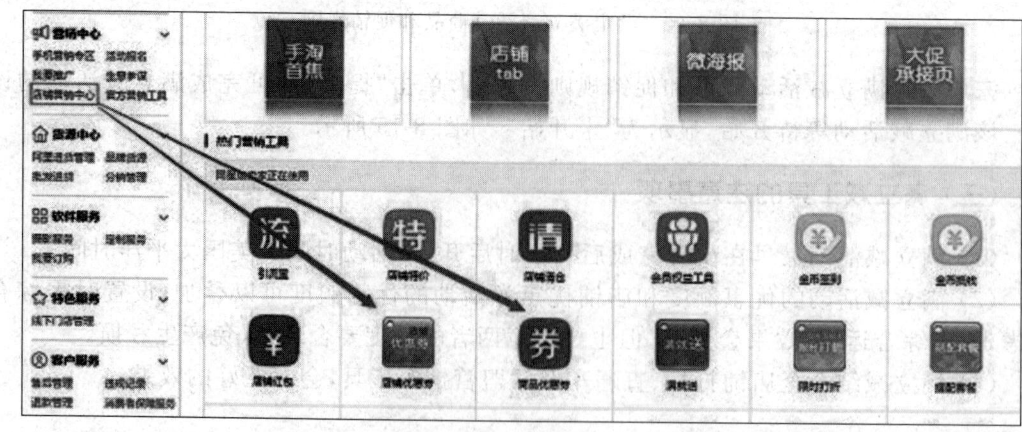

图 8-16 添加优惠券

第二步：设定优惠券名称和时间。如图 8-17 所示。

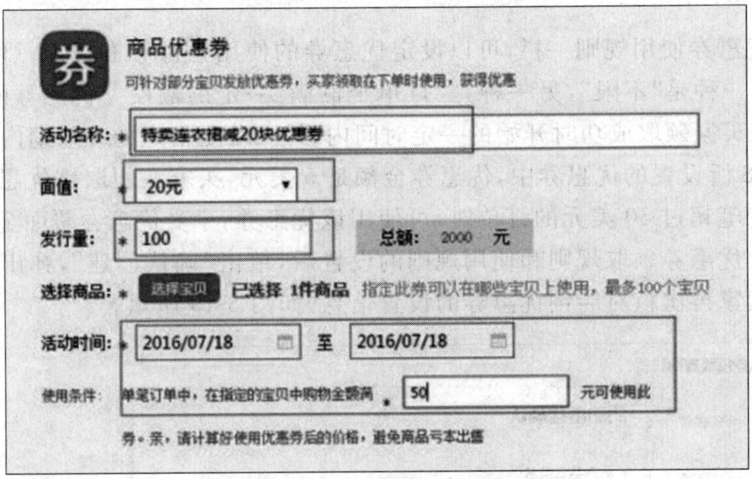

图 8-17　设定优惠券活动名称及时间

第三步：设置优惠券领取规则和使用规则。

在图 8-18 所示页面中，继续设定优惠券领取规则和使用规则。

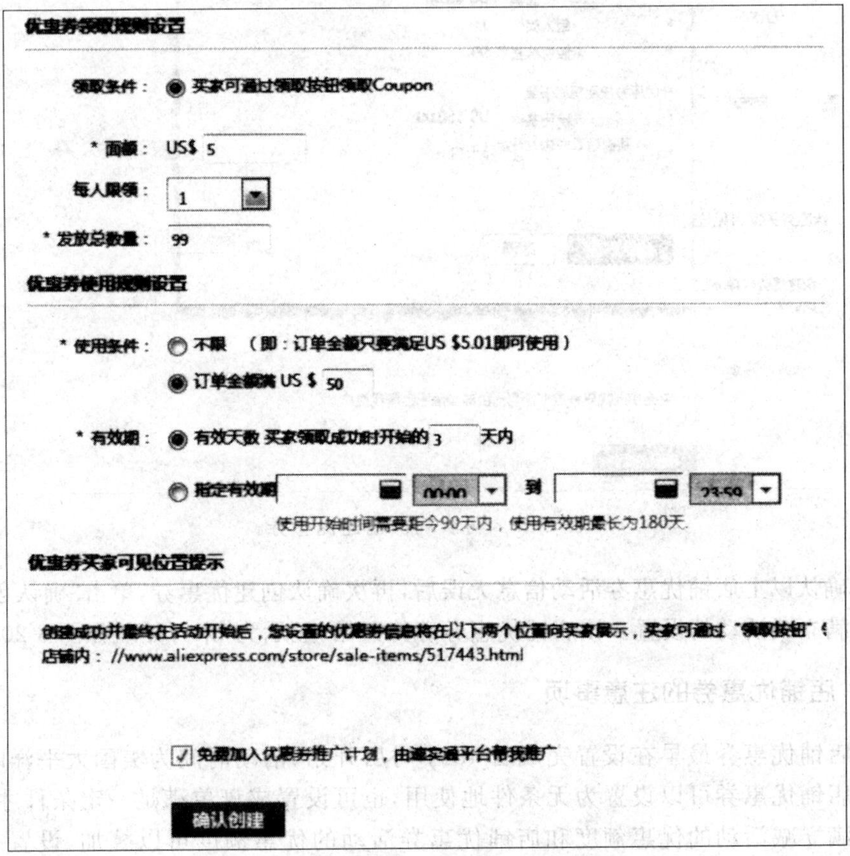

图 8-18　设置优惠券领取规则和使用规则

在设置优惠券领取规则一栏，可以设定优惠券的面额、每人限领的张数及发放总数量。

在设置优惠券使用规则一栏，可以设定优惠券的使用条件和有效期。优惠券的使用条件有两种：一种是“不限”，另一种是“订单金额满”一定的额度。优惠券的有效期也有两种：一种是买家领取成功时开始的一定时间内，另一种是指定的有效期内。

在图 8-18 所设置的优惠券中，优惠券金额是 5 美元，买家在领取该优惠券的 3 天内，在本店铺下一笔超过 50 美元的订单时，可使用该优惠券，享受优惠券票面金额的优惠。

完成以上优惠券领取规则和使用规则的设置后，单击“确认创建”，弹出“活动创建确认”窗口，供卖家再次核对店铺优惠券的设置信息，如图 8-19 所示。

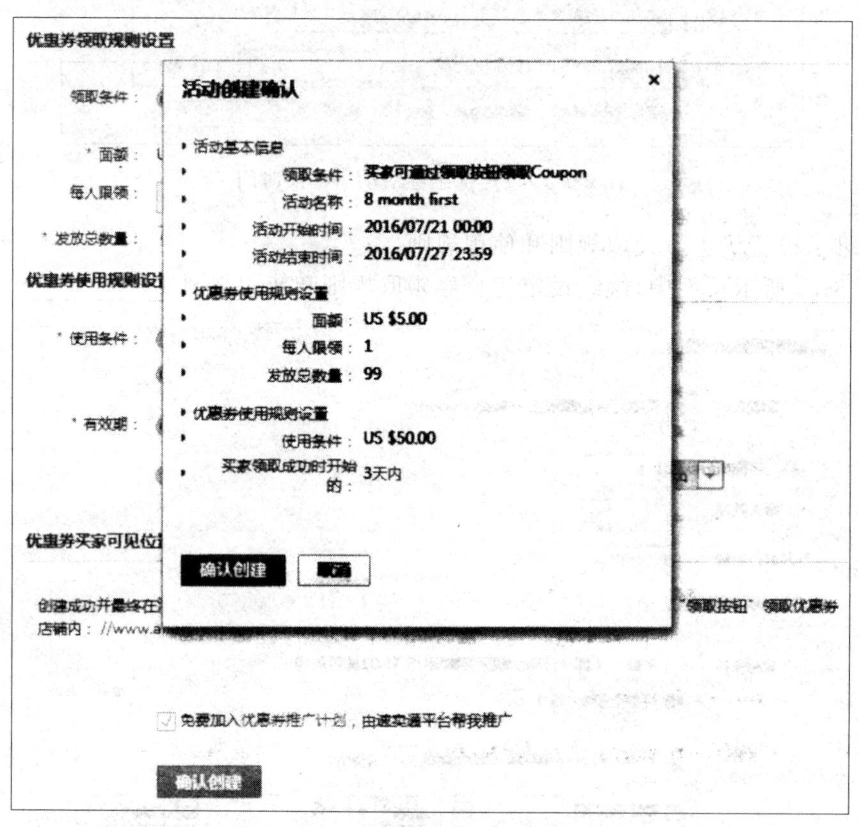

图 8-19 再次确认创建优惠券

卖家确认以上店铺优惠券活动信息无误后，再次确认创建优惠券，单击“确认创建”按钮即可完成满立减活动的设置。该店铺优惠券等待开始，显示为“未开始”，如图 8-20 所示。

（三）店铺优惠券的注意事项

（1）店铺优惠券最早在设置完成后 48 小时后开始，活动时间为美国太平洋时间。

（2）店铺优惠券可以设置为无条件地使用，也可设置成订单满足一定条件才能使用。

（3）满立减活动的优惠额度和店铺优惠券活动的优惠额度可以叠加，设置时需综合考虑，两者综合运用，效果会更好，但也要注意两者的额度要合理，以免产生亏损。

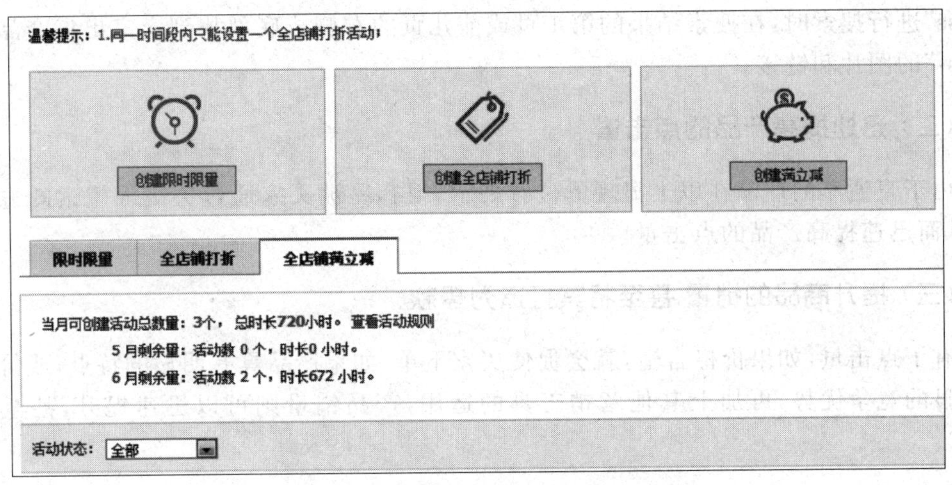

图 8-20　店铺优惠券活动设置完成后等待开始

第二节　速卖通直通车

和以上四种免费店铺自主营销工具不同的是，速卖通直通车是一种基于平台竞价的收费推广工具，相比自主营销工具，直通车的推广效果更快、更直接也更精准。

一、速卖通直通车的价值

根据平台买家的搜索关键词，速卖通直通车是一种精准投放的营销工具，可以帮助卖家快速提升产品的曝光量及店铺的流量，抓住潜在的买家，提升产品销量。卖家进行直通车关键词设置，可以实现以下目的。

（一）将产品显示于特定的展示位

如图 8-21 所示，通过卖家对裙子"dress"关键词的直通车设置，买家在速卖通平台用

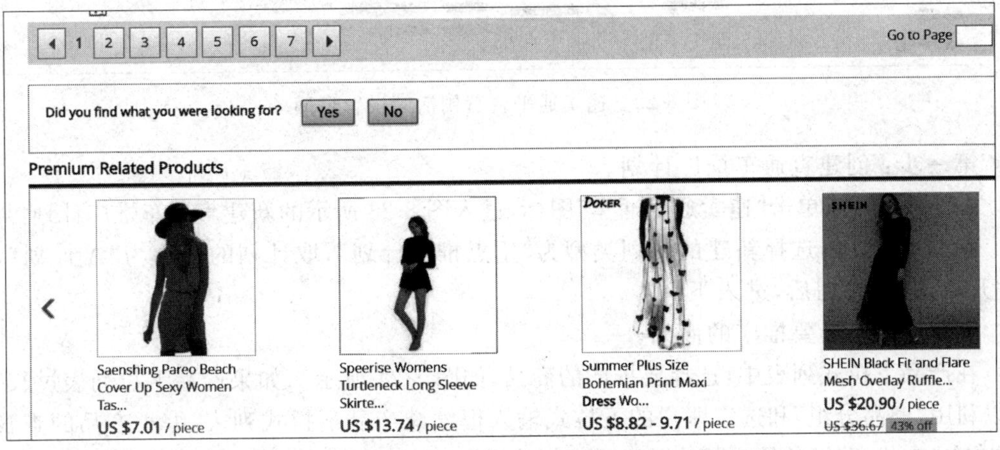

图 8-21　速卖通首页底部"dress"关键词直通车展示位

“dress”进行搜索时，在搜索结果的第 1 页或前几页的右侧或底部找到卖家出售产品裙子“dress”的图片和链接。

（二）迅速提高产品的点击量

由于直通车的产品在以上显现的位置展示，很容易被买家通过关键词搜索的方式发现，从而迅速提高产品的点击量。

（三）提升商品的销量，甚至将其打造为爆款

有了点击量，如果价格合适，就会促使买家下单，如果产品具有明显的特点，或价格具有明显的竞争优势，再加上其他营销工具的运用，产品销量则可以迅速提升，甚至成为爆款。

二、速卖通直通车的开通方法

登录速卖通平台的卖家后台，单击“营销活动”中的“店铺活动”一栏，除了可以看到“平台活动”“限时折扣”“满立减”“店铺优惠券”及“全店铺打折”五个营销活动外，在其下面还有一个“速卖通直通车”，如图 8-22 所示。

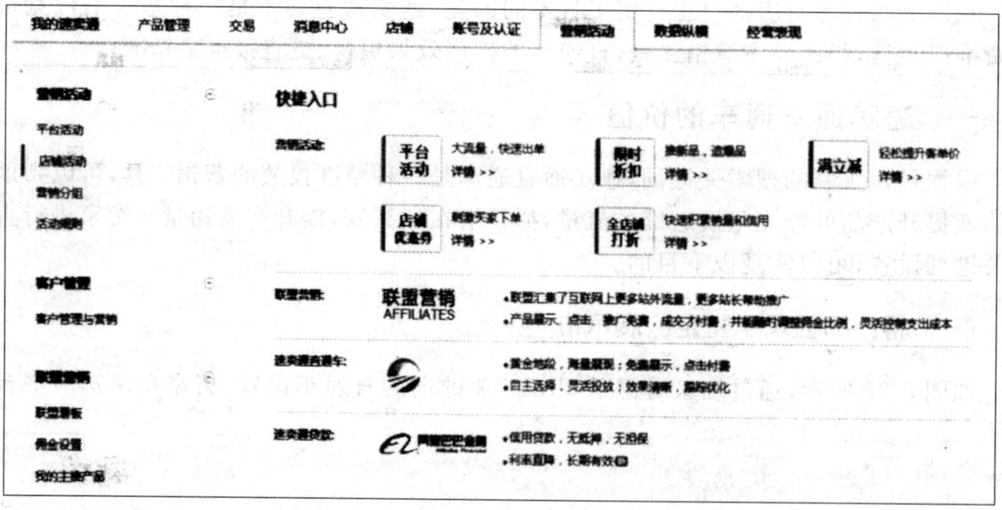

图 8-22　速卖通平台营销活动设置界面

第一步：创建直通车推广计划。

在图 8-22 中，单击“速卖通直通车”图标，进入图 8-23 所示的新建直通车推广计划界面。

在图 8-23 中，选择新建的计划类型为“重点推广计划”，取计划的名称为“A 计划”，单击“开始创建”按钮后，进入下一步。

第二步：选择要推广的商品。

在产品下拉式列表中，选择要推广的商品，如图 8-24 所示。如果产品下拉列表过长，则可以利用“商品分组”和选定账户的下拉式输入框缩减产品下拉式列表，缩小产品的查找范围，或在“查找商品”的输入框直接输入产品名称，进行搜索，以查找和选择要推广的产品。

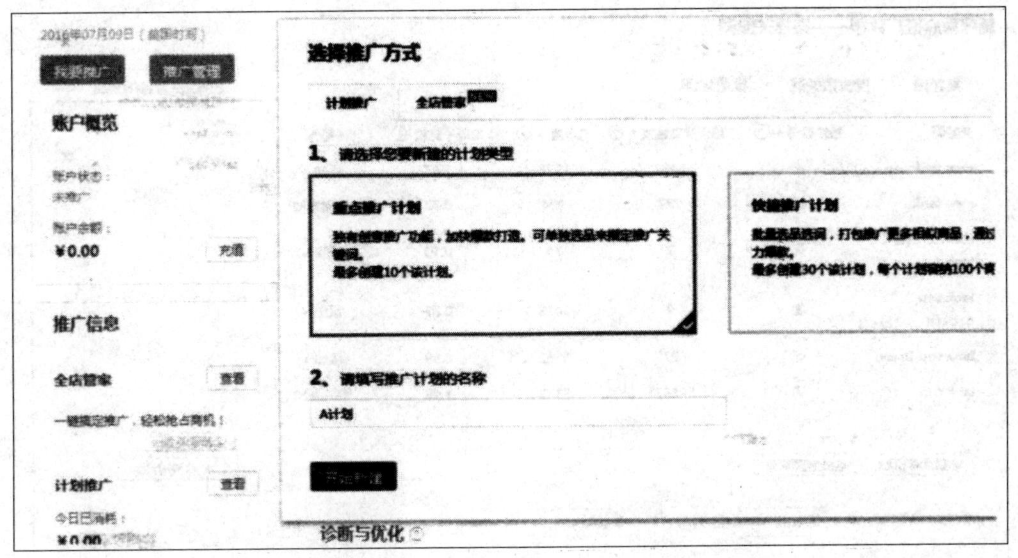

图 8-23　新建直通车推广计划界面

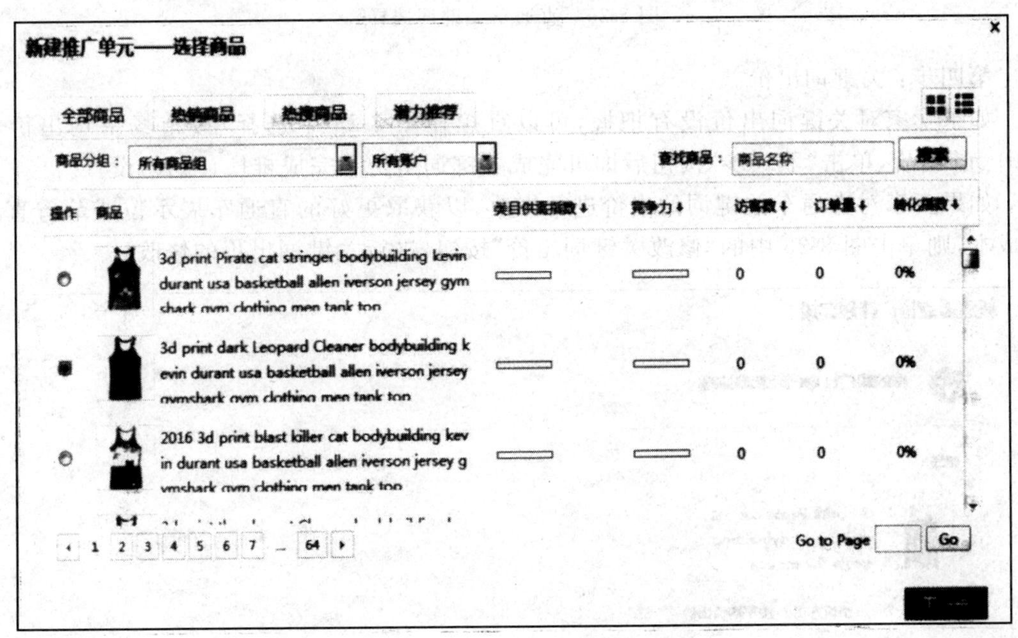

图 8-24　选择要直通车推广的商品

第三步：选择关键词。

在图 8-25 中，平台自动推荐了 200 个产品相关的关键词，这些关键词实际上是产品标题所出现的单词的排列组合。系统还给出了关键词的推广评分、30 天搜索热度、竞争度及市场平均价格等数据，卖家可以结合产品自身特点和推广需求，选中关键词后，添加关键词，在图 8-25 中，选择并添加了“men tank”及“tank top”两个关键词。

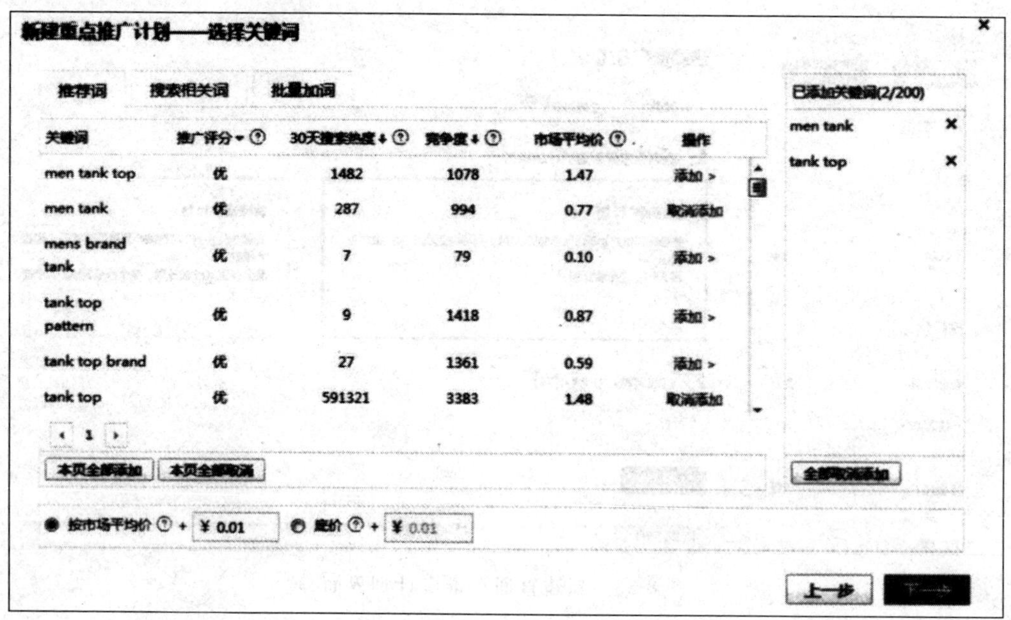

图 8-25　直通车关键词选择

第四步：关键词出价。

如果卖家对关键词出价没有把握，可以直接在图 8-25 中选择“按市场平均出价＋0.01 元”出价，单击“下一步”按钮后即可完成关键词出价和完成推广计划的设置。

如果卖家对直通车关键词的出价进行修改，以获取更好的直通车展示位或节省直通车成本，则单击图 8-26 中的“修改关键词出价”按钮，进行关键词出价的修改。

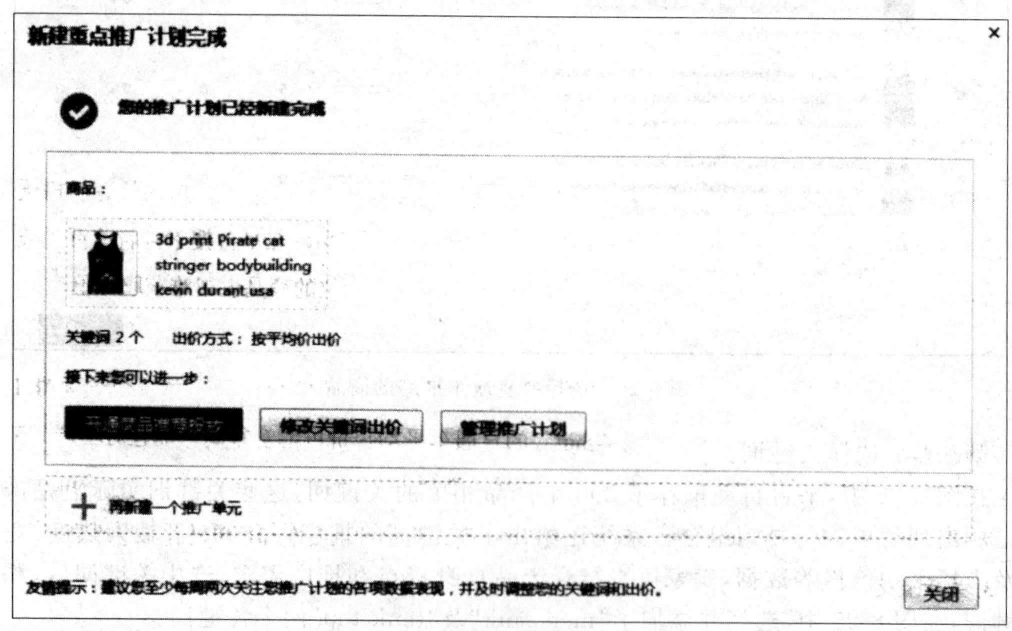

图 8-26　修改直通车关键词出价

卖家可以在图 8-27 所示的页面中，根据某关键词的搜索展示位的出价情况，合理设定关键词的出价。完成出价后单击“确认”按钮。

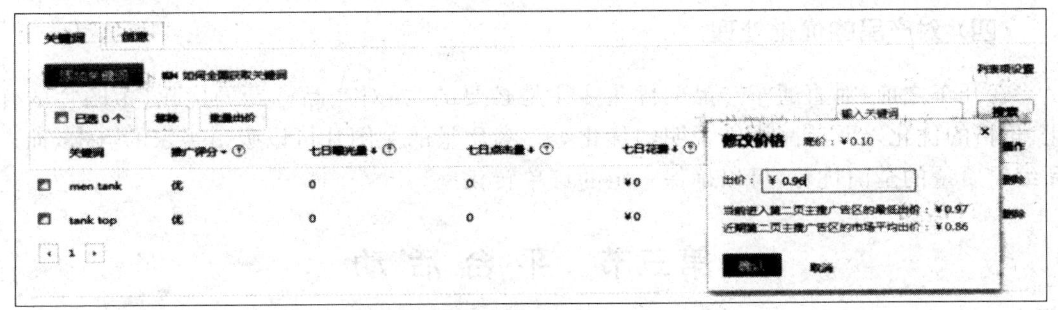

图 8-27　直通车关键词出价

完成关键词出价后，系统会根据卖家的关键词出价高低，对关键词排名进行预估，如图 8-28 所示。

已选 0 个　移除　批量出价　　输入关键词　搜索

关键词	推广评分	七日曝光量	七日点击量	七日花费	出价	预估排名	操作
men tank	优	0	0	¥0	¥0.96	第二页主搜	删除
tank top	优	0	0	¥0	¥1.60	第二页主搜	删除

图 8-28　直通车关键词排名预估

三、速卖通直通车的注意事项

（一）关于直通车推广的产品选择

一般来说，买家需要选择有竞争力的产品进行直通车推广。即选择直通车推广的产品具有价格优势或鲜明的个性和特色。如果是没有价格优势的相同（或相近）的产品，在平台搜索排名首页（或前几页）的产品形成同质竞争的情况下，即便出现在首页直通车展示位的商品也很难获取订单。

（二）直通车关键词的选择

在直通车关键词的选择过程中，一定要体现出产品的个性或特色。如一款“豹纹紧身T恤”Leopard tight slim T-shirt，其主关键词“T-shirt”的直通车平均报价可能会很高，而且对本产品来说，投放“T-shirt”直通车关键词并没有实际意义，相反，选择“Leopard T-shirt”或“Leopard slim T-shirt”等关键词，其直通车报价更低，提高投放的精准度更高，获取的点击率和订单转化率也更高。

（三）关于直通车展示位

直通车展示位并不一定要片面追求在第 1 页，因为这样所需的直通车报价往往会很高。相反,如果选择直通车展示位在第 2 页或第 3 页,其关键词所需的出价往往会低很多,甚至是底价就可以了,并且会给买家以“踏破铁鞋无觅处”的感觉。

(四)对产品的优化处理

在开车之前,对直通车产品的优化往往是必要的,如对产品标题的优化、主图片的优化、价格的优化以及产品详细说明的优化等。高质量的主图片可以吸引买家的点击,而产品编辑质量的全面优化,可以确保一定的订单转化率。

第三节 平台活动

一、平台活动的简介

速卖通平台活动(aliexpress promotion)是速卖通平台面向其卖家推出的免费推广服务。其主要内容包括平台大促活动(如 3.25 大促、8.19 大促及 11.11 大促等)、团购活动以及针对特定行业和特定主题的专题活动(如 Super Deals、Weekend Deals、Brand Showcase 等)。

对于每一期平台活动,速卖通平台都会在其卖家后台的“营销活动”的“平台活动”栏目中进行招商,如图 8-29 所示。

图 8-29 速卖通平台活动招商页面

针对平台推出的某次平台活动,卖家可以提取自身店铺中符合招商条件的产品,报名参加平台活动,速卖通平台会根据平台活动的报名情况,对报名参加平台活动的商品进行筛选,产品一旦入选,其将出现在活动的指定展示板块,入选产品有可能获得平台活动的大力推广和海量曝光。速卖通首页平台活动的展示位如图 8-30 所示。

图 8-30 速卖通首页平台活动的展示位

二、平台活动的作用

（一）获得海量的流量

产品一旦入选平台活动，该产品将出现在活动的指定展示板块，获得平台活动的大力推广和海量曝光。平台活动商品占据活动期间的最高流量，其成交量往往也是最高的，在平台活动期间销量的刺激下，活动商品很有可能成为爆款。

（二）获得平台的奖励

经常性地参与平台活动的报名，有利于提升店铺的活跃程度，避免出现“僵尸店铺”；成功入选平台活动的卖家，根据在平台活动中取得的业绩，获得平台的额外奖励，如橱窗推荐、黄金展位及直通车红包奖励等。

（三）平台对于参与平台活动产品的预报

对于成功入选平台活动的产品，平台系统会预先在产品的链接和销售页面打上平台活动标记，让大量有意向的买家提前将产品放入“购物车”或“收藏夹”，以便使产品在平台活动开展期间获得海量销量。

三、平台活动的分类

（一）Super Deals

Super Deals 类似于国内淘宝网的聚划算，Super Deals 商品可以在速卖通首页进行新式单品曝光，具有超高的流量，所以一旦参加了 Super Deals 平台活动，就很容易成为爆款。Super Deals 平台活动的招商时间为周六到下周四，下周五平台审核后投放产品。

（二）Weekend Deals

Weekend Deals 现已并入 Super Deals 活动页面，买家可以在周一到周五查看往期 Weekend Deals 热卖的产品，周五预览本周 Weekend Deals，在周六和周日可以下单。Weekend Deals 平台活动的招商时间为周六到下周四，下周五平台审核后投放产品。

（三）阶段性大促

在特定的时间内，速卖通平台会推出一些和节日、季节及事件等相关的平台活动，如圣诞节大促、夏季大促及世界杯期间的大促等。每逢重大节日的促销活动，符合阶段性大促产品的卖家参与这些类活动往往可以获得惊人的流量。

（四）平台主题活动

例如，男装新品活动、无线端活动以及每月推出 3 次的童装、母婴行业主题活动等。平台会不间断地推出这些活动，卖家应当及时关注后台这些活动的招商。

（五）团购活动

如特别针对俄罗斯及巴西市场的团购。俄罗斯团购每周 1 次，巴西团购每周 2 次。速卖通平台团购类似于国内淘宝的“秒杀”，虽然利润率很低，但对于以走量和打造爆款为目标的卖家来说是不错的选择。

（六）平台大促

在一年内平台选定的几个重要时间节点（如 3 月 25 日、8 月 19 日及 11 月 11 日等），速卖通平台会推出平台大促活动。这些平台大促活动也往往会有一定的主题内容，而卖家参与平台大促的途径一般有两种：第一种是报名参加主会场的大折扣商品活动，其特点是折扣很高（一般是 30%～60%），一旦入选，对产品走量、打造爆款及店铺引流会有很大的作用；第二种是报名参加平台大促期间的全店铺打折活动，这个活动卖家只要报名，就可以参加，但平台大促期间的全店铺打折的折扣一般也至少要在 15%，速卖通平台对大促期间的全店铺打折商品会有直接的流量导入，对提升店铺的曝光量及成交量具有明显的效果。

四、报名参加平台活动的方法

由于平台活动可以为产品和店铺带来巨大的流量，因此越来越多的卖家想要报名参与平台活动，下面就简要介绍报名参加平台活动方法。

（一）参加平台活动的基本流程

卖家需要在报名和平台审核通过后，其产品才能最终参与活动，因此报名是参加活动平台的前提。如图 8-31 所示。

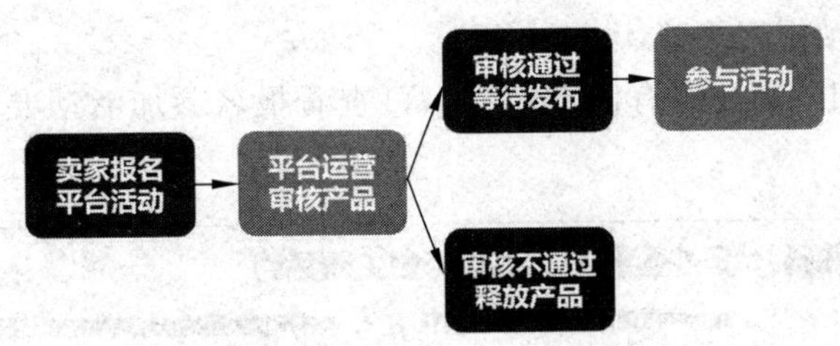

图 8-31　报名参加平台活动的基本流程

（二）平台活动报名的操作方法

登录速卖通平台的卖家后台，单击“营销活动”中的“平台活动”一栏，可以查看速卖通平台最近推出的各种平台活动，如图 8-32 所示。

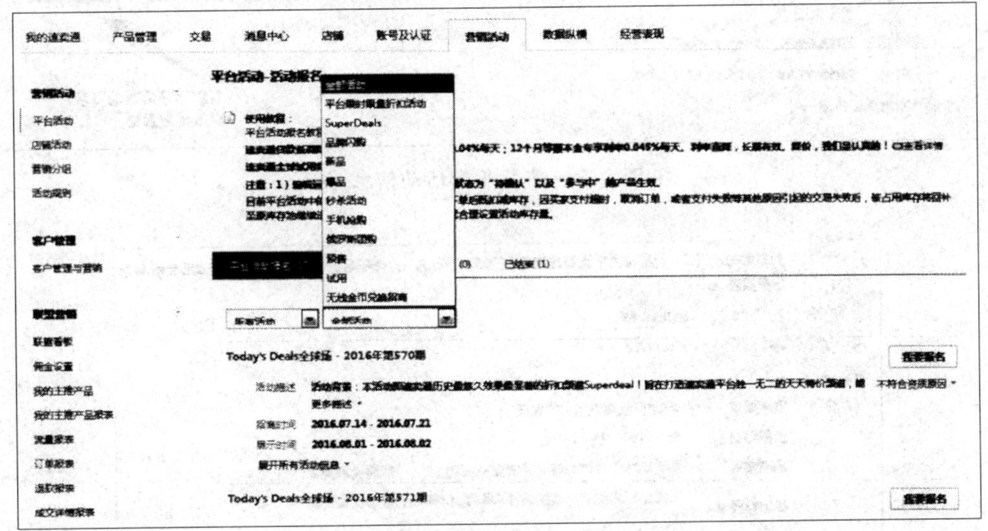

图 8-32　速卖通平台最近推出的各种平台活动

第一步：查找和选择想要报名的平台活动。

卖家可以在“全部活动”的下拉选项中选择活动的类型，以通过活动类型筛选快速找到可以报名的且符合要求的平台活动。如图 8-33 所示。

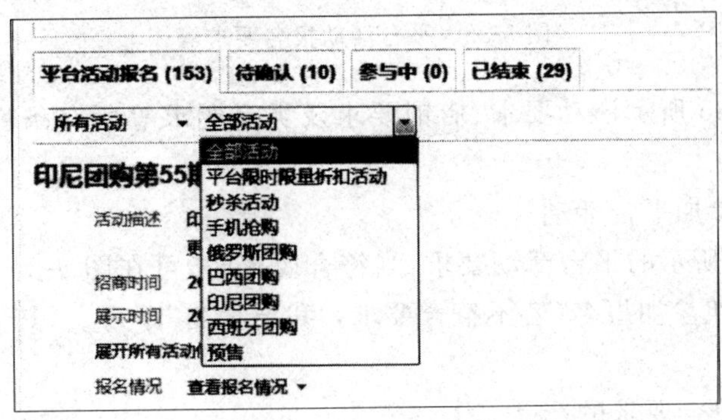

图 8-33　查找平台活动

第二步：查看活动报名要求。

在图 8-34 中，单击“展开所有活动信息”，可查看报名参加活动要求等信息，如图 8-35 所示。

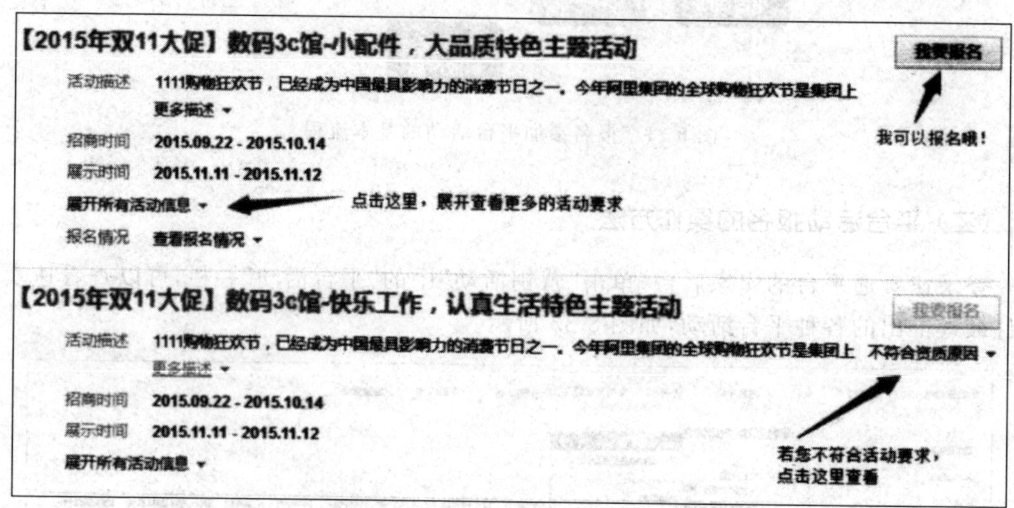

图 8-34 查找平台活动信息

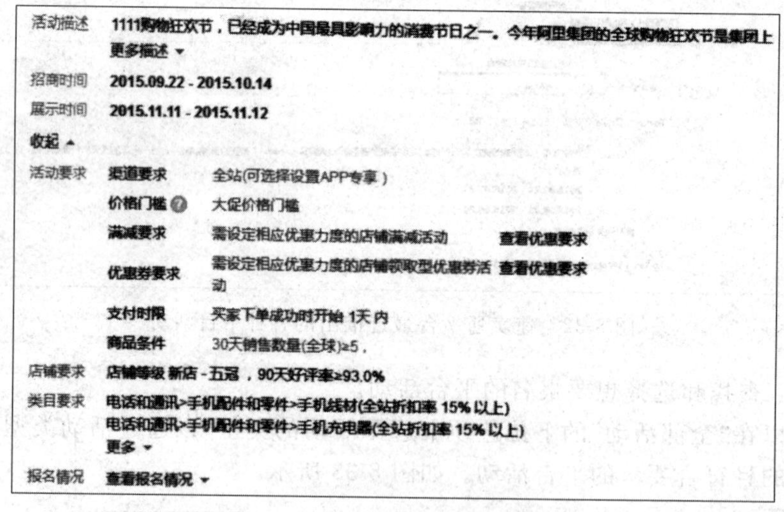

图 8-35 平台活动报名要求等

只有符合图 8-35 所示活动要求、店铺要求及类目要求等所有条件的商品，才能报名参加该项平台活动。

第三步：报名参加平台活动。

仔细查看 8-35 所示的平台活动要求，当符合要求时，可在图 8-34 所示的页面中的单击“我要报名”的按钮参加报名(若不符合要求，“我要报名”不可点，其下方显示“不符合资质原因”)。

第四步：选择符合要求的产品。

在图 8-36 中，已选择了两个产品报名本次平台活动，若还可以添加参与平台活动的产品（一般平台活动限制报名活动产品的数量并不多），可以继续单击“选择产品”来选择报名平台活动的产品。

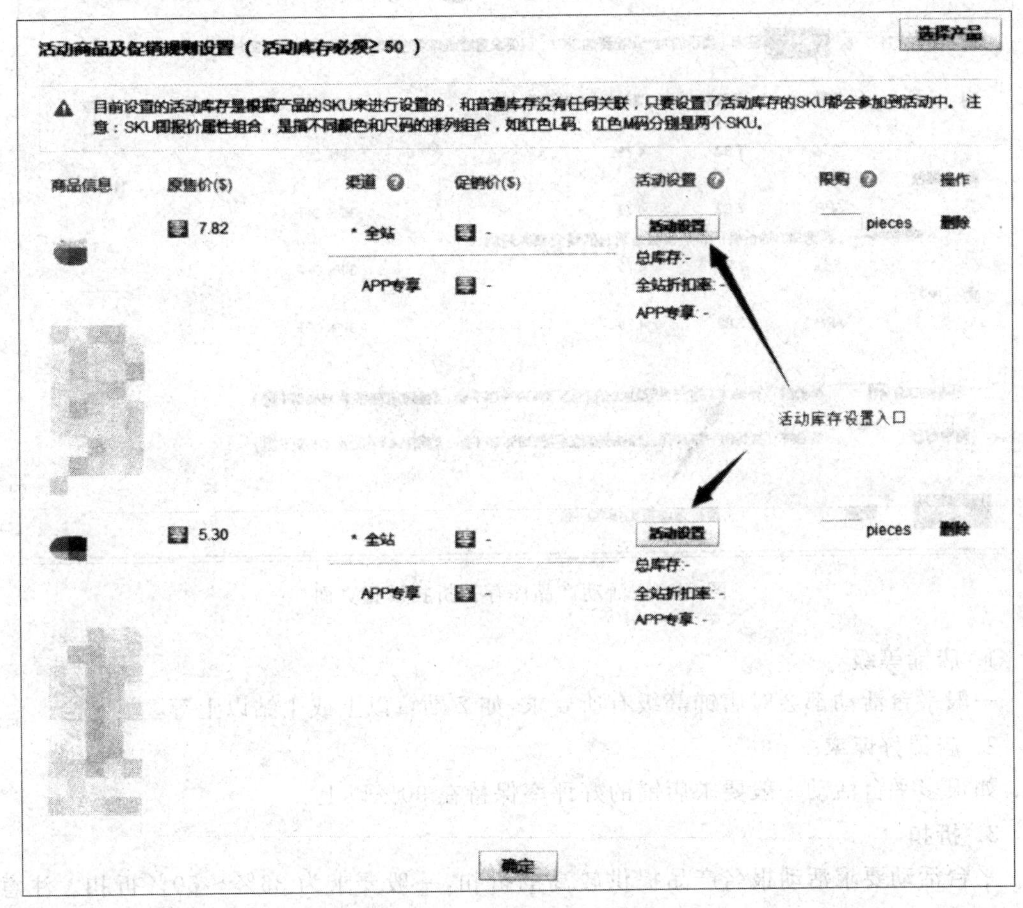

图 8-36 选择报名平台活动的产品

第五步：活动库存及折扣设置。

在图 8-36 中，可以单击“活动设置”的按钮，进行活动产品库存及折扣设置，如图 8-37 所示。

填写好合理的折扣率之后，单击“确定”按钮即可完成本次活动的报名。

五、平台活动报名的注意事项

报名参加平台活动，应当注意以下事项。

（一）关于活动报名的基础条件

只有满足活动报名基础条件的产品，才能报名参加平台活动。一般来说，报名参加平台活动的基础条件主要有以下几个方面。

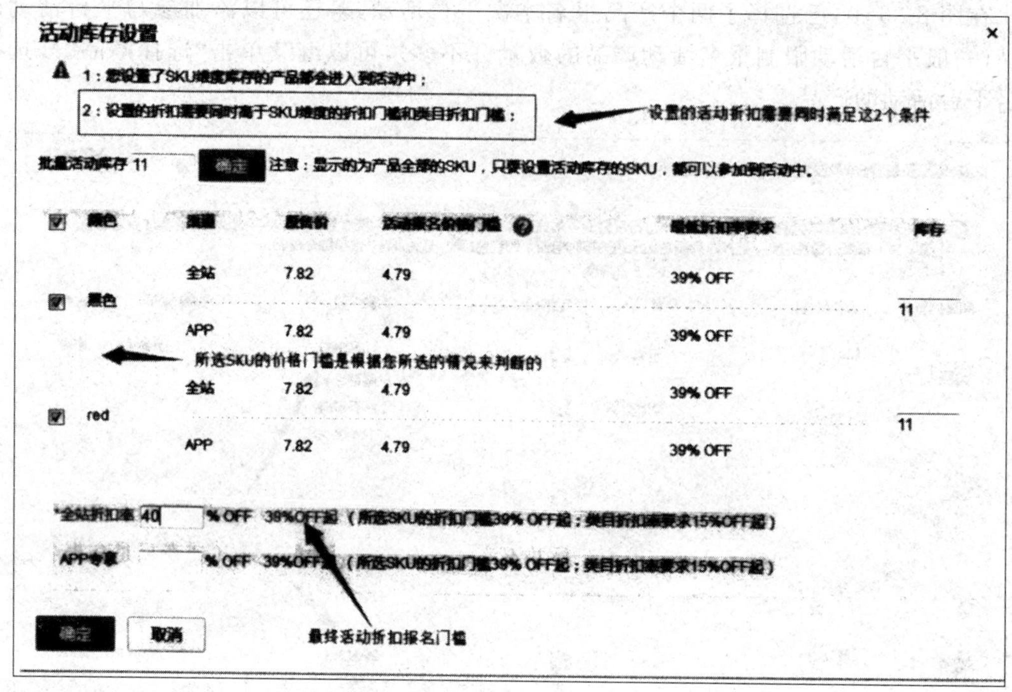

图 8-37 活动产品库存及折扣设置页面

1. 店铺等级

一般平台活动都会对店铺等级有所要求,如 2 勋章以上或 1 钻以上等。

2. 店铺好评率

如很多平台活动一般要求店铺的好评率保持在 90%以上。

3. 折扣

平台活动要求活动报名产品提供较高的折扣,一般要求为 35%～50%折扣。注意,这里的折扣是指包括运费在内的真实折扣,活动报名之前提价再通过活动打折,或者通过修改运费模板增加运费进行变相提价打折都是不被允许的。

4. 30 天销售数量

大多数平台活动要求报名产品在过去 30 天里有一定的销售数量。

5. DSR(卖家服务评级系统)

除了过去 30 天的销售数量,平台对活动报名产品的买家的反馈也有要求,主要包括三项评分:宝贝与描述相符、卖家的服务态度、物流服务的质量。

6. 包邮情况

一些平台活动要求产品提供包邮,要求的包邮方式有两种:一种是针对俄罗斯、巴西或西班牙等热点国家和地区包邮,另一种是要求全球包邮。

因此从活动报名的基础条件来看,卖家应当不断努力提高自身店铺的等级、店铺好评率,做好日常的售后服务,不断推出新品,并设置成包邮,这样才能有更多的产品符合平台活动的报名要求。

（二）关注活动的主题

一般来说，每个平台活动的推出，都有它的主题。那些非常符合活动主题的产品，更容易被选上。但事实上，符合以上报名基础要求的产品并不一定非常切合活动的主题（或者只是在报名时行业类目上符合活动的要求）。还有如针对俄罗斯和巴西等国推出的团购活动，选择这些国家包邮且有较多成交记录及良好评价记录的产品报名，被平台选中的可能性则会更高。

（三）关于虚高折扣

一些虚高折扣的商品（货值明显大于售价的商品），报名平台活动时，往往不会被审核通过。

（四）关于活动报名后的工作

卖家在报名参加平台活动之后，还需留意查看后续的活动“报名状态”，在通过平台审核后，所报名的平台活动会有“待确认”“待展示”及“展示中”等不同的状态。通常情况下，报名一个平台活动的产品，就不能再次报名其他活动，而对于“待确认”的平台活动，如果卖家觉得折扣过高等，则可以取消平台活动，一般来说，“待展示”及“展示中”的平台活动报名是不能取消的。

（五）关于备货和库存

一旦被选中参与平台活动，往往会带来较大的销量，而平台活动设定的发货期往往更短。因此有必要在平台活动开始前的一周进行备货，合理分配不同颜色和规格的商品库存数量，在活动进行中，如果销量超过预期，及时进行补充库存的操作。

第四节 联盟营销

一、速卖通联盟营销简介

速卖通联盟营销是一种“按效果付费”的推广模式。参与联盟营销的卖家，只需为联盟网站带来的成交订单支付联盟佣金。联盟营销为卖家带来站外的流量，只有成交才需付费。

二、速卖通联盟营销优势

（一）海量曝光

加入速卖通联盟之后，商品除现有的渠道进行曝光外，还会在速卖通的联盟专属频道得到额外曝光，站外会得到海量联盟流量。海外联盟给速卖通平台带来数十亿次的网络曝光，并且实现 PC 端和移动端的全覆盖。

（二）全球覆盖

速卖通联盟营销覆盖全球上百个国家和地区及数十亿的海外卖家。

（三）精准投放

速卖通联盟营销实现的精准的地域匹配有用户购物习惯的匹配。

（四）按效果付费

参与联盟营销的卖家，只需为联盟网站带来的成交订单支付联盟佣金。即据所谓的成效付费，不成交不付费。

三、速卖通联盟营销的设置方法

第一步：加入速卖通联盟营销。

在速卖通卖家后台首页单击“营销中心”，然后在左侧单击“联盟看板”，再单击“我已阅读并同意此协议”，最后选择下一步即可。

第二步：设置佣金。

同样在速卖通卖家后台首页单击“营销中心”，在左侧导航处选择“佣金设置”会出现图 8-38 所示界面。

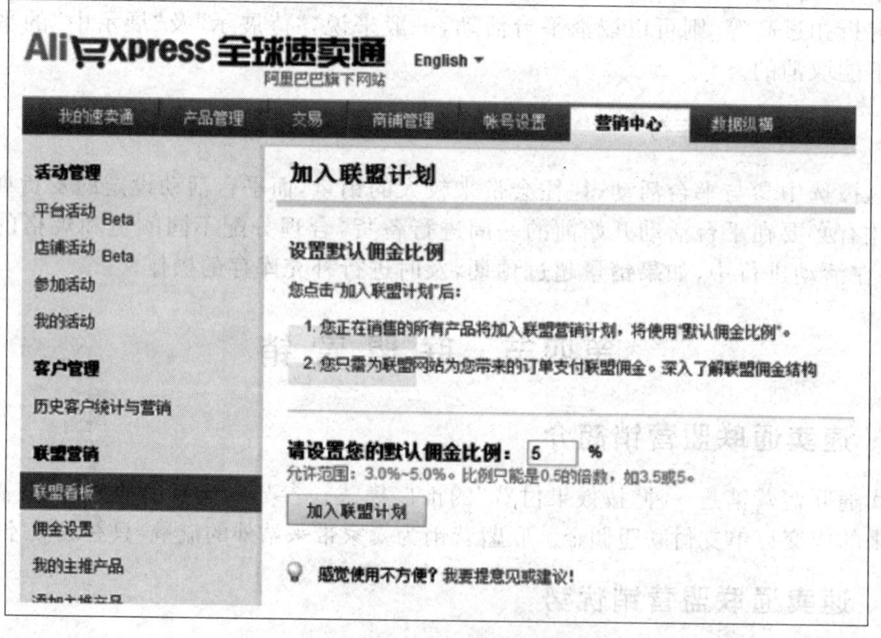

图 8-38 速卖通联盟营销佣金设置界面

单击图 8-38 界面右下侧的“添加类目设置”，就会弹出一个对话框，按提示输入相应类目的佣金比例即可。平台对各类目设置了最低佣金比例（根据产品一级类目的不同，最低佣金比例为 3%、5%或 9%），同时也限制了最高佣金比例 50%。一般来说，佣金比例越高，推广的效果也越好，卖家可根据自身需要，在最低佣金和最高佣金比例之间进行合理设置。

第三步：设置主推产品。

在图 8-39“搜索我的在售产品”中输入主推产品的产品名称、标题或关键词，然后单击“搜索”按钮后，会出现符合条件的在售产品列表，从该列表中选中需要主推的产品，单击产品列表页面下方“添加主推产品”即可。

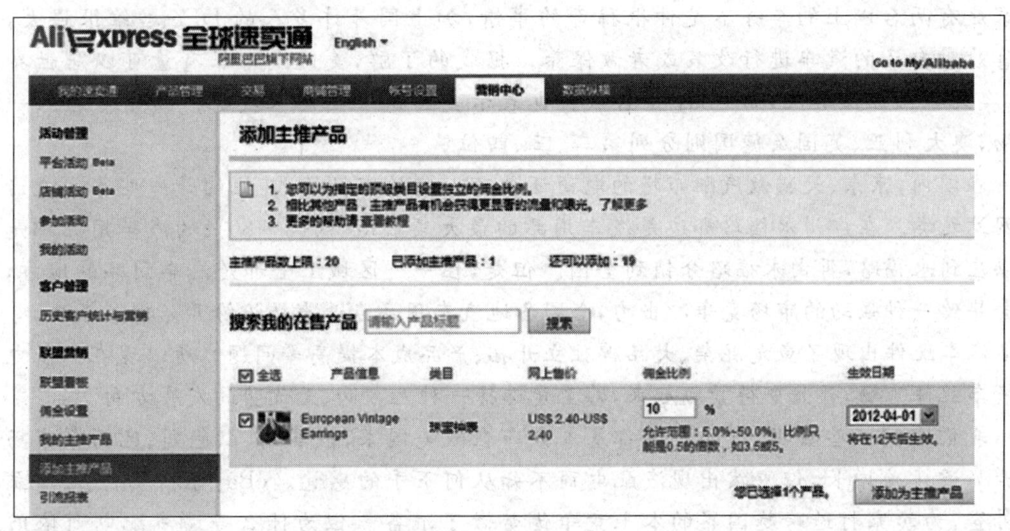

图 8-39　搜索我的在售产品

（四）速卖通联盟营销的注意事项

（1）卖家一旦加入速卖通联盟营销，则全店铺所有的商品都将加入联盟营销的推广，成为联盟营销商品。店铺中任一款商品通过联盟渠道而获得的订单，都需要按比例支付联盟佣金。

（2）一般来说，参与联盟营销，还可以设置店铺默认佣金、类目佣金及主推产品佣金。设置主推产品及其佣金的目的是给主推产品带来更多的曝光机会。平台采用佣金的优先顺序分别是主推产品佣金、类目佣金和店铺默认佣金。

（3）买家可以修改主推产品及其佣金比例，该修改会在修改操作后的 3 个工作日内生效。

（4）买家通过联盟营销网站的广告链接访问某速卖通店铺，这些买家将被识别，在之后的 30 天内，该买家无论通过什么渠道进入该速卖通店铺进行下单（并且订单最终交易完成），卖家都必须支付联盟佣金。

（5）在交易期内，如果买家要求退款，那么联盟营销订单的佣金将被退回。交易结束后，如果因退货等原因发生退款，联盟营销订单的交易佣金不能退回。

四、综合案例分析

汽配类跨境电商，你该如何打开市场？

（摘自雨果网 http：//www.cifnews.com/Article/10229）

根据澳大利亚某媒体的报道，汽配网店在 2014 年 3 月左右，平均的营收额增长了 89%。本身澳大利亚区域的人对汽车配件的需求就非常大，所以致使其汽配的市场越来越火，竞争力也不断在增强。我看到有关 eBay 的信息，发现美国是中国卖家汽配产品销售的王国。其实看到这条信息我并不惊讶，多多少少了解汽车的人都会发现，欧美国家每个家庭有两台以上的车并不是件很稀奇的事情，加上国外许多人的 DIY 思维很强大，他们喜欢对自己的汽车进行改装或者做保养。据我的了解，美国汽车保有量可以居世界第一，澳大利亚应该其次，而 eBay 平台数据也表示美国是中国卖家汽配产品销售额第一的市场，澳大利亚、英国及德国则分列第二、三、四位。

在国内，京东、天猫做汽配市场的电商还是有一定的市场的，其他的是一些平台或者独立网站之类。在广州永福路那边是汽车用品的最大集散地，70%～80%的汽车用品都是厂家供应到永福路，再由永福路分销到全国。但是，在一个区域上全部是汽车用品的地方，往往会导致一种强劲的市场竞争冲击力，全国各地汽车用品专业市场纷纷开始破土而出，导致很多汽车配件出现了鱼龙混杂、大品牌独立开拓、产品成本提高等问题。所以现在很多电商做汽车配件市场，开始变得紧绷起来，甚至是选择一种无方向、无优势的发展方向。

我们看到一些数据，汽配市场都基本分布在欧美国家，俄罗斯、以色列、巴西等市场也在开始逐步地增长，但依然出现汽配电商不知从何下手的感觉。eBay 在早期已经建立了海外仓，为卖家打造跨越国界的本土竞争优势做了准备。但为什么普遍汽配电商依旧在茫然？许多行业人士都表示，做汽配电商很艰难，原因在哪？这些疑虑，本文只做分享，不做导引。根据货源分销平台广州诚佰忆贸易有限公司采购经理 Ling 表示，汽配产品欧洲市场需求量最大，而汽配电商市场不太乐观有两大因素：首先，汽配涉及的种类比较多，太复杂；其次，重量重，体积偏大，导致运费成本太高，如果做体积偏小或者重量轻的，却显得产品不够专业。此外 Ling 表示，除非汽配电商有自己的海外仓，也许产品的专注度和品牌性会更强一些。从这几点我们会看出，汽配产品虽然热销度在不断提高，需求量增大，但是产品很难做到专业或者齐全，因为物流是至关要紧的因素。

再来看看诚佰忆 Ling 收集的资料，她表示，如果汽配电商要打开市场，最好以小配件为主，不是专车专用的产品市场。例如，车充、支架、贴纸、美容产品等消耗品。其实，许多人会想，我的产品那么不齐全，买家会觉得不够专业、类品不够多。怎么办？我只想说，凡事先做细再做精，绝对是一种专业。市场不是多，就是专业的，而是小而专注，才更专业。

Vinin 去了解过很多关于汽配电商人说的运营模式，发现有几点要点，总结如下：

一、体验度很重要

大家都知道 O2O 模式是现在许多电商都会采用的商业模式，包括部分美国知名电商都开始拓展自己的线下实体店来提高用户体验度。原因所在？除了体验度问题，还有一点就是多渠道才是硬道理。不同的推广方式、营销方式能快速地把消费者的关注抓住，同时通过多方面提升产品形象以及品牌竞争力。

二、建立海外仓或者边境仓

不可否认的是，eBay 平台提供给卖家海外仓的服务，帮助了卖家提高物流配送速度，以及提高了店铺的销售速度，利于提供本地化的售后服务等优势；但是，海外仓不是所有电商（包括产品市场）都适宜建立，资料显示，如果你的产品是重量大、尺寸超标的产品，建立海外仓确实可以，但一旦货物进仓，销售不出去，很难再退回国内；而选择“白色清关”（指走正规的海关程序），会增加成本削弱，竞争力，选择“灰色清关”（指不走正规的海关程序），没有合法来源的产品一旦被查扣，会血本无归，这个风险很难去预计。边境仓虽然比海外仓会慢1～2天，但是边境仓是从边境出发，少了一些关税和清关的麻烦流程，用邮政清关会保证清关效率和货物安全，综合来看，还是可以考虑的（纯粹分析，不说哪种方式更好）。

三、注重品牌性

因为汽配产品的种类实属太多，所以做产品，一定要做有品牌的，或者是自有品牌。为什么许多电商在平台销售的时候，产品杂七杂八的，虽有销量，没有回头客？因为没有专一性。要懂得让用户记住你，除了产品，服务，还有就是你的脸蛋——品牌。

四、电商人才

电商人才，不是说一个人，指的是团队。做数据分析、产品调查、销售前端、售后服务、产品运营、其他管理等，必须得有一支强大的电商人才队伍支配。跨境电商面对的市场不仅仅是一个，每个团队要懂得分工协作，有强劲的执行力和配合力，企业才能快速发展。

五、产品与服务做到细和精

细，讲的就是小。市场可以不用广，但要符合需求。细，我只专注做这个模块的产品，我只把这个市场做到最好，我只把服务做到细节周到。

精，人们常说，当你把一件事做到极致的时候，你就成功了。其实打开市场也一样，汽配电商没有必要去模仿别人怎么做，只要把自己的做好，做到精，就有自己的长处所在。

汽配电商不管是走O2O，还是本身就是传统电商，或者是转型做跨境电商，都无所谓。勇敢放开手去开拓，不断地创新，如果没有去尝试，是不可能会成功的。

复习思考题

1. 什么是跨境电商推广？
2. 跨境电商推广和其他商业推广比，有哪些特点？
3. 哪些平台推广方法是免费的，它们有哪些特点？
4. 什么是直通车？直通车运用的注意事项有哪些？
5. 速卖通平台有哪些平台活动？
6. 请你简要说明，如何应用平台提供的推广工具，以达到预期的效果。

练　习　题

第九章

跨境电商国际物流与运输

【教学目的和要求】

本章介绍了跨境物流、跨境电商物流的定义及主要物流模式，并对比分析了传统跨境物流和新型跨境电商物流的不同特点，以及现有主要跨境电商物流的优劣势；此外，还需要理解跨境电商物流的系统、技术，以及跨境电商物流面临的困境及相应对策。

【关键概念】

国际快递	国内快递	国际专线
邮政包裹	海外仓	物流管理信息系统
ERP 系统	智能运输系统	条形码技术
RFID 技术	EDI 技术	GIS 技术
公路运输	铁路运输	海洋运输
航空运输	国际多式联运	

Lazada 将在 2019 泰国启用集团最大的物流中心

Lazada 将于 2019 年稍后在泰国启用集团最大的物流中心，占地 12 个足球场大小，不仅提供快捷无忧的储存、包装和付运服务，也将为商家提供更长的截单期限和更便宜的收费。除了实现非市区 72 小时送达和不断扩展服务对象外，也将为 LazMall 平台上的品牌提供优先物流和付运服务，保证 Lazada 顾客享有更快捷、更相宜的快递服务。截至 2019 年 5 月，Lazada 在东南亚地区拥有 31 个仓库，且每天在东南亚运送超过 100 万件包裹。

东南亚电商市场规模预计到 2025 年将达 2 400 亿新加坡元。然而，仅有少数商家能掌握所需的知识、技能和工具，并在激烈的市场竞争中脱颖而出。若要制胜市场，商家必须借助一系列的软件和解决方案来提升产品销量，才能在电商市场游刃有余。

Lazada 平台现已推出“超级解决方案”包，解决品牌和商家的痛点，引领他们发展成“super ebusiness”。不同的品牌和商家可以选择及采用为他们量身定制的解决方案，解决品牌经营、市场推广和销售等方面的难题，为业务发展注入新的发展力。

第一节　跨境物流

经济全球化的发展使得各国之间的商贸往来更加频繁，世界各国向海外出口优势产品并进口所需产品，成为促进本国经济社会发展的重要举措。随着我国经济发展进入新常态时代，跨境电商物流作为国民经济增长的新亮点，引起了国家和业界的重视。

跨境电商物流是伴随跨境电子商务发展而产生的。随着跨境电商发展，跨境电商物流迅速成长。跨境电商物流是指位于不同国家或地区的交易主体通过电子商务平台达成交易并进行支付清算后，通过跨境物流送达商品进而完成交易的一种商务活动。由于电子商务环境下人们的交易主要依靠网络进行，此时作为线下主要活动主体的物流配送就显得十分重要，它直接关系到电商交易能否顺利完成，能否获得消费者的认可。

一、跨境物流概述

（一）跨境物流的定义

跨境物流（cross border logistics）是指以海关不同关境两侧为端点的实物和信息有效流动与存储的计划、实施和控制管理过程。跨境物流也可以理解为国际物流，是指把货物从一个国家或地区通过海运、空运或陆运送到另外一个国家或地区，从而完成国际商品交易的最终目的。

（二）跨境物流的特点

1. 物流距离远、耗时长、成本高

跨境物流不同于国内物流，跨境物流距离远、时间长、成本高，不仅如此，中间会涉及目的国清关（办理出关手续）等相关问题。

2. 受跨境电商影响较大

跨境物流发展多受跨境电商影响。跨境电商离不开跨境物流，而跨境电商的发展带动了跨境物流的发展。

3. 集中于东南沿海地区，中西部地区竞争少

由于渤海地区、长江三角洲、珠江三角洲等东南沿海地区经济发达，跨境运输需求旺盛，该地区航运、航空运输等基础设施相对完善。因此，对交通资源的供应的竞争最为激烈。在中西部地区，由于经济相对不活跃，跨境运输需求低，运输成本高，该地区的国际货运服务资源投入较少。

4. 地区间或单一行业存在激烈的竞争，各地区的跨行业竞争较少

虽然跨境物流业有很多市场竞争者，但受其自身财务实力、管理和技术能力的限制，而且由于国家物流市场相互分离，其竞争往往是某地区的企业之间的竞争。例如在长三角地区，多为跨境物流公司之间的竞争，或某一行业客户资源之间的竞争，而跨地区的、跨行业竞争则较少。

5. 服务功能单一，增值服务较少，同质化竞争现象更加严重

大多数跨境物流公司只能提供海运物流或空运物流服务，在提供跨境物流服务时，有限的传统服务如海关申报、预订，提供运输解决方案的方面较少，同质化竞争现象较为严重。

二、主要跨境物流模式

（一）国际快递

国际快递[①]是指在两个或两个以上国家（或地区）之间所进行的快递、物流等业务。四大典型商业快递巨头为 DHL（敦豪航空货运公司）、TNT（Thomas National Transport）、FedEx（美国联邦快递）和 UPS（联合包裹速递服务）。这些国际快递运营商通过自建的全球网络、强大的 IT 系统及遍布世界各地的本地化服务，为跨境购物的海外用户带来极好的物流体验。例如通过 UPS 寄送到美国的包裹，最快仅在 48 小时内即可到达。然而，优质的服务同时伴随着昂贵的价格。一般中国商户只有在客户时效性要求很强的情况下，才使用国际商业快递来派送商品。

（二）国内快递

国内快递主要指 EMS、顺丰和“四通一达”。在跨境物流方面，“四通一达”中申通、圆通布局较早，但也是近几年才发力拓展，如美国申通 2014 年 3 月才上线，圆通也是 2014 年 4 月才与 CJ 大韩通运展开合作，而中通、汇通、韵达则更晚启动跨境物流业务。顺丰的国际化业务则要成熟些，目前已经开通到美国、澳大利亚、韩国、日本、新加坡、马来西亚、泰国、越南等国家的快递服务，发往亚洲国家的快件一般 2～3 天可以送达。在国内快递中，EMS 的国际化业务是最完善的。依托邮政渠道，EMS 可以直达全球 60 多个国家，费用相对四大快递巨头要低，中国境内的出关能力很强，到达亚洲国家 2～3 天，到欧美则 5～7 天。

（三）国际专线

跨境专线物流一般是通过航空包舱方式运输到国外，再通过合作公司进行目的国的派送。专线物流的优势在于其能够集中大批量货物到达某一指定国家或地区，由于其规模效应可相应降低物流的整体成本因此其价格一般低于传统的商业快递。在时效上，专线物流稍慢于商业快递，但快于邮政包裹。主要专线物流包括美国专线、欧洲专线、澳洲专线、俄罗斯专线等，另有部分物流公司推出了中东专线、南美专线、南非专线等。

第二节　跨境电商物流

一、跨境电商物流概述

（一）跨境电商物流的定义

跨境电商物流是指位于不同国家或地区的交易主体通过电子商务平台达成交易并进

① 百度百科：https：//baike. baidu. com/“国际快递”摘录并编辑。

行支付清算后，通过跨境物流送达商品进而完成交易的一种商务活动。

（二）跨境电商物流的特点

1. 时间间隔短

因为跨境电子商务运营的特点，要求国际物流供应链上下游具有迅速的反应速度以迎合物流配送的需求，因此整个跨境电商物流的前置时间和配送时间间隔越来越短，商品周转和物流配送时效也越来越快。

2. 功能集成化

跨境电商将国际物流与供应链的其他环节进行集成，包括物流渠道与产品渠道的集成、各种类型的物流渠道之间的集成、物流环节与物流工程的集成等。

3. 作业规范化

跨境电商国际物流强调作业流程的标准化，包括制定物流订单处理模板、物流渠道管理标准等，使复杂的物流作业流程变成简单、可量化的、可考核的物流操作方式。

4. 信息电子化

跨境电商国际物流强调订单处理、信息处理的系统化和电子化，用企业资源计划(enterprise resource planning，ERP)信息系统完成标准化物流订单的处理流程，并通过ERP信息系统对物流渠道的成本、时效、安全性进行有效的关键业绩指标(key performance indication，KPI)考核，以及对物流仓储管理过程中的库存积压、产品延迟到货、物流配送不及时等进行有效的风险控制。

二、主要跨境电商物流模式

（一）跨境电商出口物流模式

1. 邮政包裹

邮政网络基本覆盖全球，比其他任何物流渠道都要广。这主要得益于万国邮政联盟。万国邮政联盟是联合国下设的一个关于国际邮政事务的专门机构，通过一些公约法规来改善国际邮政业务，发展邮政方面的国际合作。

而中国邮政则占据中国跨境电商出口业务50%左右的份额。中国邮政虽然拥有较好的覆盖全球的邮政网络，但在物流服务水平上与国际快递四大巨头还存在较大的差距，如存在运输时间长、丢包率高等弊端。

2. 国际快递

国际快递主要由UPS、FedEx、DHL、TNT四大巨头合并包揽。这些国际快递服务商构建了自有的全球物流网络，并通过IT系统的覆盖性和普遍性，提升了跨境电商的用户体验水平。商业快递的时效基本为3～5个工作日，最快可在48小时内把货物送至卖家。国际快递虽然具有较好的物流服务，但物流服务成本较高。所以跨境电商的商家一般会在邮寄大批量货物、货品较为贵重或要求高时效性选择该种快递模式。

3. **海外仓(边境仓)**

海外仓,又称海外仓储,指为卖家在销售目的地进行货物仓储、分拣、包装和派送的一站式控制与管理服务,可事先建设或租赁仓库,以空运、海运、陆运或国际多式联运的方式先把货品运送至当地仓库,接到客户订单后再直接发货。

4. **跨境专线物流**

跨境专线物流主要是指航空包舱方式,货物通过该方式运送到境外目的地(国)后,再通过专业的第三方物流公司完成至目的地(国)的配送。这种方式虽然具有较好的规模效应,降低了国际物流成本,但在国内的揽货市场有限,服务市场有待扩展。目前业内使用最普遍的专线物流包括美国专线、澳大利亚专线、俄罗斯专线以及欧洲专线等。

5. **国内快递的国际化服务**

申通、顺丰均在跨境物流方面早有布局,速度较快,费用低于四大国际快递巨头,但并非专注跨境业务,覆盖的海外市场有限。

(二)跨境电商进口物流模式

跨境电商环境下的进口物流模式主要包括直邮模式和转运模式。其中,直邮模式又分商业快递直邮和两国快递合作直邮,转运模式有阳光海淘和灰色海淘。具体跨境电商进口物流模式分析如图 9-1 和表 9-1 所示。

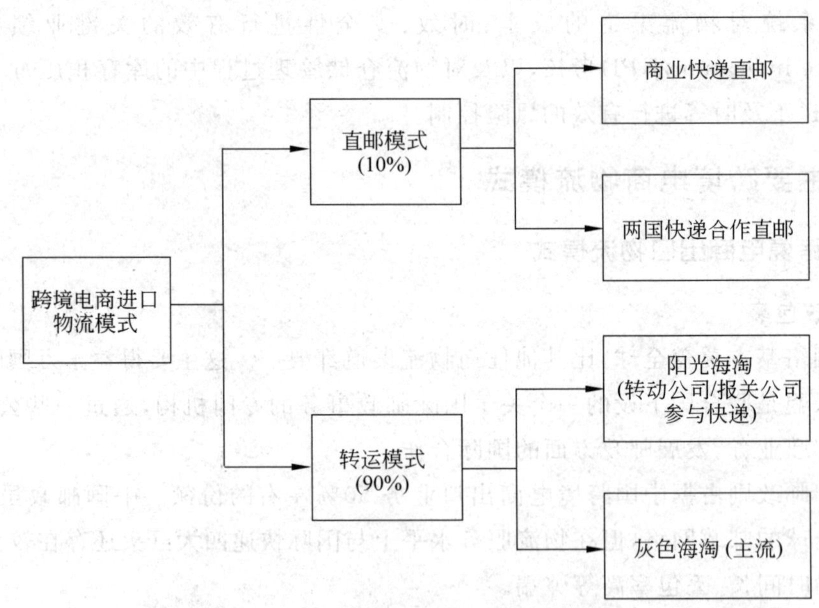

图 9-1 跨境电商进口物流模式

表 9-1 跨境电商进口物流模式

模　式	模式 1	模式 2	模式 3	模式 4	模式 5
内容	商业快递直邮	两国快递合作直邮	转运公司参与寄递	报关企业参与寄递	灰色转运

续表

模 式		模式 1	模式 2	模式 3	模式 4	模式 5
流程	揽收	国外快递	国外快递	国外快递	国外快递	国外快递
	出口国境内物流	国外快递	国外快递	国外快递	国外快递	国外快递
	出口国清关	国外快递	国外快递	国外快递	国外快递	国外快递
	跨境物流	国外快递	国外快递	转运公司 国际货代	转运公司 国际货代	转运公司
	进口国清关	国外快递	国外快递	国内快递	报关企业	利用非法 途径规避
	进口国境内物流	国外快递	国内快递	国内快递	国内快递	国内快递

1. 保税模式

1）流程简介

保税模式的流程如图 9-2 所示。

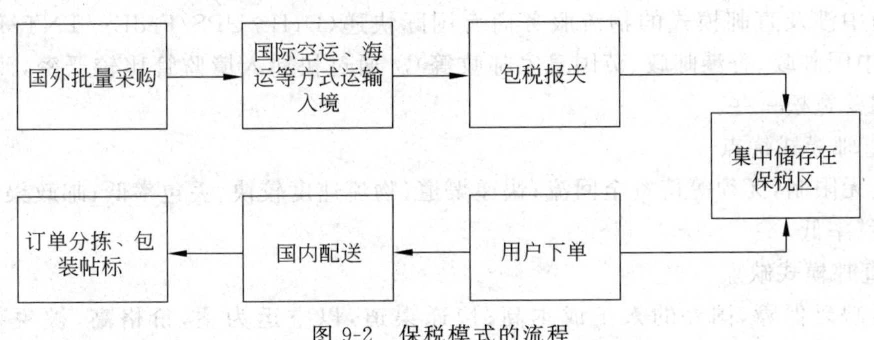

图 9-2 保税模式的流程

2）保税模式简介

保税模式适用于大宗货物，必须报关，其服务商也是大宗货物物流服务商。在清关政策上，保税区理论上不属于入境，所以货物进入保税区时可暂不报关及缴纳税费，只有在用户下单后以零售包裹入境时再报关缴税。

3）保税模式优点

保税模式的最大优点就是用户体验好，具体表现为以下几点：从下单到收货的物流时间短，与国内的传统电商差不多，短则当天，长则三五日；保税模式物流成本低，国内的人工费本身很低，而集运相对于直邮来说，也可以节省大量物流成本；商品质量有保证，退换货较之于其他模式的跨境电商也更便捷。

4）保税模式缺点

SKU 有限，对于保税模式来说，保税仓的规模是有限的，在竞争激烈的情况下，对于保税仓的争夺也会很激烈，所以，有限的仓储就成了一个难题；资金回流慢，保税模式主要针对大宗商品，商品量很大，短期内销售完的难度很大，一般都需要较长的周期；选品要求高，保税区对入库商品有严格的审核，海关会定期进行检查；跨境电商的政策波动很大，新兴行业的发展走向不明确，政府需要及时予以调整。

2. 直邮模式

1）流程简介

直邮模式的流程如图 9-3 所示。

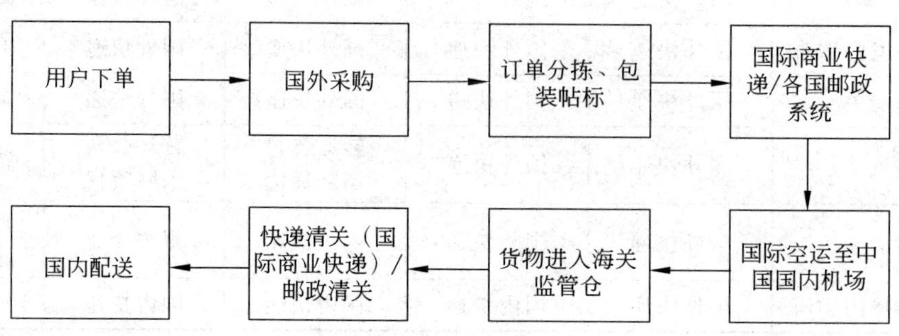

图 9-3 直邮模式的流程

2）直邮模式简介

直邮模式在入境时便需要清关，但不用全部报关，海关会对商品进行抽查。目前进口跨境电商中涉及直邮模式的物流服务商有国际快递（DHL/UPS/FedEx/TNT/EMS）和邮政（如中国邮政、香港邮政、英国皇家邮政等）。通过快递入境监管比较严密，而通过邮政系统则要宽松一些。

3）直邮模式优点

品类无限制，无须等待资金回流；快递渠道，物流速度较快、丢包率低；邮政渠道，价格便宜，被税率低。

4）直邮模式缺点

质量缺乏保障，国外的人工成本高；快递渠道，以空运为主，价格高，被税率高，并且没有专门的通道，通关不方便；邮政渠道，政策不确定，速度慢，丢包率高而且服务质量差。

3. 集货模式

1）流程简介

集货模式的流程如图 9-4 所示。

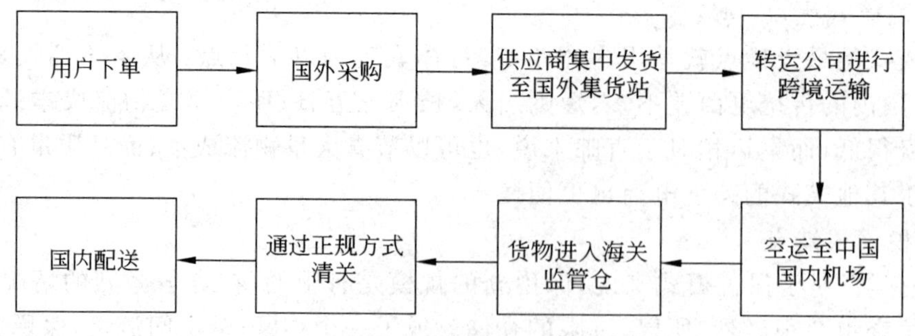

图 9-4 集货模式的流程

2）集货模式简介

集货模式如今更受青睐，尤其是有实力的跨境电商平台，纷纷布局跨境快递业务，力图请战集货模式下的国际转运业务。在通关上，集货模式与直邮模式一致。

3）集货模式优点

品类无限制；集运成本低于直邮。

4）集货模式缺点

须有国外仓，仓租成本高；国外人工费用高。

（三）跨境电商物流典型案例

1．速卖通“线上发货”物流

“线上发货”是由阿里巴巴全球速卖通、菜鸟网络联合多家优质第三方物流商打造的物流服务体系。卖家使用“线上发货”可直接在速卖通后台在线选择物流方案，物流商上门揽收（或卖家自寄至物流商仓库），发货到国外。卖家可在线支付运费并在线发起物流维权，阿里巴巴作为第三方将全程监督物流商服务质量，保障卖家权益。

速卖通“线上发货”的优势在于对卖家出台了一系列保护政策：

（1）平台网规认可。使用线上发货且成功入库的包裹，买卖家双方均可在速卖通后台查询物流追踪信息，且平台网规认可。后续卖家遇到投诉，无须再提交发货底单等相关物流跟踪信息证明。

（2）规避物流低分，提高账号表现。采用线上发货物流方式的订单若产生“DSR物流服务1,2,3分”和由于物流原因引起的“纠纷提起”“仲裁提起”“卖家责任裁决率”，平台会对该笔订单的这四项指标进行免责。

（3）物流问题赔付保障。阿里巴巴作为第三方将全程监督物流商服务质量，卖家可针对丢包、货物破损、运费争议等物流问题在线发起投诉，获得赔偿（仅国际小包物流方案支持）。

速卖通“线上发货”的物流方案：

1）经济类物流方案

物流运费成本低，目的国包裹妥投信息不可查询，适合运送货值低、重量轻的商品。如表9-2所示，且经济类物流仅允许使用线上发货。

表9-2　经济类物流方案价位表

物流线路	运送范围	订单金额限制/美元	重量限制/千克	是否接受带电	物流时效承诺	赔付上限（人民币）/元
中国邮政平常小包＋	全球（俄罗斯除外）	≤5	<2	不接受任何带电产品	无承诺时效（国内段丢失赔付）	不超过可以使用平小包的最大订单金额
4PX新邮经济小包	全球（俄罗斯除外）	≤5	<2	不接受纯电池，英国、意大利、德国、老挝、埃及5个国家不能走任何电池	无时效承诺（国内段丢失赔付）	300

续表

物流线路	运送范围	订单金额限制/美元	重量限制/千克	是否接受带电	物流时效承诺	赔付上限(人民币)/元
中外运-西邮经济小包	西班牙	≤5	<2	不接受纯电池，深圳、广州仓接受内置电池，北京、上海、杭州、义乌仓不接受任何带电产品	20天内必达西班牙、维多利亚60天内西班牙全境妥投	100～150
中外运-英邮经济小包	英国	≤5	<2	不接受纯电池，深圳、广州仓接受内置电池，北京、上海、杭州、义乌仓不接受任何带电产品	20天到达英邮伦敦分拨中心25天内英国本土全境妥投	100～150
顺丰国际经济小包	白俄罗斯、乌克兰、爱沙尼亚、拉脱维亚等9个国家(俄罗斯除外)	≤5	<2	不接受纯电池，接受内置电池	无时效承诺(国内段丢失赔付)	300
顺友航空经济小包	全球主要国家(俄罗斯除外)	≤5	<2	不接受纯电池，接受内置电池	无时效承诺(国内段丢失赔付)	300
燕文航空经济小包	美国等39个国家(俄罗斯除外)	≤5	<2	不能寄送带电产品	无时效承诺(国内段丢失赔付)	300

2）标准类物流方案

包含邮政挂号服务和专线类服务，全程物流追踪信息可查询，如表9-3所示(特殊国家除外)。

表9-3　标准类物流方案价位表

物流线路	运送范围	订单金额限制/美元	重量限制/千克	是否接受带电	物流时效承诺	赔付上限(人民币)/元
中国邮政挂号小包	全球217个国家及地区	无	<2	不接受带电产品	60天(巴西90天)	300
e邮宝	美国、俄罗斯、加拿大、澳大利亚、意大利等35个国家	无	<2	不接受带电产品	无时效承诺	无
中邮e邮宝(菜鸟)	美国、俄罗斯、加拿大等10个国家	无	<2	不接受带电产品	无时效承诺	无

续表

物流线路	运送范围	订单金额限制/美元	重量限制/千克	是否接受带电	物流时效承诺	赔付上限（人民币）/元
速优宝芬邮挂号小包	爱沙尼亚、拉脱维亚、立陶宛等7个国家	≤23	<2	不接受带电产品	35天	300
中俄航空Ruston	俄罗斯	无	<2	不接受带电产品	60天	700
4PX新邮挂号小包	全球	无	<2	不接受纯电池，英国、意大利、德国、老挝、埃及5个国家不能走任何电池	60天（巴西90天）	300
燕文航空挂号小包	巴西、墨西哥、智利等	无	<2	不接受带电产品	60天（巴西90天）	700
中东专线	阿联酋、印度、沙特阿拉伯等20个国家	无	<30	不接受带电产品	无时效承诺	无

3）快速类物流方案

包含商业快递和邮政提供的快递服务，时效快且全程物流追踪信息可查询，适合高货值商品使用，如表9-4所示。

表9-4 快速类物流方案价位表

物流线路	运送范围	订单金额限制/美元	重量限制/千克	是否接受带电	物流时效承诺	赔付上限（人民币）/元
中俄快递-SPSR	俄罗斯	无	31	不接受带电产品	45天	1 200
DPEX	澳大利亚、新加坡、马来西亚等14个国家	无	<45	不能寄送带电	无时效承诺	无
EMS	全球98个国家和地区	无	<30	不能寄送带电	无时效承诺	无
e-EMS	15个国家和地区	无	<30	不能寄送带电	无时效承诺	无
顺丰国际标快	乌克兰	无	<30	不能寄送带电	无时效承诺	无
UPS Expedited	全球	无	<70	不能寄送带电	无时效承诺	无
UPS Express Saver	全球	无	<70	不能寄送带电	无时效承诺	无
FedEx IE	全球	无	<68	不能寄送带电	无时效承诺	无
FedEx IP	全球	无	<68	不能寄送带电	无时效承诺	无

2. AliExpress 无忧物流模式

AliExpress 无忧物流是阿里巴巴集团旗下全球速卖通及菜鸟网络联合推出的官方物流服务,为速卖通卖家提供国内揽收、国际配送、物流详情追踪、物流纠纷处理、售后赔付一站式的物流解决方案。

1) 设定标准服务及优先服务

ALiExpress 无忧物流-标准服务针对俄罗斯、欧洲(如西班牙、法国、英国、荷兰等国)、南美(智利、墨西哥、哥伦比亚)、北美(美国、加拿大)等国家和地区推出多条专线,物流时效比传统渠道更加快捷。

2) 定期开放新用户,取消线路排他限制

开放新用户。新用户开放采取邀请制,受邀卖家可查询站内信通知或在运费模板设置页面查看是否有无忧物流使用权限。

取消线路排他限制。限制规则取消前,卖家设置运费模板时,标准类物流类型中选择"AliExpress 无忧物流-标准"之后,不可以再选择其他标准类物流方案;限制规则取消后,卖家可以根据自身需求,灵活多样地选择物流方案,运费模板可以同时选择"AliExpress 无忧物流-标准""AliExpress 无忧物流-优先"及其他物流方案(如 e 邮宝等)。

如图 9-5 所示,对三种速卖通物流模式在物流服务、人力成本、资金风险及卖家保护方面进行比较分析,由此可见 ALiExpress 无忧物流及速卖通线上发货物流减少了货代市场鱼龙混杂、服务的不可控性的风险,避免了物流问题对卖家服务等级等考核的不良影响。

对比项	AliExpress无忧物流	速卖通线上发货	自选物流线下发货
物流服务	稳定 官方物流,由菜鸟搭建覆盖全球优质物流网络	稳定 与第三方优质物流商合作,平台作为第三方监管	不确定 货代市场鱼龙混杂,服务不可控
人力成本	节省 物流纠纷由平台小二响应处理	耗费 需要花大量人力处理物流咨询、投诉	耗费 需要花大量人力处理物流咨询、投诉
资金风险	低 敢用敢赔,物流问题导致的纠纷赔款平台承担	低 物流问题导致的损失可在线向物流商发起索赔	高 物流导致的损失卖家自己承担,索赔难
卖家保护	有 物流原因导致的纠纷、DSR低分抹除	有 物流原因导致的纠纷、DSR低分抹除	无 物流问题导致卖家服务等级等考核受影响

图 9-5 三种"速卖通"物流模式对比

三、新型与传统跨境物流模式对比[①]

无论是传统还是跨境电商都是基于货物的流动所发起的,并且都旨在一定可控成本下实现物流目标。这个目标是在正确的时间段,用正确的方式将产品送达正确的地点并交给正确的客户,这是两者的共同点。但是跨境电商对物流的具体要求又不同于传统物流,如下是两者的不同之处。

① 胡玲冰. 跨境电商物流[M]. 北京:人民邮电出版社,2018:34.

（一）针对物流敏捷性及柔性的要求提升

跨境电商压缩了空间，加速了时间。这样一个改变让物流的容错能力大大降低，敏捷性、柔性要求大大提高，即传统物流过程的每一个转运点都是一个核查过程，可以检验错误的发生，这一点跨境电商的物流是不能也不容许存在的。而传统的商业模式“少品种、大批量、少批次、长周期”的运营模式也决定了传统物流的固化性和单一性。

（二）针对存储分类更加精细化

传统物流一般情况下是存储区和拣配区域共用，其实质就是由上述少品种、大批量的出入模式所决定的。库内设施一般为平面库，立体高位货架。由于大批量的特点，进出以箱数为单位，甚至以托盘为辅助单位；存储和转移多以托盘为载体。而跨境电商的物流则需要应付多品种、小批量的特点，同时在目前以人工作业为主的前提条件下，必须采用专门的存储区和拣货区来提高存储利用率及拣选效率。

（三）针对货品信息更加规范化

传统物流货物上的信息元素要求不高，因为货物本身外表或物理属性可以区分，如可以不贴标签，也不需要有票据一一对应，即发票可以和货物异步流通；然而跨境电商物流却严格要求标签信息的规范性和完整性，在同一时间的订单内容如果没有标签、条码信息就如石沉大海，发票也必须和货物同步流动。

（四）更加注重货品设计包装环节

传统物流自从运出工厂后包装一般不需要再行调整，所以传统物流没有明显的包装线，其包装的起因是加固或安全；而跨境电商物流则因为商品经过重组，“新产品”则处于无包装状态，跨境电商仓库包装线则需要有设计包装能力，能够根据不同的商品特征，在成本时间的约束下，研制包装方案，保证在途货物的安全。因此，包装设计是跨境电商物流中较为专业性和行业技术含量高的重要环节。

（五）物流功能性的附加价值不同

对于跨境电商商家来说，国际物流除了运输的功能，还包括客户对国际物流时效的体验，以及国际物流的成本对产品的竞争优势的影响；而传统物流除了运输的功能以外，附加价值的体现并不明显。

四、不同跨境电商物流模式优劣势比较

（一）邮政小包

据不完全统计，中国跨境电子商务出口业务70％的包裹都通过邮政系统投递，其中中国邮政占据50％左右的份额，香港邮政、新加坡邮政等也是中国跨境电商卖家常用的物流方式。

优势：邮政网络基本覆盖全球，比其他任何物流渠道都要广。而且，由于邮政一般为国营，有国家税收补贴，因此价格非常便宜。

劣势：一般以私人包裹方式出境，不便于海关统计，也无法享受正常的出口退税。同时，速度较慢，丢包率高。

（二）跨国快递

国际快递主要是指 UPS、FedEx、DHL、TNT 这四大巨头。国际快递对信息的提供、收集与管理有很高的要求，以全球自建网络以及国际化信息系统为支撑。

优势：速度快、服务好、丢包率低，尤其是发往欧美发达国家非常便利。

劣势：价格昂贵，且价格资费变化较大。一般跨境电商卖家只有在客户强烈要求时效性的情况下才会使用，且会向客户收取运费。

（三）专线物流

跨境专线物流一般是通过航空包舱方式将货物运输到国外，再通过合作公司进行目的国国内的派送，是比较受欢迎的一种物流方式。目前，业内使用最普遍的物流专线包括美国专线、欧洲专线、澳洲专线、俄罗斯专线等，也有不少物流公司推出了中东专线、南美专线。

优势：集中大批量货物发往目的地，通过规模效应降低成本，因此，价格比商业快递低，速度快于邮政小包，丢包率也比较低。

劣势：相比邮政小包来说，运费成本还是高了不少，而且在国内的揽收范围相对有限，覆盖地区有待扩大。

（四）海外仓

海外仓是指由网络外贸交易平台、物流服务商独立或共同为卖家在销售目的地提供的货品仓储、分拣、包装、派送的一站式控制与管理服务。卖家将货物存储到当地仓库，当买家有需求时，第一时间作出快速响应，及时进行货物的分拣、包装以及递送。整个流程包括头程运输、仓储管理和本地配送三个部分。

头程运输：中国商家通过海运、空运、陆运或者联运将商品运送至海外仓库。

仓储管理：中国商家通过物流信息系统，远程操作海外仓储货物，实时管理库存。

本地配送：海外仓储中心根据订单信息，通过当地邮政或快递将商品配送给客户。

优势：用传统外贸方式走货到仓，可以降低物流成本；相当于销售发生在本土，可提供灵活可靠的退换货方案，提高了海外客户的购买信心；发货周期缩短，发货速度加快，可降低跨境物流缺陷交易率。海外仓还可以帮助卖家拓展销售品类，突破“大而重”的发展瓶颈。

劣势：不是任何产品都适合使用海外仓，最好是库存周转快的热销单品，否则容易压货。同时，此种物流方式对卖家在供应链管理、库存管控、动销管理等方面提出了更高的要求。

第三节 跨境电商物流信息系统及技术

一、物流信息概述

(一) 物流信息的定义

物流信息是反映各种活动内容的知识、资料、图像、数据、文件的总称。狭义范围来看,物流信息指直接产生于物流活动的信息,如运输、保管、包装、装卸、流通、加工等,运输工具的选择、路线的确定等。广义范围来看,物流信息还包括与其他流通活动有关的信息,如商品交易信息和市场信息。

而物流信息管理就是对物流信息资源进行统一规划和组织,并对物流信息的收集、加工、存储、检索、传递和应用的全过程进行合理控制,从而使物流供应链各环节协调一致,实现信息共享和互动,减少信息冗余和错误,辅助决策支持,改善客户关系,最终实现信息流、资金流、商流、物流的高度统一,达到提高物流供应链竞争力的目的。

(二) 物流信息的分类[①]

物流的分类有很多种,信息的分类更是有很多种,因此物流信息的分类方法也就很多。

1. 按功能分类

按信息产生和作用所涉及功能领域的不同,物流信息可分为仓储信息、运输信息、加工信息、包装信息、装卸信息等。对于某个功能领域还可以进行进一步细化,如仓储信息分成入库信息、出库信息、库存信息、搬运信息等。

2. 按环节分类

按信息产生和作用的环节不同,物流信息可分为输入物流活动的信息和物流活动产生的信息。

3. 按作用层次分类

按作用层次的不同,物流信息可分为基础信息、作业信息、协调控制信息和决策支持信息。基础信息是物流活动的基础,是最初的信息源,如物品基本信息、货位基本信息等。作业信息是物流作业过程中发生的信息,信息的波动性大,具有动态性,如库存信息、到货信息等。协调控制信息主要是指物流活动的调度信息和计划信息。决策支持信息是指能对物流计划、决策、战略具有影响或有关的统计信息或有关的宏观信息,如科技、产品、法律等方面的信息。

4. 按加工程度分类

按加工程度的不同,物流信息可以分为原始信息和加工信息。原始信息是指未加工的信息,是信息工作的基础,也是最有权威性的凭证性信息。加工信息是对原始信息进行各种方式和各个层次处理后的信息,这种信息是原始信息的提炼、简化和综合,是利用各

---

① 百度百科 https://baike.baidu.com/"物流信息"摘录并编辑。

种分析工作在海量数据中发现的潜在的、有用的信息和知识。

二、跨境电商物流信息系统

（一）物流信息管理系统

国际物流信息系统管理是对物流信息进行采集、处理、分析、应用、存储和传播的过程，在这个过程中，通过设计物流信息活动的各种要素（人工、技术、工具等）进行管理。对于跨境电子商务企业来说，物流信息系统管理实现的是订单包裹的实时跟踪、转运等一系列物流跟踪数据管理，以及对产品物流成本的财务报表分析，是实施物流 KPI 考核的重要参考手段。

物流信息管理系统可分为如下几类。

(1) 按功能不同，物流信息管理系统可分为事务处理信息系统、办公自动化系统、管理信息系统、决策支持系统、高层支持系统、企业间信息系统。

(2) 按管理决策的层次不同，物流信息管理系统可分为物流作业管理系统、物流协调控制系统、物流决策支持系统。

(3) 按应用对象不同，物流信息管理系统可分为面向制造企业的物流信息管理系统，面向零售商、中间商、供应商的物流信息管理系统，面向物流企业的物流信息管理系统(3PLMIS)，面向第三方物流企业的物流信息管理系统。

(4) 按采用的技术不同，物流信息管理系统可分为单机系统，内部网络系统，与合作伙伴、客户互联的系统。

（二）ERP 系统

ERP 是一种供应链的管理思想，是指建立在信息技术基础上，以系统化的管理思想，为企业决策层及员工提供决策运行手段的管理平台。它对于改善企业业务流程、提高企业核心竞争力具有显著作用。简言之，ERP 就是一种集成了先进的管理思维、高效运营流程的企业管理软件，通过它可以改善管理、精简流程、提升效率。

跨境电子商务 ERP 系统能提供多渠道电子商务管理解决方案，支持多仓库、多品牌管理，为广大零售商户提供一站式信息系统服务。其功能包括采购管理、销售管理、接单管理、物流计划、仓储管理、价格体系管理、结算管理、发票管理、客户关系管理、报表管理。

几种典型的跨境电商 ERP 系统如下：

1. 全球交易助手

全球交易助手最大的特点是其为一种本地端的 ERP 软件，卖家可以下载软件到电脑本地进行操作，对接的平台有速卖通、eBay、敦煌网、Wish 等平台，具有店铺搬家、批量修改、数据采集、同步库存等功能，对接的物流渠道基本能满足卖家的需求。本地端的好处在于可以在本地储存大量的数据，可以记录过往的库存、账单、客户交易等信息。

2. 芒果店长

芒果店长 ERP 在 2018 年 11 月之前是可以免费使用的，操作页面比较简约，具备基本的店铺管理功能，操作简单易上手，适合刚起步、店铺数量不多的小卖家。但因为其是网页版的ERP，所以储存空间有限，可以免费使用1 024 MB网络空间。目前对接的平台包括Wish、速卖通、亚马逊、ebay、Lazada、京东国际、cdiscount、tophatter、walmart等。

3. 客优云跨境ERP

客优云ERP是台湾及东南亚电商Shopee平台优秀的Shopee ERP软件，客优云ERP软件可以采集任意一家电商平台店铺(如亚马逊、阿里巴巴国际站、1688、淘宝天猫、京东、eBay、全球速卖通、敦煌网、Wish、Lazada、Shopee等平台)，同时也可以是自己的店铺搬家，支持所有产品、分类、单个产品、搜索地址的采集复制，客优云ERP软件可以对采集好的商品内容进行各种编辑修改，方便产品导入后优化，数据采集之后支持多种方式修改产品价格、产品标题、产品库存、产品类目属性，有效避免重复铺货的危险，可批量修改完成再一键上传到需要上传的店铺。

（三）智能运输系统①

智能运输系统(intelligent transportation system，ITS)，是指日本、美国和西欧等发达国家和地区为了解决共同面临的交通问题，竞相投入大量资金和人力，开始大规模地进行道路交通运输智能化的研究试验。起初进行道路功能和车辆智能化的研究，随着研究的不断深入，系统功能扩展到道路交通运输的全过程及其有关服务部门，发展成为带动整个道路交通运输现代化的智能运输系统。智能运输系统的服务领域为：先进的交通管理系统、出行信息服务系统、商用车辆运营系统、电子收费系统、公共交通运营系统、应急管理系统、先进的车辆控制系统。智能运输系统实质上就是将先进的信息技术、计算机技术、数据通信技术、传感器技术、电子控制技术、自动控制技术、运筹学、人工智能等学科成果综合运用于交通运输、服务控制和车辆制造，加强了车辆、道路和使用者之间的联系，从而形成一种定时、准确、高效的新型综合运输系统。

对物流管理而言，智能运输系统构成了重要的物流通道，应用这一系统的项目包括：车辆定位和导航、自动防撞制动、指挥调度营运车辆等。IC卡等高新技术成果的应用配合，将有利于实现交通控制等的智能化。

三、跨境电商物流信息技术

（一）条形码技术

条形码识别系统主要由条码扫描和译码两部分组成。扫描是利用光束扫读条码符号，并将光信号转换为电信号，这部分功能由扫描器完成；译码是将扫描器获得的电信号按一定的规则翻译成相应的数据代码，然后输入计算机(或存储器)。

扫描器扫读条码符号时，光敏元件将扫描到的光信号转变为模拟电信号，模拟电信号经过放大、滤波、整形等信号处理，转变为数字信号。译码器按一定的译码逻辑对数字脉冲进行译码处理后，便可得到与条码符号相应的数字代码。

条码技术的特点有：信息采集速度快；采集信息量大；可靠性高；灵活、实用；自由度

---

① 百度百科：https：//baike.baidu.com/“智能运输系统”摘录并编辑。

大；设备结构简单、成本低。

条形码在跨境电商物流中的应用如下：

1．挂号条码

挂号条码是指邮政小包所使用的跟踪号，分为粘贴的和打印的两种情况。一般个人去邮局寄国际挂号小包就会用到粘贴的挂号条码，而通过部分后台系统与邮局直接对接的货代公司发货时则可以生成打印的挂号条码。

2．单号信息

快递面单上的参考单号不能直接用来查询跟踪信息，所以在填写发运单号的时候不要填这个参考单号，而要填货代公司或者物流公司提供的转单号。

货代公司从快递公司拿到最终跟踪号之后，再把跟踪号和客户填写的快递面单对应起来，再告诉客户最终的跟踪号，这个转换的过程就叫作“转单号”。转单号并不是一个特定意义的单号，而是一个辗转生成跟踪号的行为，与转单号对应的是直接生成跟踪号。快递面单上的条码可以作为参考单号在快递公司网站上进行跟踪查询，同时快递面单作为发货底单，是一种发货证明，可以在必要时提供给平台作为证据。

（二）RFID 技术

射频识别技术 RFID(radio frequency identification)是一种无线通信技术，它可以利用无线电信号识别特定的物体并读取有关数据，不依靠识别的工具和特定对象之间建立机械的或者光学的接触。RFID 基本原理是利用射频信号或空间耦合(电感或电磁耦合)的传输特性，实现对物体或商品的自动识别。

RFID 的工作原理其实很简单，绝大多数是依据电感耦合的原理进行设计的，即读写器在数据管理系统的控制下发送出一定频率的射频信号，当标签进人磁场时产生感应电流从而获得能量，并使用这些能量向读写器发送出自身的数据和信息，该信息被读写器接收并解码后送至中央信息管理系统进行相关的处理，这一信息的收集和处理过程都是以无线射频通信方式进行的。

RFID 技术是一种新兴的依靠计算机和互联网的技术。RFID 技术具有许多优势，主要有以下几点：非接触识别、可以重复读取、读取要求比较低、数据的记忆容量大。

1．RFID 技术在海外仓储和配送中的应用前景

RFID 技术可以应用到 WMS(仓库管理系统)中，从而可以提高企业的反应速度，做到及时补货，及时更新库存信息等操作，如图 9-6 所示。对于配送，RFID 技术可以降低货物的出错率，使配送和库存衔接得更加紧密，从而可以使海外仓储实现一体化操作。

2．RFID 技术在通关中的应用前景

把 RFID 技术应用到报关系统，可以使海关系统和物流企业同时减轻负担。具体来说就是把货物的信息和海关的报关系统连接。如果货物只是一件一件的，那么可以提前把货物的信息共享到海关，然后在货物上贴上 RFID 标签。当货物比较多的时候可以集中在海关报关。由于 RFID 技术可以实现非接触，所以将会提高报关的效率。

（三）EDI 技术

联合国标准化组织将 EDI 描述成：将商业或行政事务处理按照一个公认的标准，形

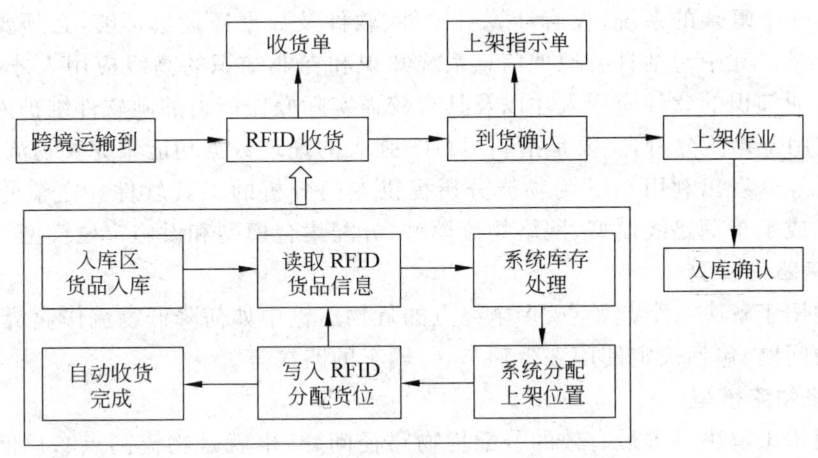

图 9-6　RFID 仓储管理的入库流程图

成结构化的事务处理或报文数据格式，从计算机到计算机的电子传输方法。EDI 是企业(如制造厂、供应商、运输公司、银行等)单位之间传输的商业文件数据。传输的文件数据采用共同的标准并具有固定格式；数据通过计算机到计算机的自动传输不需要人工介入操作，由应用程序对它自动响应，实现事务处理与贸易自动化。

EDI 强调在其系统上传输的报文遵守一定的标准，因此，在发送之前，系统需要使用翻译程序将报文翻译成标准格式的报文。

由于 EDI 是国际范围的计算机与计算机之间的通信，所以 EDI 的核心是被处理业务数据格式的国际统一标准。EDI 标准应遵循以下两个原则：①提供一种发送数据及接收数据的各方都可以使用的语言。②这种标准不受计算机机型的影响，既适用于计算机间的数据交流，又独立于计算机之外。

电子数据交换技术主要分为四类：第一类称为贸易数据互换系统(trade data interchange，TDI)，也是最知名的 EDI 系统，它用电子数据文件来传输订单、发货票和各类通知。第二类常用的 EDI 系统是电子金融汇兑系统(electronic fund transfer，EFT)，即在银行和其他组织之间实行电子费用汇兑。第三类常见的 EDI 系统是交互式应答系统(interactive query response)。它可应用在旅行社或航空公司作为机票预订系统。第四类是带有图形资料自动传输的 EDI。最常见的是计算机辅助设计(CAD)图形的自动传输。

(四) GIS 技术①

GIS(geographic information systems，地理信息系统)是多种学科交叉的产物，它以地理空间为基础，采用地理模型分析方法，实时提供多种空间和动态的地理信息，是一种为地理研究和地理决策服务的计算机技术系统。其显示范围可以从洲际地图到非常详细的街区地图，显示对象包括人口、销售情况、运输线路以及其他内容。

① 百度百科 https：//baike. baidu. com/：“GIS 技术”摘录并编辑。

GIS是一个复杂的系统，仅有计算机硬件、软件及数据还远远不够，必须要有系统的使用管理人员。其中包括具有地理信息系统知识和专业知识的高级应用人才、具有计算机知识和专业知识的软件应用人才以及具有较强实际操作能力的硬软件维护人才。

GIS应用于物流分析，主要是指利用GIS强大的地理数据功能来完善物流分析技术。国外公司已经开发出利用GIS为物流分析提供专门分析的工具软件。完整的GIS物流分析软件集成了车辆路线模型、网络物流模型、分配集合模型和设施定位模型等。

1. 车辆路线模型

该模型用于解决一个起始点、多个终点的货物运输中如何降低物流作业费用，并保证服务质量的问题，包括决定使用多少辆车、每辆车的路线等。

2. 网络物流模型

该模型用于解决寻求最有效的分配货物路径问题，也就是物流网点布局问题。如将货物从 N 个仓库运往到 M 个商店，每个商店都有固定的需求量，因此需要确定由哪个仓库提货送给哪个商店，所耗的运输代价最小。

3. 分配集合模型

该模型可以根据各个要素的相似点把同一层上的所有或部分要素分为几个组，用以解决确定服务范围和销售市场范围等问题。如某一公司要设立 X 个分销点，要求这些分销点覆盖某一地区，而且要使每个分销点的顾客数目大致相等。

4. 设施定位模型

该模型用于确定一个或多个设施的位置。在物流系统中，仓库和运输线共同组成了物流网络，仓库处于网络的节点上，节点决定着线路。根据供求的实际需要并结合经济效益等原则，在既定区域内设立多少个仓库，每个仓库的位置，每个仓库的规模，以及仓库之间的物流关系等问题，运用此模型均能很容易地得到解决。

（五）大数据技术

大数据技术是指从各种类型的数据中快速获得有价值信息的技术。大数据领域已经涌现出大量新的技术，它们成为大数据采集、存储、处理和呈现的有力武器。大数据处理关键技术一般包括：大数据采集、大数据预处理、大数据存储及管理、大数据分析及挖掘、大数据展现和应用（大数据检索、大数据可视化、大数据应用、大数据安全等）。

大数据采集一般分为大数据智能感知层与基础支撑层，大数据智能感知层主要包括数据传感体系、网络通信体系、传感适配体系、智能识别体系及软硬件资源接入系统，实现对结构化、半结构化、非结构化的海量数据的智能化识别、定位、跟踪、接入、传输、信号转换、监控、初步处理和管理等；基础支撑层主要是提供大数据服务平台所需的虚拟服务器，结构化、半结构化及非结构化数据的数据库及物联网络资源等基础支撑环境。

大数据技术能够将隐藏于海量数据中的信息和知识挖掘出来，为人类的社会经济活动提供依据，从而提高各个领域的运行效率，大大提高整个社会经济的集约化程度。在我国，大数据将重点应用于以下三大领域：商业智能、政府决策、公共服务。例如，商业智能技术，政府决策技术，电信数据信息处理与挖掘技术，电网数据信息处理与挖掘技术，气象信息分析技术，环境监测技术，警务云应用系统（道路监控、视频监控、网络监控、智能交通、反电信诈骗、指挥调度等公安信息系统)，大规模基因序列分析比对技术，Web信息挖掘技术，多媒体数据并行化处理技术，影视制作渲染技术，其他各种行业的云计算和海量数据处理应用技术等。

通过将大数据技术和跨境电商海外仓相结合，构建一套属于跨境电商的信息管理系统，不仅减少了海外仓模式的管理成本，还提高了跨境电商的效率。其中最重要的是，通过采用大数据分析技术，减少了货物的物流时间，提升了消费者的购物体验，加大了消费者对跨境电商企业的信任，这对企业以后的经营发展有很大的帮助。

第四节 跨境电商物流运输管理

一、跨境电商物流运输管理概述

针对跨境电子商务领域，可以将跨境电商物流运输视为一种国际贸易的物流运输活动。例如依托国际陆路运输、国际海洋运输、国际航空运输或者多式联运等方式对交易实物进行必要的包装并输送至境外收货人所在国家或地区，以实现跨境电商自身的交易需求。

跨境电商物流运输方式根据运输工具的不同可分为多种方式，不同的运输方式适合不同的货物，常见的方式有公路运输、铁路运输、海洋运输、航空运输、国际多式联运等。

(一) 公路运输

公路运输是一种主要使用汽车，也使用其他车辆(如人、畜力车)在公路上进行货客运输的方式。公路运输主要承担近距离、小批量的货运和水运，铁路运输难以到达地区的长途、大批量货运及铁路、水运优势难以发挥的短途运输。由于公路运输有很强的灵活性，近年来，在有铁路、水运的地区，较长途的大批量物流运输也开始使用公路运输。

公路运输的主要优点是灵活性强，公路建设期短，投资较低，易于因地制宜，对收到站设施要求不高。可以采取门到门运输形式，即从发货者门口直到收货者门口，而不需转运或反复装卸搬运。公路运输也可作为其他运输方式的衔接手段。公路运输的经济半径，一般在200千米以内。

(二) 铁路运输

铁路运输是使用铁路列车运送客货的一种运输方式。铁路运输主要承担长距离、大数量的货运，在没有水运条件的地区，几乎所有大批量货物都是依靠铁路，是在干线运输中起主力运输作用的运输形式。

铁路运输的优点是速度快，运输不大受自然条件限制，载运量大，运输成本较低。主要缺点是灵活性差，只能在固定线路上实现运输，需要以其他运输手段配合和衔接。铁路运输经济里程一般在200千米以上。

(三) 海洋运输

海洋运输主要承担大数量、长距离的物流运输，是在干线运输中起主力作用的运输形式。在内河及沿海，海洋运输也经常作为小型运输工具使用，担任补充及衔接大批量干线运输的任务。

海洋运输的主要优点是成本低，能进行低成本、大批量、远距离的运输。但是水运也有显而易见的缺点，主要是运输速度慢，受港口、水位、季节、气候影响较大，因而一年中中断运输的时间较长。

海洋运输有以下四种形式。

(1) 沿海运输：使用船舶通过大陆附近沿海航道运送客货的一种方式，一般使用中、小型船舶。

(2) 近海运输：使用船舶通过大陆邻近国家海上航道运送客货的一种运输形式，视航程可使用中型船舶，也可使用小型船舶。

(3) 远洋运输：使用船舶跨大洋的长途运输形式，主要依靠运量大的大型船舶。

(4) 内河运输：使用船舶在陆地内的江、河、湖、川等水道进行运输的一种方式，主要使用中、小型船舶。

(四) 航空运输

航空运输是指用飞机或其他航空器进行运输的一种形式。航空运输的单位成本很高，因此，主要适合运载的货物有两类：一类是价值高、运费承担能力很强的货物，如贵重设备的零部件、高档产品等；另一类是紧急需要的物资，如救灾抢险物资等。

航空运输的主要优点是速度快，不受地形的限制。在火车、汽车都达不到的地区也可依靠航空运输，因而有其重要意义。

(五) 国际多式联运

国际多式联运简称多式联运，是在集装箱运输的基础上产生和发展起来的，是指按照多式联运合同，以至少两种不同的运输方式，由多式联运经营人将货物从某一国境内的接管地点运至另一国境内指定交付地点的货物运输。国际多式联运适用于水路、公路、铁路和航空多种运输方式。在国际贸易中，由于85%～90%的货物是通过海运完成的，故海运在国际多式联运中占据主导地位。

优点有：责任统一，手续简便；节省费用，降低运输成本；减少中间环节，时间缩短，运输质量提高；运输组织水平提高，运输更加合理化；实现门对门运输。从政府角度来看，发展国际多式联运具有以下重要意义：利于加强政府对整个货物运输链的监督与管理；保证本国在整个货物运输过程中获得较大的运费收入比例；有助于引进新的先进运输技术；减少外汇支出；改善本国基础设施的利用状态；通过国家的宏观调控与指导职能保证使用对环境破坏最小的运输方式，达到保护本国生态环境的目的。

二、跨境电商物流运输的择优选择

运输方式的选择是物流系统决策中的一个重要环节，是物流合理化的重要内容。选择合适运输手段的判断标准包括货物的性质、运输时间、交货时间及运输成本等。

（一）运输速度

跨境电商交易中，客户体验部分占有举足轻重的地位，货物的运输速度将大大影响用户的切实体验。而跨境国际物流的耗时较长，跨境电商卖家如果想在市场中站稳脚跟，必须要审慎考虑物流的运输速度。

（二）运输成本

运输成本是运输方案制订时的首要考虑因素。由于运输成本直接计入外贸商品的价格构成之中，而国际贸易运输又具有运输里程长、流经环节多的特点，因此其运费负担相对较重，尤其对于一些低价值的货物，如矿石等，其物流费用和出口货价的比值过高，因此选择好运输工具对控制运输成本具有极其重要的意义。

一般而言，在国际货物运输中，海洋运输的成本最低，航空运输的成本最高，在海洋运输中，采用大型专用船舶的运输成本较低，而定期班轮则较高，如若采用包船运输则更高。

（三）国际货物数量及特性

国际贸易运输方式的选择受到了货物数量及特性的限制。例如航空运输虽然具有快速及安全的显著特征，但并不适合运送大批量及低价值的货物。一般而言，价值昂贵的货物、时间要求高的货物可采用空运；大宗货物的交接，则主要采用海洋运输的方式；煤、粮食、矿石等低价值的货物更适合采用船舶运输。

（四）不同国家之间的物流基础设施条件

由于国家与国家之间发展的不平衡，在一国可以使用的物流方式到了另一个国家可能不方便使用，原因在于该国缺乏采用这种物流方式的必要基础设施，因此全球物流基础设施存在的差异制约了国际运输方式的选择。

第五节　跨境电商物流面临的困境及对策

一、跨境电子商务国内外物流风险

（一）国内问题

（1）在货物运输过程中出现破损或者丢失现象，主要有以下几点原因。

① 物流路线较长，如果运输的起点或终点是乡镇级，可能存在因为路程较长、交通情况不良、车辆颠簸等原因导致货物破损。

② 某些商家为了追求利益最大化，选择费用较低、效率较慢的运输方式，进而造成货物在物流过程中的损坏问题。

③ 在物流运输过程中存在部分操作人员暴力分拣或者操作不规范等问题，同样可能会造成货物的损坏。

（2）在海关验收过程中被没收，主要有以下两点原因。

① 货物本身为仿制或伪劣产品，如果在海关检验过程中被检查出存在造假行为，将直接被查处并销毁。

② 部分目的国家会将如电池、植物种子、液体、贵重金属等限定为禁止出口商品，如有该种类别的货物将无法通过海关的检查。

（二）国际风险

1. 航空安检退回或扣留

在货物运输中，发出危害航班的干扰信号的产品、易燃易爆产品、涉嫌假冒伪劣的产品都无法通过航空安检，会被退回或者扣留。

2. 转运过程中的风险

因为在包裹转运的过程中会经历多次中转，可能会因为恶劣天气原因、包裹投递不当、暴力分拣等问题造成货物的外包装破损。

3. 清关规则复杂

不同的国家不同的口岸会具备不同的清关规则，导致了货物运输的复杂性，降低了货物运输的运输效率。此外，清关模式有保税备货、跨境直邮、快件、邮政以及传统的一般贸易模式，每一种方式的时效、费用也有差异，如此复杂烦琐的程序必然会让整体运输效率打折扣。

二、跨境电商物流风险原因及规避方法

（一）对相应国家监管政策了解不足

在跨境货物监管政策方面，仍存在对细节了解不足的情况。例如，因为木材的运输过程中可能会夹带动植物的虫卵，很多国家对包装的木箱有严格的管控，禁止相应类别的木箱入境。所以，应该加强对相关国家在物流监管政策方面的了解，尤其是针对该国家的国情、民俗及一些重点审查的细节，以避免涉及该国家的监管禁区，以提高整体的物流运输效率。

（二）物流操作人员的素质仍需提高

在物流运输过程中，经常会出现因分拣人员操作不当或暴力运输导致货物的破损或丢失。所以应当进一步加强针对物流操作人员的业务培训，并且完善相关法律政策，约束物流操作人员的行为，减少由于物流人员操作原因带来的损失。

（三）海关报关文件准备宜更严谨

跨境电商要遵守相关的海关进出口规定，避免因为海关检验的问题，自身货物被扣押，在出口前了解需要的出口清单材料，如商检证明、报关文书等。同时各电商要选择正规的货运代理公司；在运输中，如果商家运输货物中有危险品，一定要开好危险品相关安全运输证明，并在物流公司备案；有电池类产品，要做好 MSDS(化学品安全数据说明书)；避免做涉嫌假冒伪劣的产品。

（四）宜选取性价比较高的物流公司

如果货物对于运输时间要求严格，一定要选择运输效率高的国际物流公司。不同的物流公司全球运输的时效不同，价格不同，运输时间也会有差别，因此跨境电商应该在考虑运费的前提下合理选择物流公司，保证自身货物的安全。

复习思考题

1. 目前，主要的跨境电商物流模式有哪些？
2. 传统跨境物流与跨境电商物流的区别是什么？
3. 如何根据不同情况，择优选择适合的跨境电商物流方式？
4. 跨境电商国内外的物流风险有哪些？
5. 该如何规避跨境电商物流的风险？

练　习　题

第十章

跨境电商支付与结算

【教学目的和要求】

本章介绍了跨境电商的支付方式、主要的支付平台并进行了不同典型支付平台的优缺点比较;还简要介绍了跨境电商金融与税务相关知识,以及跨境电商的支付风险以及相应的控制方法。

【关键概念】

跨境电商贸易结汇	大额跨境电商贸易结汇	使用汇付、信用证业务结汇
电商平台结汇通道	小额跨境电商贸易结汇	海外账户收汇
跨境支付许可	汇率	外汇管制

2019年全球移动支付市场交易达到1.08万亿美元,60%电商流量来自移动端

2019年将成为移动支付市场增长的关键年份之一。SalesForce(客户关系管理软件服务提供商)的一项研究证实,超过60%的全球电商流量来自移动消费者。这一数据清楚指出移动设备对在线购买和销售的强大影响力。

移动支付的增长背后原因是什么呢?安全性的提高、顾客体验的改善、支付网关和电子钱包业务(如Venmo、Square Cash和Amazon Pay等)的繁荣发展都是其中的一些推动因素。

移动支付市场近年来一路增长,所向披靡。全球移动支付市场交易从2015年的4 500亿美元一直上涨至2018年的9 300亿美元,而2019年预计将达1.08万亿美元。2019年之后,移动支付市场的增长前景仍然非常乐观。根据BI Intelligence(市场调研机构)的一项调查,到2020年,店内移动支付金额将达到5 030亿美元。另据保守估计,所有的迹象似乎都表明2021年和2022年将是该市场继续增长或加强的年份。

手机支付已经成为当下的主流支付方式,各种应用程序、设备和家电产品都纷纷加入这一趋势当中。亚马逊的语音助手Alexa就是一个很好的例子,它可以支持消费者语音购买该平台的产品。

移动支付市场繁荣增长的四个因素：移动端用户体验日趋完善；电子钱包和其他支付应用相继推出；安全性提高；迎合移动消费者需求。

第一节　跨境电商支付与结算方式

一、支付与结算方式

（一）跨境电商贸易结汇

跨境电商贸易的国际支付环节受限于法律和制度安排，在法律监管方面，各国政府为了打击洗钱等犯罪行为而对外汇流动进行监管，此外我国外汇管理部门还要防控热钱和虚假贸易，维护国家外汇储备；在现有的国际金融制度下，跨境支付和国际结算都要通过特定国际银行间结算系统完成，结算通道处于被银行垄断状态。

在出口业务中，出口收汇和出口退税业务是相互关联的。国家对传统贸易的监管制度完备，传统贸易按常规的方式报关，结汇和退税都不存在问题。而跨境电商贸易中，大额外汇收支可使用传统的结汇方式，也可正常退税。但目前外贸订单出现了碎片化的特点，尤其是一些跨境电商 B2C 交易额很小、交易分散，使用传统银行的结汇成本非常高。

（二）大额跨境电商贸易结汇

大额跨境电商贸易主要集中在 B2B 交易中。目前跨境电商 B2B 是跨境电商贸易的主要方式，B2B 贸易可按常规方式报关，按常规方式结汇、退税。跨境电商 B2B 在支付环节，企业多采用传统的电汇、信用证方式完成支付，也可以利用电商平台提供的金融服务完成支付。企业在选择结汇方式时需要考虑结汇的安全性和后续的出口退税业务。

（三）使用汇付、信用证业务结汇

传统贸易中企业经常使用银行的汇付或信用证支付，其中汇付费用较低，但存在一定的风险；信用证信用较高，但不易操作且费用高。企业如果使用跨境电商平台交易，电商平台可利用历史交易数据判断信用状况，可以有效降低跨境支付的风险。一些电商平台（如阿里巴巴平台）可以提供信用证审核服务，同时也可帮助企业索偿，有效降低了信用证的支付风险。

例如，曾有印度某银行恶意拖欠中方企业信用证尾款 2 万美元，而跨境追偿的成本大大高于 2 万美元。由于该笔交易发生在阿里巴巴一达通平台上，所以阿里巴巴出面帮助企业追偿了被拖欠的尾款。大型跨境电商平台都非常重视支付环节的安全性，企业借助大型电商平台的相关服务能在一定程度上降低支付环节的风险。

（四）电商平台结汇通道

一些大型电商平台可以帮助企业完成结汇业务，并设有结算通道。以阿里巴巴一达通平台为例，该平台在香港中行开设了结算账户，中国内地出口企业可以通过该平台的香港账户完成收汇操作，再通过中国香港账户转账至中国内地账户，该平台可以提供出口退税服务。

国内大型电商平台一般都符合国家外贸监管要求，所以能为国内企业提供更加便捷的服务。服务包括：金融买断服务，出口企业向平台提供信用证和相关单据，平台即可买断单证，提前支付货款；出口赊销融资，出口企业出口 3 天后平台可先行支付 80%的货款，这种赊销服务即为买方提供贷款服务。

（五）小额跨境电商贸易结汇

小额跨境电商支付主要集中在 B2C 交易中。B2C 指商家与消费者之间进行交易，在跨境贸易 B2C 交易中，出口企业可通过电子商务平台直接向进口国消费者销售产品，货物通过国际快递交付给消费者。B2C 交易占跨境电商贸易比重相对较小，但保持高增速，发展迅猛。B2C 交易的特点是每笔交易额较小且分散化，而传统的汇付和信用证业务的银行费用较高，因此传统的汇付、信用证的支付方式不适用于 B2C 贸易结汇。目前企业可以通过第三方支付平台完成小额外汇结汇。在小额结汇方面，目前常见的方式有以下两种。

1. 集中报关结汇

集中报关结汇是将小额贸易集中起来操作，这种方式主要适用于国内一些大型 B2C 跨境电商平台。集中报关结汇可按常规方式报关结汇，也可正常退税。目前国内 B2C 平台中，阿里巴巴旗下的速卖通平台推出了针对国内卖家的结汇业务。速卖通平台可将多个 B2C 订单合并后报关结汇，速卖通平台可以为卖家提供退税的服务。

2. 使用第三方支付平台结汇

使用境外 B2C 电商平台交易结汇时一般需要使用第三方支付平台，支付平台可以汇总小额结汇业务集中办理，从而减少结算费用。限于各国政府的外汇监管要求，第三方支付平台支持的电商平台和结算货币都有限制，目前国外的一些大型跨境 B2C 平台（如亚马逊）都有第三方支付平台支持。我国出口企业使用较多的支付平台包括 World First、Payoneer、PingPong、PayPal 和 SKYEE 等。有的支付平台支持境内提现，如 PingPong 和 SKYEE 支持亚马逊平台收款国内提现；有的支付平台需要企业开立中国香港账户或美国账户，海外账户收款后再转回中国内地。

（六）海外账户收汇

一些外贸企业在国外注册海外账户便于收款，国外大型电商平台都支持在中国香港、美国的海外账户收款。企业注册海外账户手续烦琐、费用较高。海外账户收款脱离了我国的外汇监管，造成了监管中断，所以外汇再转入国内时往往缺少相匹配的结汇业务操作而无法完成出口退税操作。此外，在出现贸易纠纷的情况下，企业的海外账户容易被国外法院冻结。

跨境电商贸易的结汇环节中，大额交易中主要使用银行汇付和信用证完成结汇；在跨境电商小额贸易中，出口企业可借助电商平台或第三方支付平台完成收付汇。目前国外电商平台、第三方支付平台在结汇方面有一定的局限性，在有些情况下企业可能无法完成出口退税操作。出口企业在结汇时应充分考虑结汇的安全性和出口退税业务，企业应根据实际业务特点，选择合适平台和结汇方式才能顺利收汇。

二、跨境电商典型支付平台优缺点比较

(一) 电汇

电汇是付款人将一定款项交存汇款银行，汇款银行通过电报或电话传给目的地的分行或代理行(汇入行)，指示汇入行向收款人支付一定金额的一种交款方式。

- 费用：各自承担所在地的银行费用。买家银行会收取一定手续费，由买家承担；卖家公司的银行有的也会收取一定手续费，由卖家来承担。
- 优点：收款迅速，并支持先付款后发货，保证卖家利益不损失。
- 缺点：先付款后发货，外国客户容易产生不信任感；客户群体小，限制了商家的交易量。
- 适用范围：电汇是传统的 B2B 付款模式，适合大额的交易付款。

(二) 西联

西联是西联国际汇款公司的简称，是世界上领先的特快汇款公司，可以在全球大多数国家的西联代理所在地汇出和提款。

- 费用：西联手续费由买家承担，需要买卖双方到当地银行实地操作。西联汇款中，在卖家未领取钱款时，买家可以将支付的资金撤销回去。
- 优点：手续费由买家承担。对于卖家来说最划算，可先提钱再发货，安全性好且到账速度快。
- 缺点：由于对买家来说风险极高，买家不易接受。买家和卖家需要在西联线下柜台操作且手续费较高。
- 适用范围：1 万美元以下的小额支付。

(三) Money Gram

速汇金汇款是 Money Gram 公司推出的一种快捷、简单、可靠及方便的国际汇款方式，该公司在全球 150 个国家和地区拥有总数超过 50 000 个的代理网点。收款人凭汇款人提供的编号即可收款。

- 费用：汇款金额手续费 400 美元以下 10 美元，400～500 美元 12 美元，500～2 000 美元 15 美元，2 000～5 000 美元 25 美元，5 000～10 000 美元 33 美元。
- 优点：在汇出后十几分钟即可到达收款人手中。在一定的汇款金额内，汇款的费用相对较低，无中间行费、电报费。手续简单，汇款人无须选择复杂的汇款路径，收款人无须预先开立银行账户，即可实现资金划转。
- 缺点：汇款人及收款人均必须为个人且要求为境外汇款。客户如持现钞账户汇款，还需交纳一定的手续费。

(四) PayPal

PayPal 是全球使用最为广泛的第三方支付工具之一，是针对具有国际收付款需求用

户设计的账户类型。其功能包括：进行便捷的外贸收款、提现与交易跟踪；从事安全的国际采购与消费；快捷支付并接收包括美元、加元、欧元、英镑、澳元和日元等 25 种国际主要流通货币。

- 费用：费率为 2.9%～3.9%，无开户费及使用费，每笔收取 0.3 美元银行系统占用费，提现每笔收取 35 美元，跨境每笔收取 0.5%的跨境费。
- 优点：国际付款通道满足了部分地区客户习惯于账户与账户之间产生交易的方式，可买可卖，且 PayPal 的国际知名度较高，尤其受美国用户信赖。
- 缺点：PayPal 用户消费者（买家）利益大于 PayPal 用户卖家（商户）的利益，双方权利不平衡；电汇费用，每笔交易除手续费外还需要支付交易处理费，账户容易被冻结，商家利益受损失。
- 适用范围：跨境电商零售行业，几十到几百美元的小额交易。

（五）信用卡收款

跨境电商网站可通过与 Visa、MasterCard 等国际信用卡组织合作，或直接与海外银行合作，开通接收海外银行信用卡支付的端口。目前国际上五大信用卡品牌为 Visa、Mastercard、America Express 等，其中前两个为大家广泛使用。

- 优点：欧美最流行的支付方式，信用卡的用户人群非常庞大。
- 缺点：接入方式麻烦，需预存保证金，收费高昂，付款额度偏小。
- 使用范围：从事跨境电商零售的平台和独立 B2C。

（六）香港离岸公司银行账户

卖家通过在香港开设离岸银行账户，接收海外买家的汇款，再从香港账户汇往内地账户。

- 优点：接收电汇无额度限制，不需要像内地银行一样受 5 万美元的年汇额度限制，不同货币间可随意自由兑换。
- 缺点：香港银行账户的钱还需要转到内地账户，较为麻烦。部分客户选择地下钱庄的方式，有资金风险和法律风险。
- 适用范围：传统外贸及跨境电商都适用，适合已有一定交易规模的卖家。

（七）Payoneer

Payoneer 是一家总部位于纽约的在线支付公司，主要业务是帮助其合作伙伴将资金下发到全球，其同时也为全球客户提供美国银行、欧洲银行收款账户并用于接收欧美电商平台和企业的贸易款项。

- 费用：便宜，电汇设置单笔封顶价，人民币结汇最多不超过 2%。
- 优点：便捷，利用中国身份证即可完成 Payoneer 账户在线注册，并自动绑定美国银行账户和欧洲银行账户。
- 使用范围：单笔资金额度小但是客户群分布广的跨境电商网站或卖家。

第二节　跨境电商结算金融

一、跨境电商结算金融的定义

广义的跨境金融指的是国家和地区之间由于经济、政治、文化等联系而产生的货币资金周转与运动。狭义的跨境金融指的是因互联网兴起的，由跨境电商平台、跨境电商支付方式联系而产生的跨境货币资金的周转和运动。

二、跨境电商结算金融的形势

随着全球经济的一体化以及我国自由贸易试验区的设立，国内企业与个人“走出去”的欲望日益强烈，促进跨境电商行业蓬勃发展，企业与个人对跨境电商结算金融的需求越来越强。然而，国内金融机构的海外派出机构较少且分布不均，跨境金融体系不完善，提供的服务不能较好地满足企业与个人“走出去”的需求。目前，国内跨境金融服务机构仅能提供国际贸易结算和跨境汇兑等基础服务，而国际跨境金融服务机构可以在提供基础服务的同时，提供跨境融资安排、全球资金调拨、跨国杠杆收购、保险等一系列服务。

三、跨境电商结算金融的因素分析

跨境电商结算金融在发展过程中受三大因素的影响：跨境支付许可、汇率以及外汇管制。

（一）跨境支付许可

支付机构跨境支付业务是指国家外汇管理局许可支付机构通过银行为电子商务交易双方提供跨境互联网支付所涉及的外汇资金集中收付及相关结售汇服务。根据国家外汇管理局 2015 年颁布的《支付机构跨境外汇支付业务试点指导意见》，支付机构申请跨境支付牌照需满足八个条件。

(1) 在中华人民共和国境内依法设立的有限责任公司或者是股份有限公司，而且是非金融机构法人。

(2) 具有符合规定的注册资本最低限额，符合办法规定的出资人。

(3) 有 5 名以上熟悉支付业务的高级管理人员。

(4) 有符合要求的支付业务设施。

(5) 有符合相关要求的反洗钱措施。

(6) 有健全的组织机构和内部控制制度以及相应的风险管理措施。

(7) 有符合要求的营业场所和安全保障措施。

(8) 申请人和高级管理人员在最近 3 年内没有因为利用支付业务实施违法犯罪活动，或者为违法犯罪活动办理支付业务等受到过惩罚。

（二）汇率

汇率是指两种货币之间的兑换的比率，按照外汇买卖的交割期限分为即期汇率与远期汇率,其会受利率、通货膨胀、国家政治以及经济等因素的影响。汇率变动会对跨境电商产生较大影响,原因为较多跨境出口电商以美元计价,再结汇成人民币,如果人民币升值,就对跨境出口电商产生负面影响,反之产生正面影响。

(三) 外汇管制

外汇管制是指政府为平衡国际收支和维持本国货币汇率而对外汇进出实行的限制性措施,一般从国际结算和外汇买卖两个方面进行限制。

外汇管制对跨境电子商务的影响分为正反两面:一方面,外汇管制可以稳定货币汇率,抑制通货膨胀,还可以防止资本外逃或大规模的投机性资本流动,并有效利用外汇资金,推动重点产业优先发展,进而提升该国产品的核心竞争力。另一方面,外汇管制会破坏全球化国际分工,导致外汇市场及价格机制失效,使得资源难以合理配置,手续繁多,交易成本上升。

第三节 跨境电商结算税务

一、跨境税务的定义

广义的跨境税务是指各个国家和地区的征税机构向跨境进出口商品征收相关税费的业务。狭义的跨境税务是指因互联网兴起的,各个国家和地区的征税机构向跨境电商零售进出口商品征收相关税费的业务。

二、我国跨境税收政策发展历程

目前,我国跨境电子商务有三个特征:一是交易规模不断扩大,在我国进出口贸易中所占有的份额日趋提高;二是跨境电子商务以出口为主,出口跨境电子商务延续快速发展态势;三是跨境电商以 B2B 业务为主,B2C 跨境模式逐渐兴起且有不断扩大的趋势。

根据中国电子商务研究中心发布的《2016—2017 年度中国出口跨境电商发展报告》,2017 年中国跨境电子商务交易规模达到 8 万亿元,同比增长 30%。其中,出口跨境电子商务交易规模为 6.3 万亿元,同比增长 14.5%。随着跨境电子商务规模的日益增长,不法分子通过在跨境交易中偷税漏税获得非法收益的案件也不断增加。为规范行业发展、稳定市场需求,我国正在跨境电子商务税收政策和税收制度方面作出不懈的努力。

2013 年,我国开始按照《中华人民共和国海关法》来实施对跨境物品征税,规定由海关进行征税,但并未涵盖跨境电子商务这一新兴贸易方式的税收征管,跨境电商进口货物按邮寄物品征收行邮税。

2016 年 3 月 24 日,财政部、海关总署、国家税务总局发布《关于跨境电子商务零售进口税收政策的通知》,自 2016 年 4 月 8 日起,跨境电商进口物品取消按邮寄物品征收行邮税纳税方式,改为按货物征收关税、进口环节增值税、消费税。跨境电子商务彻底告别“免税时代”,适用“跨境电子商务综合税”代替了行邮税。

2018 年 11 月 30 日,财政部、海关总署和国家税务总局三部委联合下发《关于完善跨境电子商务零售进口税收政策的通知》,将跨境电子商务零售进口商品的单次交易限值由人民币 2 000 元提高至 5 000 元,年度交易限值由人民币 20 000 元提高至 26 000 元。

三、跨境进口税务

跨境进口税务是指进口国海关在外国商品输入时,对进口商品征税的业务,通常发生在商品进入关境,办理海关手续时。

(一) 跨境进口相关税种

跨境进口相关税务主要包括关税、进口增值税、进口消费税、行邮税等。

(二) 跨境进口的税务模式和税务处理

跨境进口税务模式主要分为“直接进口”模式与“保税进口”模式,如表 10-1 所示。

表 10-1 “直接进口”模式与“保税进口”模式对比表

对比项目	直购进口	保税进口
模式类型	进口 B2C 模式	进口 B2B2C 模式
海关监管特色	电子订单、支付凭证、电子运单实时传输,实现阳光化清关	货物存放在海关监管场所,可实现快速通关
适用企业	代购、品类宽泛的电商平台、海外电商	品类相对专注、备货量大的电商企业
发货地点	国外	保税港、保税区
时效	7~10 天	5 天内
商品种类	更丰富	有限制

四、跨境出口税务

跨境出口税是出口国海关在本国产品输往国外时对出口商品征税的业务。由于征收出口税会提高本国产品在国外市场的销售价格,降低竞争能力,因此各国很少征收出口税,更多的是进行出口退税提升本国商品的国际竞争力。

第四节 跨境电商支付步骤——以美元提现及结汇为例①

待买家选择以某种外币进行支付后,入账时会以买家付款清算日当日该种货币兑换美元汇率将其换置为美元单位,并在最终交易完成时转入美元收款账户。

① 李怡.跨境电商:速卖通运营与管理[M].北京:人民邮电出版社,2019:408.

一、设定美元提现账户

（1）登录“我的速卖通”后台操作界面，单击“交易”—“资金账户管理”—“支付宝国际账户”选项，然后进入支付宝国际账户的设置界面，再单击“资产管理”—“提现账户”—“美元提现账户”—“添加银行账户”，如图 10-1 所示。

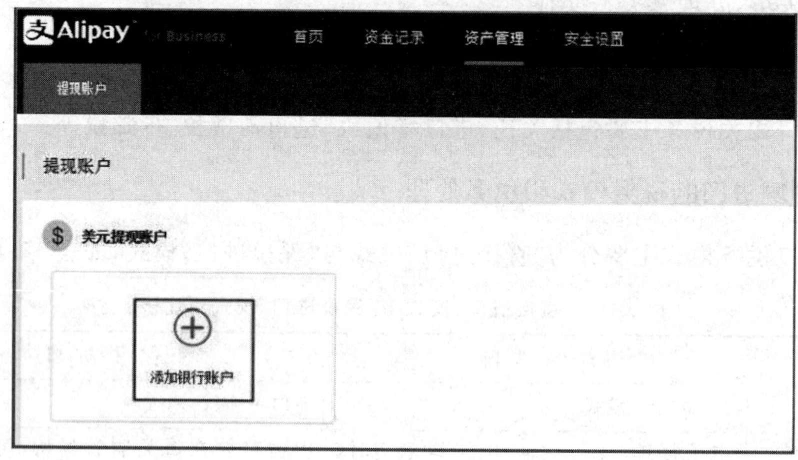

图 10-1　添加银行账户

（2）跳转到相应银行账户后，需要先阅读其相关注意事项，然后填写银行卡开户地区、账户类型等信息，还包括银行卡账户名、SWIFT Code、银行所属账号等信息，保证无填写错误后再单击“下一步”，如图 10-2 所示。

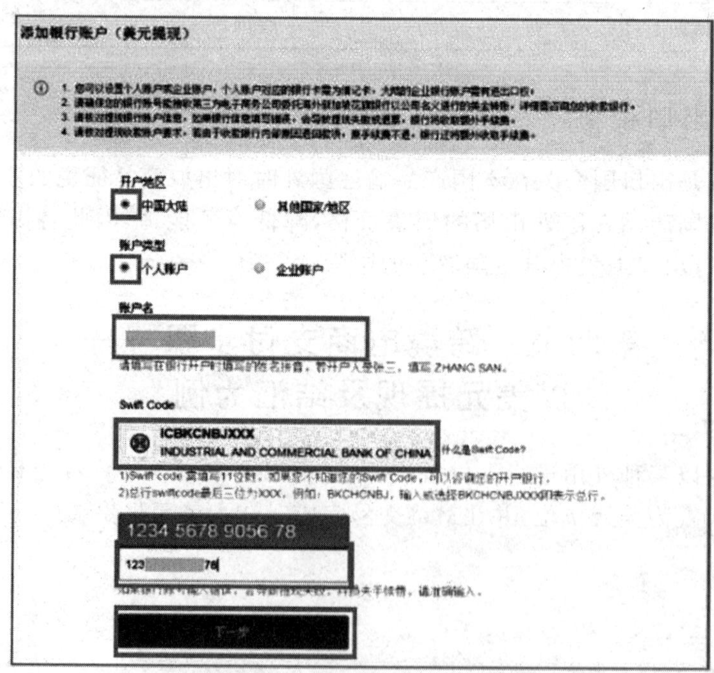

图 10-2　填写账户信息

（3）单击“下一步”后，会跳出需要再次确认的界面，再次审查填写信息是否有误，再次确认无误后单击“确认添加”按钮，如图 10-3 所示。

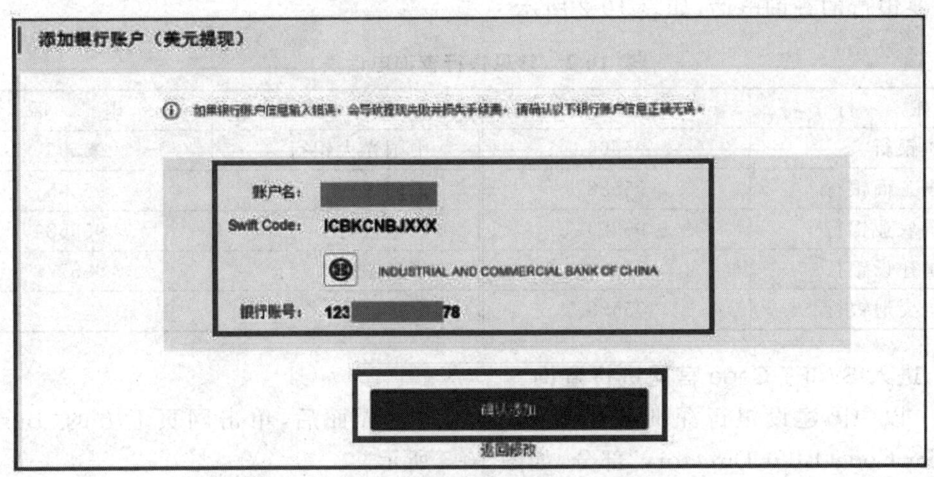

图 10-3　确认添加成功

（4）如果成功完成添加提现账户的任务，将弹出提示“银行账户已添加，您可以将此银行卡用于美元提现。”的界面，如图 10-4 所示。

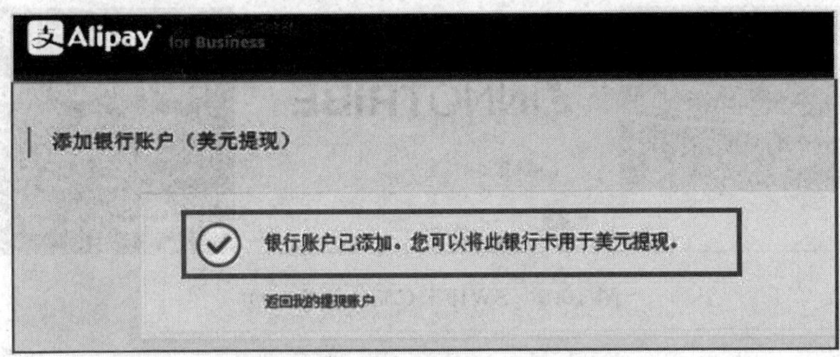

图 10-4　添加成功

二、SWIFT Code 代码

SWIFT(Society for Worldwide Interbank Financial Telecommunication，环球同业银行金融电讯协会)，是一个国际银行间非营利性的国际银行组织，总部设在比利时的布鲁塞尔，为国际金融业务提供快捷、准确、优良的服务。SWIFT Code(国际银行代码)一般用于发电汇、信用证电报，每个银行都有属于自己的国际银行代码，可以用来快速处理和筛选银行间的业务往来。

查询 SWIFT Code 代码的方法主要有以下三种。

1. 网站整合查询

有的网站会提供一个查询全国各个银行的信息的网址，如进入如下网址就可以进行一键查询：www. gendan5. com/swiftcode. html。

2. 咨询银行

用户拨打相应银行的服务电话，即可咨询到该银行的 SWIFT Code 代码，以下列举几个主要银行的查询电话，如表 10-2 所示。

表 10-2　常见银行查询电话表

银　　行	电　　话	银　　行	电　　话
中国银行	95566	中国光大银行	95595
中国工商银行	95588	招商银行	95555
中国农业银行	95599	民生银行	95568
中国建设银行	95533	华夏银行	95577
中国交通银行	95559		

3. 进入 SWIFT Code 官网进行查询

(1) 以中国建设银行深圳分行为例，进入官网界面后，单击网页上方的"Business Identifier Code(BIC) Directory"部分，如图 10-5 所示。

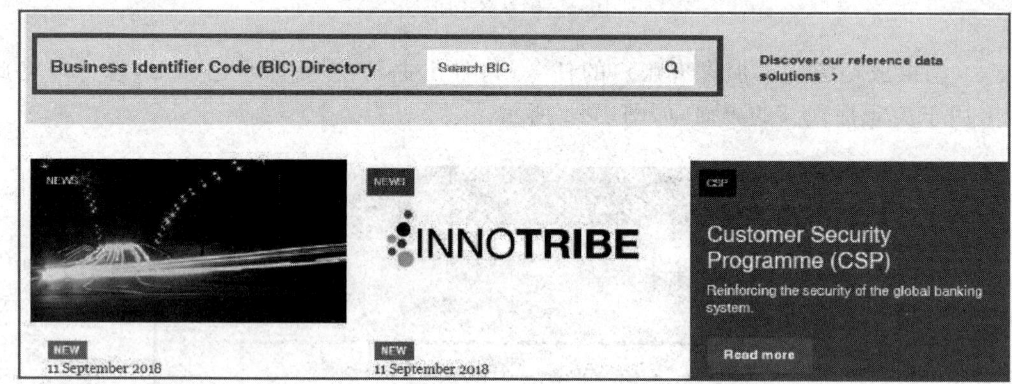

图 10-5　SWIFT Code 官网首页

(2) 在弹出的查询界面分别逐一填写相关信息，"BIC"文本框需要填写相应的银行代码，"Institution name"文本框需要填写相应银行的英文名称，"City"文本框需要填写要查询的城市拼音，"Country"文本框填写"CHINA"，在"Challenge response"文本框填写验证码，然后单击"Search"，如图 10-6 所示。

(3) 通过搜索出的结果查看相应银行的详细信息，如银行机构名称、BIC、银行所在地理位置、ZIP Code 等信息，如图 10-7 所示。

三、美元提现步骤

(1) 登录"我的速卖通"后台操作界面，单击"交易"—"资金账户管理"—"支付宝国际账户"选项，进入支付宝国际账户的界面，单击美元账户下的"提现"，如图 10-8 所示。

(2) 选定提现账户，写入所需提现的金额，然后单击"下一步"，如图 10-9 所示。

(3) 收取验证码及支付密码，填入验证码及支付密码后，单击"确认"按钮，如图 10-10 所示。

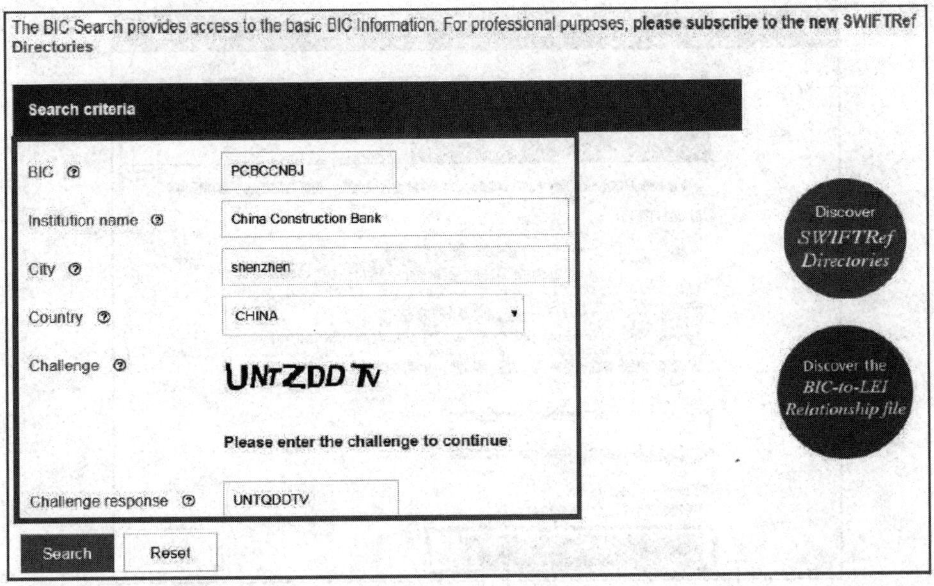

图 10-6　填写查询信息

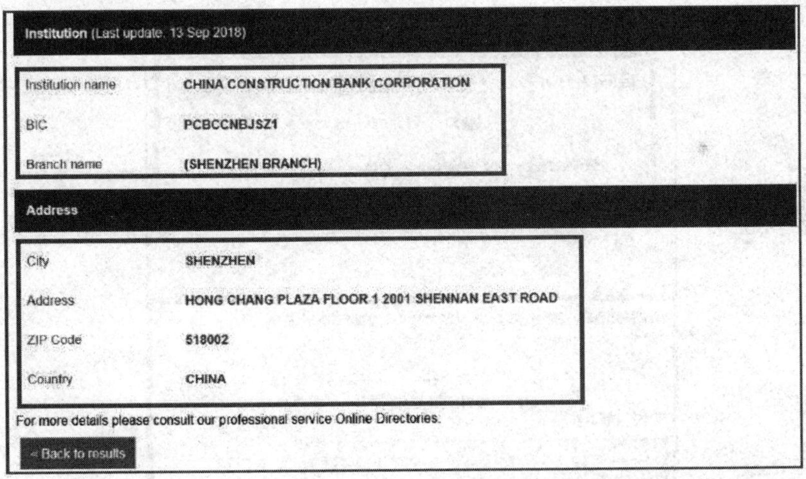

图 10-7　显示查询结果

图 10-8　美元提现

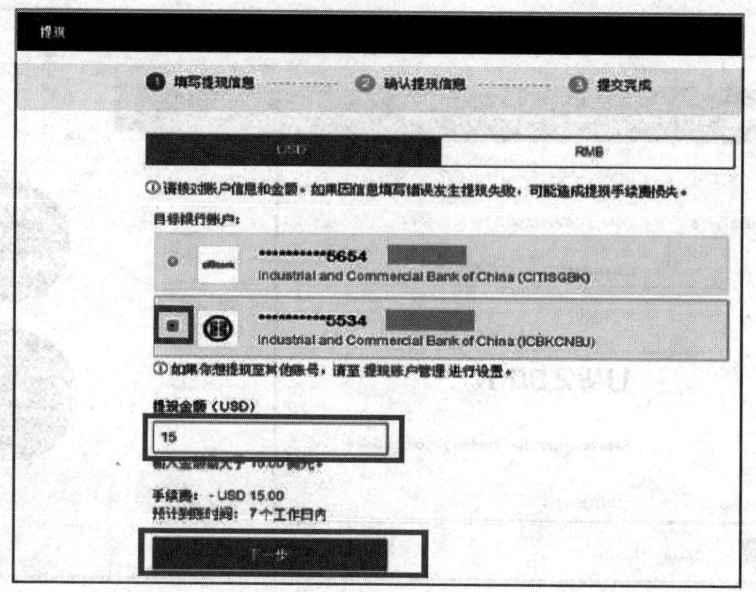

图 10-9　写入所需提现金额

图 10-10　收取验证码并填写支付密码

四、美元结汇功能

(1) 登录“我的速卖通”后台操作界面，单击“交易”—“资金账户管理”—“支付宝国际账户”选项，进入支付宝国际账户界面，单击美元账户下的“结汇”按钮，如图 10-11 所示。

(2) 单击“结汇”按钮后会弹出“结汇”窗口，单击该窗口中“开通结汇”按钮，如图 10-12 所示。

(3) 阅读用户协议并同意，并单击“去开通”按钮，如图 10-13 所示。

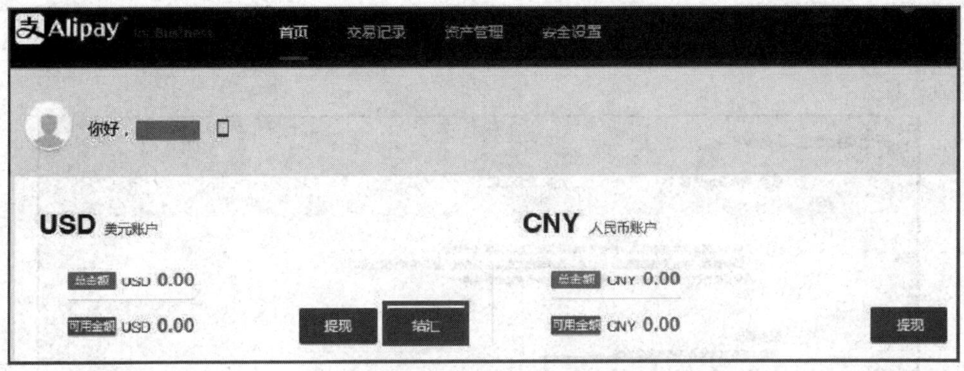

图 10-11　美元结汇

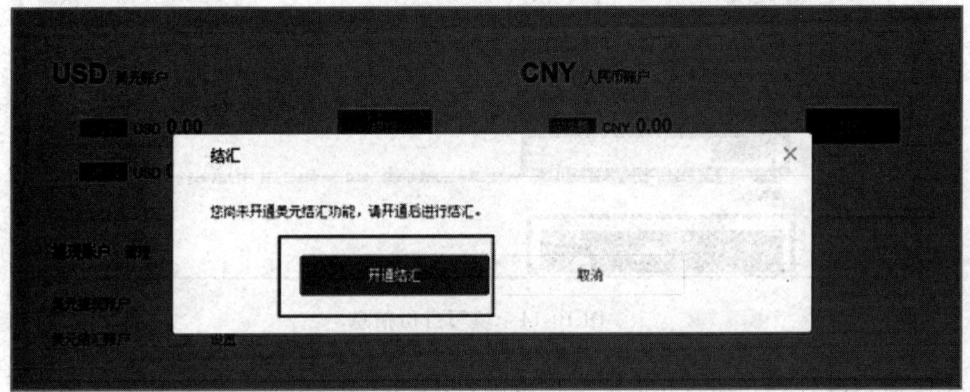

图 10-12　开通结汇

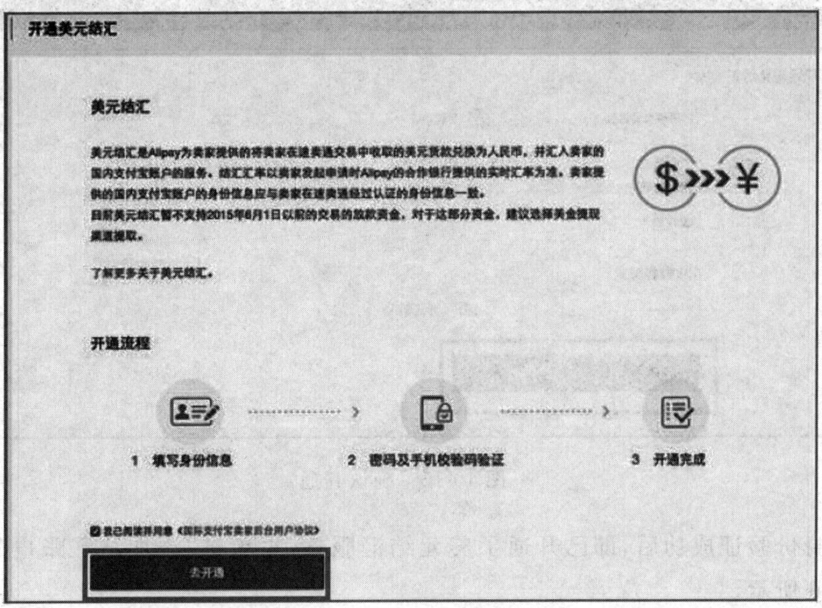

图 10-13　开通美元结汇功能

（4）再写入和选择相应的企业名称、证件类型、组织机构代码等信息，如图 10-14 所示。

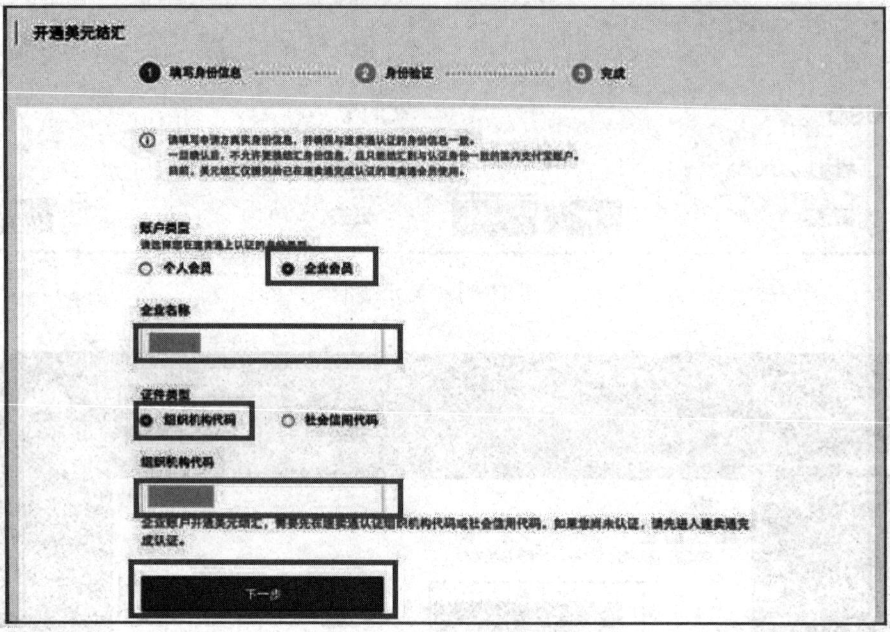

图 10-14　填写身份信息

（5）收取验证码并输入相应的支付密码，再单击“确认开通”按钮，如图 10-15 所示。

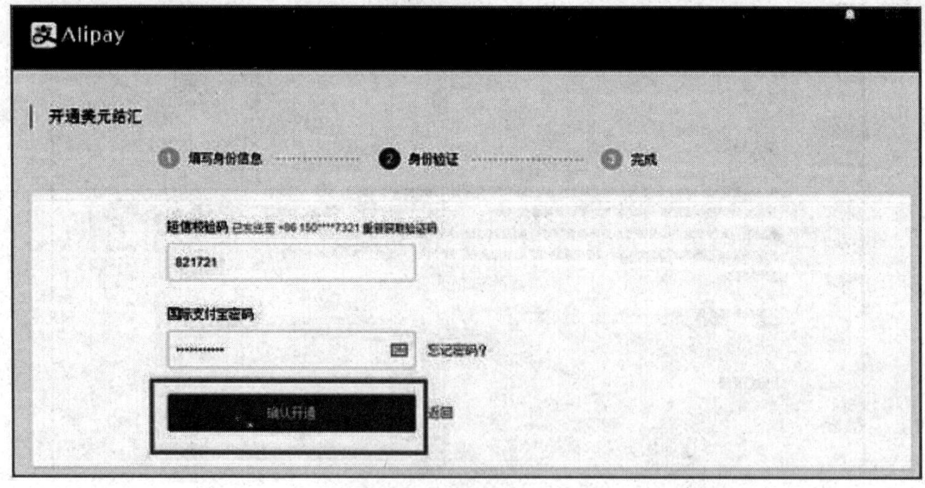

图 10-15　确认开通

（6）身份验证成功后，即已开通了美元结汇服务，再单击“添加结汇账户”按钮即可，如图 10-16 所示。

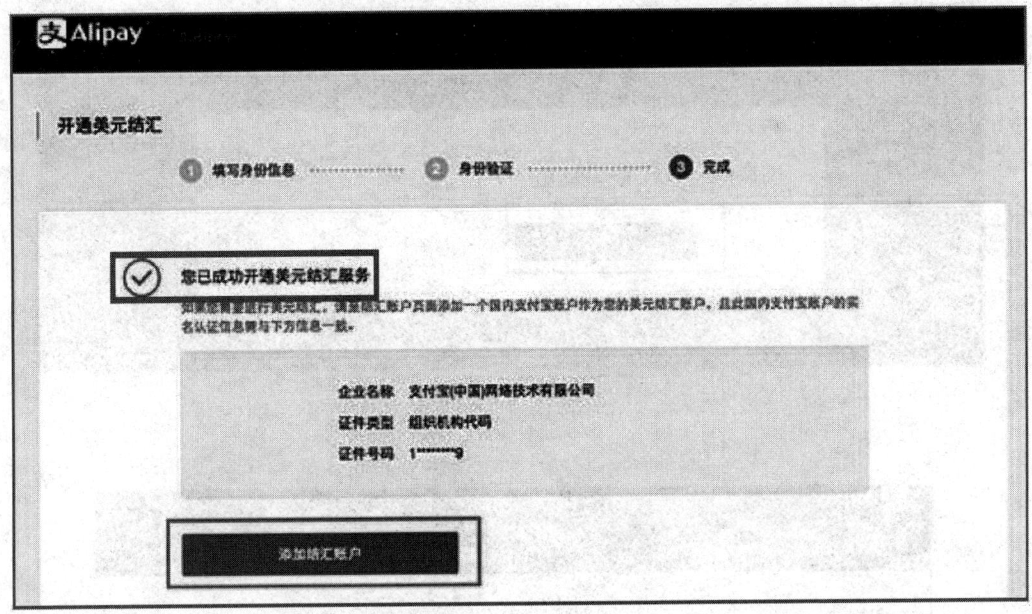

图 10-16　添加结汇账户

五、设置结汇收款账户

(1) 进入支付宝国际账户，单击美元账户下的“结汇”按钮，如图 10-17 所示。

图 10-17　设置结汇收款账户

(2) 单击“结汇”按钮后，会弹出“结汇”窗口，在该窗口中单击“立即设置”按钮，如图 10-18 所示。

(3) 进入提现账户的界面，并单击“添加国内支付宝账户”的超链接，如图 10-19 所示。

(4) 确认国内支付宝账户实名认证信息与速卖通的信息是否一致，确认无误后，单击“确认”按钮，如图 10-20 所示。

图 10-18 立即设置

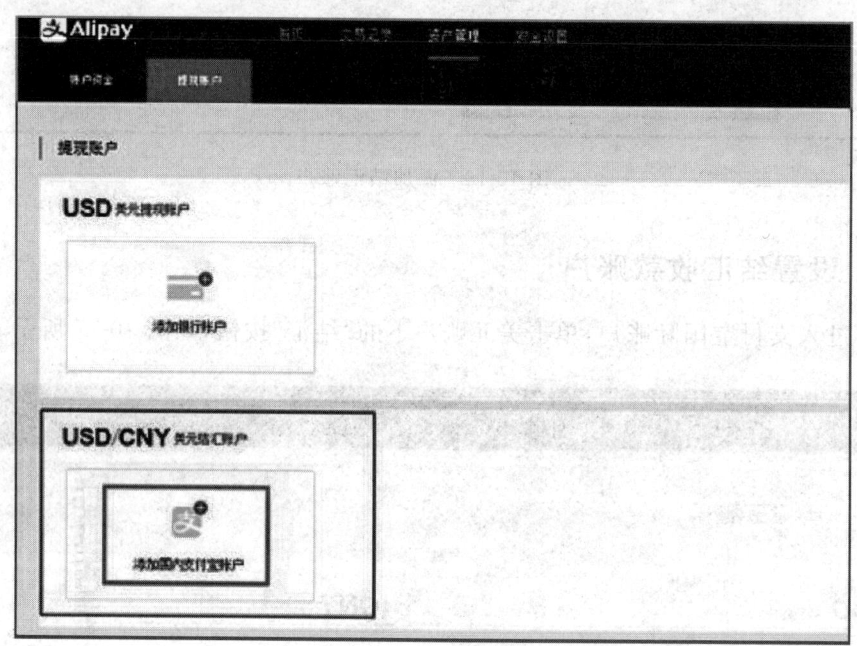

图 10-19 添加国内支付宝

(5) 登录国内支付宝账号，并进入授权界面，单击"授权"按钮，如图 10-21 所示。

六、申请美元结汇

(1) 进入支付宝国际账户页面，单击美元账户下的"结汇"按钮，如图 10-22 所示。

(2) 填入需要结汇的金额，同时界面上会相应显示此笔结汇所产生的手续费用及实际到账的金额，再单击"下一步"按钮，如图 10-23 所示。

(3) 获取验证码并输入相应的支付密码，并单击"确认结汇"按钮，如图 10-24 所示。

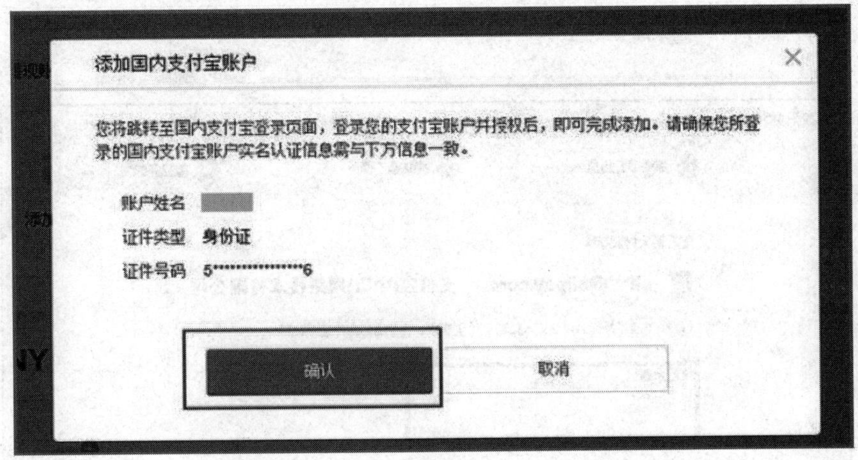

图 10-20　确认添加国内支付宝账户

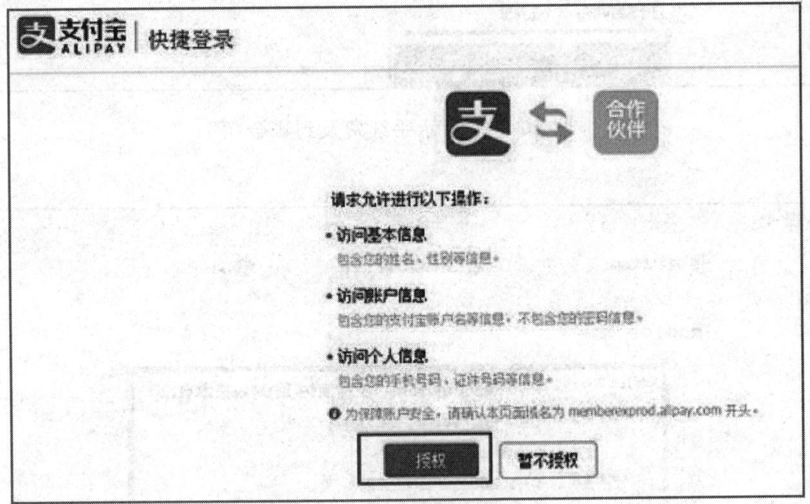

图 10-21　授权界面

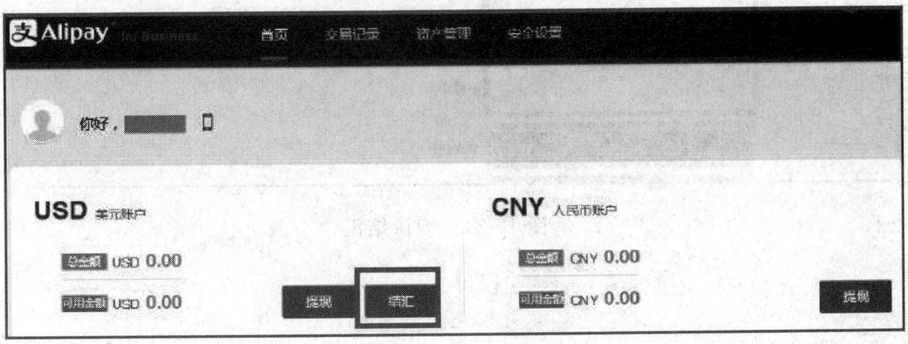

图 10-22　申请美元结汇

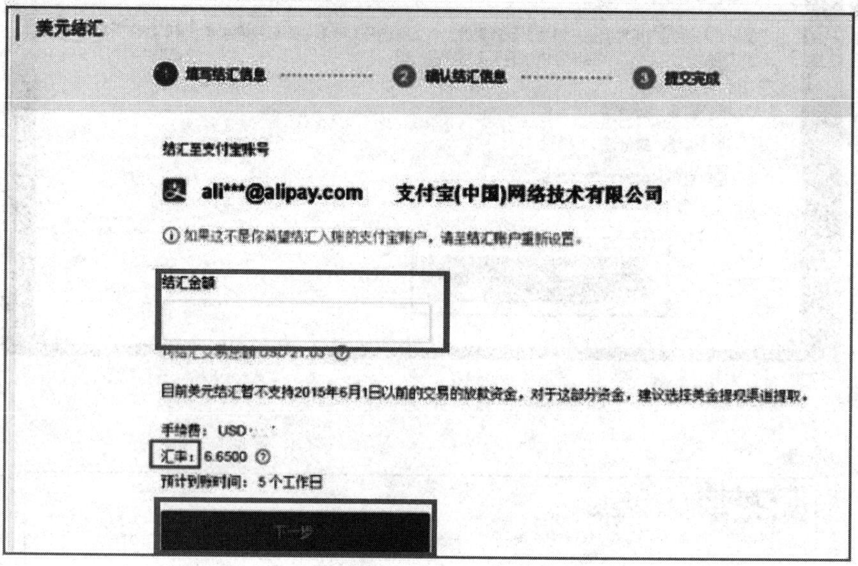

图 10-23 显示手续费及到账金额

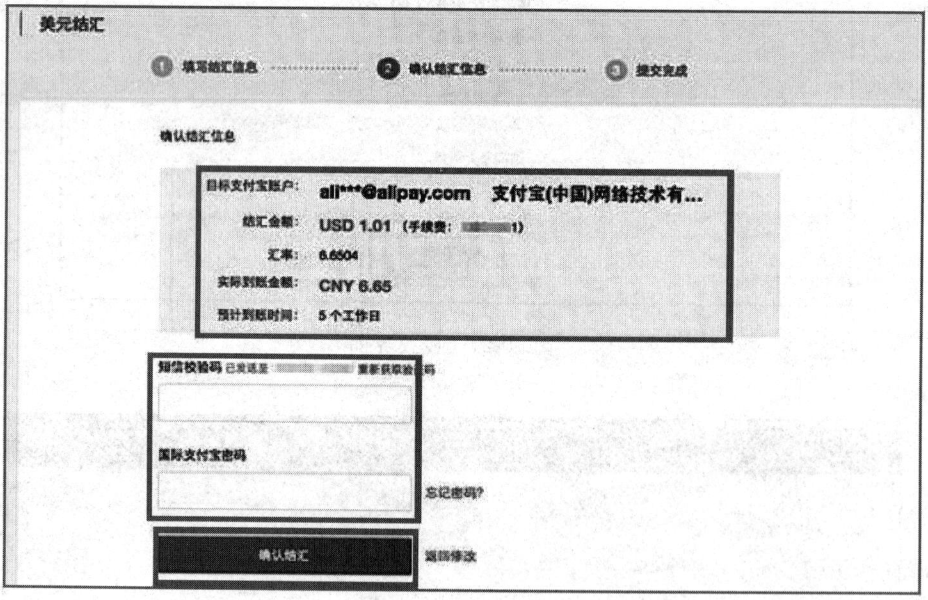

图 10-24 确认结汇

第五节　跨境电商支付风险及控制

一、跨境电商支付的风险[①]

（一）交易行为违法风险

在交易过程中，要特别注意交易双方的真实身份，明确交易后资金的流向，避免网络欺诈、跨境洗钱、网络赌博、贪污贿赂等非法金钱交易的行为。跨境电商交易平台和支付机构的运行模式，在一定程度上限制了交易双方真实身份的进一步确认，因此我国跨境电商支付交易仍然存在较大的身份诚信风险。

（二）交易行为诚信风险

在我国跨境电商支付过程中，会出现跨境货物款项已收而货物未收，或货物已发而款项未收等现象。特别是在第三方支付平台方面，对此类问题监管只是停留在虚拟层面，难以确定交易的实际情况。此外，还存在虚假信息宣传、其他竞争卖家恶意评价、伪劣产品拒绝退换货等不良现象。

（三）支付信息安全风险

虽然电子商务支付显著提高了交易效率以及便利性，但同时也带来了支付个人信息泄露的风险。目前，各类网络支付环境的安全性存在较大问题，这一短板制约了我国跨境电商贸易的发展。特别是跨境支付资金被转走、支付宝账号被盗等问题，严重影响了境外消费者购物体验。此外，在我国跨境电商外汇支付交易数据传输过程中，会因信息故障或系统崩溃，导致支付信息丢失。

（四）手续费及汇率差额风险

目前国际支付宝、PayPal、VISA 信用卡等支付方式都需要交付一定的手续费。PayPal 交易手续费一般为 2.9%～3.9%，第三方支付、银行等机构提供的跨境电商手续费大概是在 1%，此外还会在每笔跨境交易过程中产生每笔 0.5%的跨境费，提现时还需要额外收取费用。但往往跨境交易的历时较长，在跨境交易过程中，客户付款后商家收到货款之前，国际汇率变动会直接影响到资金的实际购买力。当支付机构收到资金后，会以“$T+1$”工作日进行结售汇。如果消费者对跨境电商货物不满意，货物退回过程中，购物资金存在汇兑不足额的风险。

二、跨境电商风险的控制方法

（一）健全跨境电商监管政策

目前，我国针对跨境电商支付交易行为的法律体制仍不健全，针对交易真实性、洗钱

---

① 梁其钰．我国跨境电子商务支付面临的风险与防范机制[J]．对外经贸实务，2018(11)．

等方面的风险，仍需要相关法律政策进行约束。同时，立法机构应对第三方支付机构真实性审核、市场准入条件、账户开立及使用，以及资金交易性质进行细化，加强对支付风险的管控，规范第三方支付业务流程，杜绝洗钱、网络赌博等风险发生，以此提升跨境电商支付交易系统的法律地位。

（二）加强监管恶意交易行为

针对虚假信息宣传、其他竞争卖家恶意评价、伪劣产品拒绝退换货等不良现象，宜加大管控力度，完善对刷单、恶意评价等行为的监测监控。针对卖家故意欺诈、拒绝退换货等问题，第三方跨境电商平台应该出台相应的消费者退货及维权规则，并相应惩处违规商家，以进一步减少跨境支付过程中的恶意交易行为。

（三）加强跨境电商安全认证

借助身份认证、口令认证与位置认证等加密方式完善支付的软、硬件环境，从而提升跨境电商支付系统防病毒与防攻击能力，有效保护重要支付数据及文件不被篡改或盗取。此外，相关机构还需对跨境电商交易行为、交易终端以及用户等数据进行分析，从而建立针对性的数据管控体系，强化我国跨境电商支付环境的安全性。

（四）灵活调整计价币种并协同分担汇率风险

灵活调整收款计价币种。跨境电商在与消费者达成交易时，首先考虑合理的计价货币、国际市场价格等因素，尽量使用较为坚挺的收款币种，如美元、澳元、欧元等，从而降低汇率损失。此外，由买卖双方协调承担汇损。跨境电商可在商品交易合同中明确，双方在确定采用某种货币计价成交之后，可以在附加条款中增加外汇风险分摊条款，如选定的支付货币汇率发生变化，可以由买卖双方共同分担汇率变动带来的损失。

复习思考题

1. 跨境电商的主要支付方式有哪些？
2. 现有的跨境电商典型支付平台有哪些？各自有什么优缺点？
3. 在跨境电商支付过程中涉及哪些金融和税务的因素？
4. 在跨境电商支付过程中存在哪些风险？
5. 针对跨境电商风险有哪些相应的控制方法？

练　习　题

参考文献

[1] 胡列曲. 波特的竞争优势理论述评[J]. 经济问题探索，2004(12)：21-23.

[2] 杨学成，涂科. 出行共享中的用户价值共创机理——基于优步的案例研究[J]. 管理世界，2017(8)：154-169.

[3] 孙杰，吕意. 电商时代影响消费者网络购买行为的因素分析——利用路径分析方法[J]. 商业经济研究，2018(24)：83-86.

[4] 叶紫，柴宇曦，马述忠. 应对国际贸易政策变动引发的跨境电商经营风险[J]. 浙江经济，2017(21)：46-47.

[5] 吕宏晶. 中小微企业利用跨境电子商务提升竞争力的策略研究[J]. 现代商业，2015(29)：25-26.

[6] 黄广群. 非洲跨境电商平台 Kilimal 运营研究[J]. 无锡商业职业技术学院学报，2019(2)：38-41.

[7] 张夏恒. 跨境电子商务人才供需矛盾与解决路径[J]. 当代经济管理，2017，39(9)：68-72.

[8] 姚兴聪. 跨境电商平台选品的影响因素——以敦煌网为例[J]. 北方经贸，2019(3)：57-59.

[9] 莫凡. 我国跨境电商支付平台品牌国际化转型的问题及对策——以 PingPong 网为例[J]. 对外经贸实务，2019(4)：38-41.

[10] 马述忠，陈丽，张洪胜. 中国跨境电商上市企业综合绩效研究[J]. 国际商务研究，2018，39(2)：48-66.

[11] 李芳，杨丽华，梁含悦. 我国跨境电商与产业集群协同发展的机理与路径研究[J]. 国际贸易问题，2019(2)：68-82.

[12] 张夏恒，郭海玲. 跨境电商与跨境物流协同：机理与路径[J]. 中国流通经济，2016，30(11)：83-92.

[13] 蒋柳红. 从古驰投诉京东阿里看我国跨境电商的危机应对之策[J]. 对外经贸实务，2019(2)：25-28.

[14] 刘歆玥，梁绮慧，柴宇曦，等. 应对汇率变动引发的跨境电商经营风险[J]. 浙江经济，2017(17)：50-51.

[15] 吕宏晶. 跨境电商中生鲜物流的发展问题研究[J]. 现代商业，2017(2)：9-10.

[16] 徐红竹. 跨境电子商务视角下的国际物流供应链管理模式[J]. 现代营销(下旬刊)，2019(4).

[17] 叶潇红，柴宇曦，马述忠. 防范跨境电商企业跨平台经营风险[J]. 浙江经济，2017(11)：48-49.

[18] 张夏恒. 中国跨境电商消费者研究：特征及其行为评价[J]. 广西经济管理干部学院学报，2017，29(2)：83-87.

[19] 吕宏晶. 跨境电子商务中产品定价的方法与技巧[J]. 对外经贸实务，2016(2)：69-71.

[20] 王雨婕，柴宇曦，马述忠. 防范跨境电商企业代理境外品牌经营风险[J]. 浙江经济，2017(13)：46-47.

[21] 柴宇曦，黄炫洲，马述忠. 跨境电商经营风险的跨国比较及政策建议[J]. 浙江经济，2017(7)：48-49.

[22] 吕宏晶. 跨境电商出口业务运营中容易出现的问题及解决策略[J]. 电子商务，2017(8)：23-24.

[23] 马述忠，濮方清，潘钢健. 跨境零售电商信用管理模式创新研究——基于世界海关组织 AEO 制度的探索[J]. 财贸研究，2018，29(1)：66-75.

[24] 张夏恒. 跨境电子商务支付表征、模式与影响因素[J]. 企业经济，2017，36(7)：53-58.

[25] 吕宏晶. 企业进行第三方跨境电商平台运营的策略研究[J]. 电子商务，2017(4)：26-41.

[26] 张夏恒. 全球价值链视角下跨境电商与跨境物流协同的内生机理与发展路径[J]. 当代经济管理，2018，40(8)：14-18.

[27] 张夏恒，刘梦恒，马述忠. 跨境电商：战略驱动·成长困境和政策牵引[J]. 浙江经济，2017(9)：48-49.

[28] 吕宏晶. 外贸企业凭借跨境电子商务提升竞争力的策略研究[J]. 电子商务，2017(2)：26-27.

[29] 段桉，潘钢健，马述忠. 信用评估防范跨境电商企业经营风险[J]. 浙江经济，2017(15)：44-45.

[30] 李彬. 中小微企业跨境电商平台店铺运营探讨——以深圳 L 公司的 eBay 店铺为例[J]. 对外经贸实务，2018(12)：33-36.

[31] 马述忠，陈奥杰. 跨境电商：B2B 抑或 B2C——基于销售渠道视角[J]. 国际贸易问题，2017(3)：75-86.

[32] 李文华，陈盈. 跨境电商进口快消品价格差异及优化策略[J]. 对外经贸实务，2018(1)：69-71.

[33] 马述忠，卢传胜，丁红朝，等. 跨境电商理论与实务[M]. 杭州：浙江大学出版社，2018.

[34] 周升起. 国际电子商务[M]. 2 版. 北京：北京大学出版社，2016.

[35] 浙江大学“大数据＋跨境电子商务”创新团队. 2018 世界与中国数字贸易发展蓝皮书[R]. 2018.

[36] 上海社会科学院. “一带一路”沿线国家的电子商务研究[R]. 2017.

[37] 陈岩. 国际贸易理论与实务 [M]. 4 版. 北京：清华大学出版社，2018.

[38] 阿里研究院，毕马威. 2018 全球数字经济发展指数[R]. 2018.

[39] 冯晓宁. 国际电子商务实务精讲[M]. 2 版. 北京：中国海关出版社，2016.

[40] 张瑞夫. 跨境电子商务理论与实务[M]. 北京：中国财政经济出版社，2017.

[41] 易静，蒋晶晶，彭洋，等. 跨境电商实务操作教程[M]. 武汉：武汉大学出版社，2017.

教师服务

感谢您选用清华大学出版社的教材！为了更好地服务教学，我们为授课教师提供本书的教学辅助资源，以及本学科重点教材信息。请您扫码获取。

》 教辅获取

本书教辅资源，授课教师扫码获取

》 样书赠送

国际经济与贸易类重点教材，教师扫码获取样书

清华大学出版社

E-mail: tupfuwu@163.com
电话：010-83470332 / 83470142
地址：北京市海淀区双清路学研大厦 B 座 509

网址：http://www.tup.com.cn/
传真：8610-83470107
邮编：100084